복음의 원형과 영원한 속죄 II

히브리서 강해설교 2

김 사무엘

도서출판 義齊堂

목 차

머리말

1. 첫 장막의 예법과 불법을 행하는 자들 • 6
(히 9:1-10)

2. 당신은 진정 죄와 상관없는 자가 되었습니까? • 32
(히 9:11-28)

3. 영원한 속죄의 완전한 제사 • 64
(히 10:1-18)

4. 당신은 진정 성소에 들어갈 담력을 얻었습니까? • 98
(히 10:19-25)

5. 성령을 훼방하는 죄 • 130
(히 10:26-31)

6. 영생을 얻은 증거는 우리의 믿음입니다 • 156
(히 11:1-6)

7. 더 나은 본향을 찾아가는 순례자 • 182
(히 11:6-16)

8. 세상을 이기는 부활의 신앙 • 206
(히 11:17-40)

9. 예수님을 바라봄으로 시험과 연단을 이겨라 • 236
(히 12:1-13)

10. 경건함과 두려움으로 하나님을 섬기자 · 258
(히 12:14-29)

11. 천국 영생을 주신 하나님께 늘 찬미의 제사를 드리자 · 276
(히 13:1-17)

12. 양의 큰 목자이신 예수 그리스도의 영원한 구원 · 302
(히 13:18-25)

머 리 말

히브리서는 초대교회 시대에 지중해 연안에 흩어져 살던 히브리인들 중에서 진리의 복음을 들은 자들에게 써 주신 하나님의 말씀입니다. 그들은 이 세상의 것들에 마음을 쏟고 있었기에, 그리고 영적으로 잘못된 지식에 빠져 있었기 때문에, 예수 그리스도의 복음을 듣고도 온전한 믿음 위에 서지 못한 자들이 많았습니다. 그래서 하나님께서 그들이 복음의 진리 위에 굳게 서서 믿음의 삶을 살도록 권면하신 말씀이 **히브리서**입니다.

그러나 **히브리서**가 초대교회의 히브리인들에게만 주셨던 말씀은 결코 아닙니다. 이 시대를 사는 우리들도 그들과 같은 오류를 범하고 있기 때문에 우리는 히브리서의 말씀을 나 자신에게 주시는 하나님의 말씀으로 청종해야 합니다.

히브리서는 지금의 기독교가 잃어버린 **복음의 원형**을 소개하고 있습니다. 초대교회의 하나님의 종들은 **그리스도 도의 초보**(principles of the doctrine of Christ ; KJV)인 복음을 전할 때에, **"죽은 행실을 회개함과 하나님께 대한 신앙과 세례들과 안수와 죽은 자의 부활과 영원한 심판에 관한 교훈"**(히 6:1-2)을 차례로 전했습니다. 즉 원형의 복음에는 **예수님께서 안수의 형식으로 받으신 세례가 반드시 포함**되어 있었습니다.

구약의 대속죄일에 대제사장이 아사셀 염소의 머리에 안수함으로써 백성 전체의 일 년치 죄가 단번에 희생제물에게 넘어갔듯이 (레 16:21), 인류의 대표자이고 대제사장 아론의 후손인 세례 요한은 예수님의 머리에 **안수의 형식으로 세례**를 베풀어서 **세상 죄**를

예수님의 육체에 단번에 **넘겼습니다.** 그래서 예수님은 세례 요한에게 세례를 청하면서, "이제 허락하라 우리가 이와 같이 하여 모든 의를 이루는 것이 합당하니라"(마 3:15)고 명령하셨고, 세례 요한은 예수님께 세례를 베푼 이튿날에, 예수님을 가리켜, "보라 세상 죄를 지고 가는 하나님의 어린 양이로다"(요 1:29)라고 증거했습니다.

진리를 찾는 사람은 이 설교집을 통해서 하나님의 말씀을 자세히 상고함으로 **복음의 원형**을 발견하고 그 진리의 복음을 믿어서 하나님의 자녀로 거듭날 수 있다고 저는 확신합니다.

하나님의 은혜와 평강이 모든 독자들에게 임하기를 기도합니다.

2015년 10월 31일
저자 김 사무엘

첫 장막의 예법과
불법을 행하는 자들

"첫 언약에도 섬기는 예법과 세상에 속한 성소가 있더라
예비한 첫장막이 있고 그 안에 등대와 상과 진설병이 있으니 이는 성소라 일컫고 또 둘째 휘장 뒤에 있는 장막을 지성소라 일컫나니
금향로와 사면을 금으로 싼 언약궤가 있고 그 안에 만나를 담은 금항아리와 아론의 싹난 지팡이와 언약의 비석들이 있고
그 위에 속죄소를 덮는 영광의 그룹들이 있으니 이것들에 관하여는 이제 낱낱이 말할 수 없노라
이 모든 것을 이같이 예비하였으니 제사장들이 항상 첫장막에 들어가 섬기는 예를 행하고
오직 둘째 장막은 대제사장이 홀로 일년 일차씩 들어가되 피 없이는 아니하나니 이 피는 자기와 백성의 허물을 위하여 드리는 것이라
성령이 이로써 보이신 것은 첫장막이 서 있을 동안에 성소에 들어가는 길이 아직 나타나지 아니한 것이라
이 장막은 현재까지의 비유니 이에 의지하여 드리는 예물과 제사가 섬기는 자로 그 양심상으로 온전케 할 수 없나니
이런 것은 먹고 마시는 것과 여러 가지 씻는 것과 함께 육체의 예법만 되어 개혁할 때까지 맡겨 둔 것이니라"(히 9:1-10)

히브리서 9장은 구약의 이스라엘 백성들이 땅의 장막에서

드렸던 속죄제사와 예수 그리스도께서 드리신 영원한 속죄의 제사를 대비해서 말씀합니다. 즉, 히브리서 9장은 첫 언약에 속한 성막의 구조와 그곳에서 드렸던 제사의 대강을 먼저 소개하고 예수 그리스도께서 우리를 위해서 드려 주신 영원한 속죄제사의 완전성에 대하여 말씀하고 있습니다.

예수님은 하나님입니다. 그리고 하나님은 영이므로, 우리의 육신의 눈에는 보이지 않습니다. 그러면 보이지 않는 영의 하나님이 왜 육신을 입고 우리 가운데 오셨습니까? 우주와 그 안의 모든 것들과 우리 인생들을 창조하시고 주관하시는 전능한 하나님께서 무슨 이유로 육신을 입고 악하고 연약한 인간의 모습으로 우리 가운데 오셨습니까?

그것은 우리로서는 측량할 수 없는 **하나님의 사랑** 때문입니다. 우리 모든 사람들은 첫 사람 아담이 범죄함으로 인해서 모두가 죄덩어리로 태어났고 죄로 말미암아 영원한 지옥의 형벌을 받을 수밖에 없었습니다. 그러나 하나님은 당신의 형상대로 만든 우리들이 영원한 지옥 불에 떨어지는 것을 불쌍히 여기셔서 우리에게 구원의 은혜를 입혀 주기로 작정하셨습니다. 그래서 우리들을 흰 눈같이 깨끗하고 온전하게 죄에서 구원해서 하나님 아버지의 아들들이 되게 하시려고 하나님 아버지의 외아들이신 예수님이 육신을 입고 우리 가운데 오신 것입니다.

예수님은 육신을 입고 오신 하나님입니다. 예수님께서는 당신의 몸을 제물로 삼아 영원한 속죄의 제사를 드려 주심으로 우리들의 모든 죄를 단번에 영원토록 없애 주셨습니다. 성경은 하나님께서 우리를 너무나 사랑하셔서 대속의 구원을 베푸셨다는 기쁜 소식을 계속해서 선포하고 있습니다. 하나님의 사랑이 우리를 이와 같이 구원했다는 **물과 피의 복음**이 성경의 가장 중요한 메시지입니다.

그러나 사람들이 하나님의 구원의 진리를 너무너무 이해하지 못하고 믿지 못하기 때문에, 하나님께서는 당신의 진리의 구원에 대해 옛적부터 **"여러 부분과 여러 모양으로"**(히 1:1) 우리에게 말씀하셨습니다. 오늘 우리가 읽은 히브리서 9장도 예수님께서 우리를 어떻게 죄에서 구원하셨는지를 구약의 첫째 장막과 그 장막에 속한 예법을 통해서 다시 한번 설명하고 있습니다.

"그러므로 믿음은 들음에서 나며 들음은 그리스도의 말씀으로 말미암았느니라"(롬 10:17)고 하셨습니다. 하나님의 말씀을 믿는 것이 믿음입니다. 그러므로 성경의 말씀 한마디 한마디가 우리의 귀에 들릴 때에 우리는 마음을 다해서 듣고 믿어야 합니다. 하나님의 말씀을 믿지 않으면 절대로 구원을 받지 못합니다. 진리의 말씀을 굳게 붙들지 않으면 죄 사함을 받지 못하고 지옥에 갑니다.

이번에 세월호가 침몰해서 300여 명이 몰사한 참사가 일어났습니다. 배가 한순간에 기울어져서 대부분이 학생이었던 승객들이 선실에서 빠져나올 수 없었습니다. 갑자기 배가 옆으로 누워 버리더니 잠시 후에는 거꾸로 처박혔다고 합니다. 선실의 천장이 바닥이 되고 바닥이 천장이 되었고, 출입문은 저 꼭대기에 위치했으니 승객들이 객실 밖으로 빠져나올 길이 없었습니다.

그런데 만일 누군가가 저 꼭대기에 있는 문을 열고 밧줄을 내려 주었다고 칩시다. 그러면 절박한 상황에 빠져 있던 승객들이 결사적으로 밧줄을 붙잡지 않았겠습니까? 이 밧줄을 잡지 않으면 죽는다는 것이 분명했기 때문입니다. 우리의 구원도 그와 같습니다. 자기 마음에 지금 죄가 있는 것을 인정하고 이 상태로 내가 죽으면 지옥에 간다고 분명히 인식하는 사람은 구원의 복음 말씀을 결사적으로 붙잡습니다. 그리고 그 말씀을 믿음으로 구원을 받습니다.

반면에 자기가 죄 때문에 지옥에 간다는 절박한 인식이 없는 사람은 하나님 말씀을 들을 때에, "음~그 말씀이 그런 뜻이로구나!" 하고 그저 진리의 말씀을 자기의 지식을 쌓는 목적으로 받아들입니다. "**지식은 교만하게 하며 사랑은 덕을 세우나니**"(고전 8:1)라고 성경은 말씀합니다. 그렇게 하나님의 말씀을 지식의 대상으로만 삼으면 자기의 영혼에는 아무 유익이 없습니다.

오늘 읽은 히브리서 9장의 말씀을 들으면서, "아~구약의 성소와 섬기는 예법은 그렇구나! 그리고 예수님께서 우리에게 베푸신 영원한 속죄의 제사는 그렇게 이루어졌구나!" 하고 구원의 말씀을 단순한 지식으로 머리에 정리하고 그 말씀을 마음으로 믿지 않는다면, 복음의 말씀을 안다는 것이 그런 사람에게는 아무 소용이 없을뿐더러 오히려 그 사람을 교만하게 합니다. 그러므로 하나님의 말씀을 들을 때에 그 말씀을 간절하고 진지하게 받아서 마음으로 믿어야 합니다.

첫 장막과 그곳에서 섬기는 예법

"**첫 언약에도 섬기는 예법과 세상에 속한 성소가 있더라**"(히 9:1)

첫 언약은 율법을 지칭합니다. 하나님께서 이스라엘 백성에게 율법을 주시고, "너희들이 이것을 다 지켜 행하라. 그러면 살리라"고 약속하셨습니다. 그런데 율법 안에는 "~하라, ~하지 말라"는 계명만 있는 것이 아닙니다. 그 계명들을 지키지 못해서 죄를 지었을 때에 죄를 사함 받는 성막의 제도도 율법 안에 있었습니다. 즉 계명과 성막 제도를 합해서 **첫 언약**이라고 말합니다.

하나님께서 주신 **계명**은 선하고 거룩합니다. "하나님 한 분 외에 다른 신을 섬기지 말라. 살인하지 말라. 간음하지 말라. 도적질하지 말라." 등등의 계명들은 다 선하고 거룩한 것이기 때문에 우리가 지키는 것이 합당합니다. 그리고 계명을 어기고 범한 것이 바로 **범죄**입니다. 그러나 우리 인간은 연약해서 그 계명들을 온전히 지키지 못하고 늘 죄를 짓습니다. 우리는 계명을 지키고자 하는 마음은 있지만 계명을 온전히 지킬 능력은 없는 자들입니다. 우리는 죄 짓기를 원하지 않지만, 늘 죄를 짓는 자들입니다.

그러면 죄를 지었을 때에 그 죄를 벗을 수 있는 길은 없었느냐? **"첫 언약에도 섬기는 예법과 세상에 속한 성소가 있더라"**(히 9:1)고 말씀하셨습니다. 이 첫 언약에는 계명이 있었고 성막과 성막에서 섬기는 예법이 있었습니다. 이런 것을 다 포함해서 첫 언약이라고 부릅니다. 모세의 인도로 애굽을 탈출한 이스라엘 백성들에게 하나님이 시내 산에서 계명과 함께 성막에서 섬기는 예법, 즉 성막 제도를 주셨습니다.

성막을 만드는 법 자체도 성경에 자세하게 기록되어 있고 그 각각의 기구와 결합 방식에도 심오한 영적 계시가 내포되어 있기 때문에, 성막에서 하나님을 섬기는 예법을 한마디로 말씀드리기는 어렵습니다. 그러나 성막 제도(制度)의 핵심은 **속죄의 제사**에 있습니다. 이스라엘 백성이 계명을 어겨서 죄를 지었을 때, 그들이 희생제물을 끌고 성막으로 와서 속죄제사를 드림으로 죄 사함을 받을 길을 하나님이 열어 주셨는데, 이 **속죄제사**가 성막 제도의 핵심입니다.

사람은 죄를 짓고 나서 계명으로 말미암아 죄를 깨닫게 됩니다. 자기가 어떤 자를 죽이고 싶도록 미워했는데, "**살인하지 말라**"는 계명이 양심의 죄를 지적하기 때문에, "아이구 내가 죄를 지었구나!" 하고 죄를 깨닫게 됩니다. 그러므로 계명이 없으면 죄도 성립되지 않습니다. "**도적질하지 말라**"하신 계명이 없었으면 도적질을 해도 그것은 죄가 되지 않습니다. 그런데 "~하지 말라"고 하나님이 선악의 기준을 분명히 세워 주셨기 때문에 계명을 어기고 범하면 그것이 죄가 됩니다. 그래서 죄를 지으면, 거룩하고 선한 계명으로 말미암아 자기가 죄를 지었다는 사실을 깨닫게 됩니다.

그렇게 죄를 깨달은 자는 그 죄를 사함 받기 위해서 성막으로 가서 "섬기는 예법"을 따라 속죄제사를 드렸습니다. 이와 같이 성막의 섬기는 예법 중에는 가장 핵심적인 것이 바로 속죄제사였습니다. 성막에서 하나님을 섬기는 예법들에는 화목제도 있고 상번제도 있었지만, 오늘 읽은 히브리서의 본문을 통해서 하나님께서 말씀하시고자 하는 것은 "하나님의 구원이 어떻게 우리에게 임했느냐"는 부분입니다.

12   첫 장막의 예법과 불법을 행하는 자들

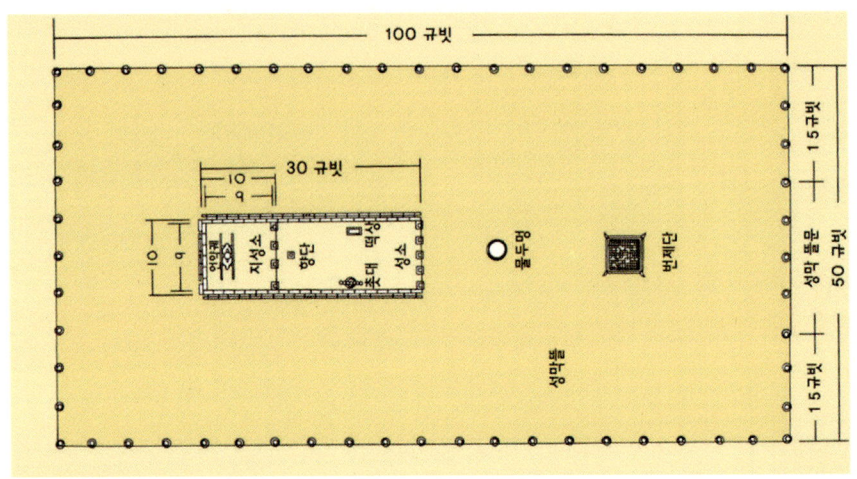

성막의 평면도   ©biblestudentdoctrine.com

　하나님께서 성막의 식양(式樣)을 모세에게 자세하게 보여 주셨습니다. 그래서 모세는 감독자들을 정해서 하나님께서 자기에게 보여 주신 모양대로 성막을 만들었습니다. 성막 전체는 조립식이었고 이스라엘 백성들은 진을 옮기려면 제일 먼저 성막을 해체해서 정해진 레위 지파의 일꾼들이 그것을 날랐고, 그들이 머무는 곳에 제일 먼저 성막을 세웠습니다. 성막의 뜰은 울타리가 쳐져서 구별되어 있었습니다. 동쪽과 서쪽은 50 규빗, 남쪽과 북쪽은 100 규빗인 장방형(長方形) 뜰에는 5 규빗 높이의 세마포 울타리가 쳐져 있었습니다. 성막의 뜰 문은 동쪽에 나 있고, 이 뜰 문을 젖혀서 열고 들어가면 먼저 번제단이 있고 그 다음에 물두멍이 있고 그 뒤에 성막(聖幕, the Tabernacle)이 위치해 있었습니다.
　이 성막은 두 칸으로 나뉘어져 있었는데, 첫째 휘장을 열고 들어가면 성소(聖所, the Holy Place)였습니다. 성소의 왼쪽에는 금촛대, 오른쪽에는 진설병을 올려놓은 떡상이 있었고 전면에는 금향단이 놓여 있었습니다. 금향단 뒤로 쳐져 있는 둘째 휘장을 지나면 지성소(至聖所, the Most Holy Place)가 있었습니다.

성소를 지나서 둘째 휘장을 열고 들어가면 하나님의 언약궤가 있는 지성소입니다. 언약궤는 조각목으로 만들고 금으로 싼 직육면체의 상자 모양인데, 그 안에는 십계명 두 돌판, 아론의 싹 난 지팡이, 그리고 만나를 담은 금 항아리가 있었고, 그 언약궤를 시은좌(施恩座)라고 불리는 뚜껑이 덮고 있었습니다. 이 시은좌는 금 한 달란트를 쳐서 만들었는데, 두 천사(그룹)가 날개를 펴서 언약궤를 덮고 있는 형상이었습니다.

그래서 **"그 위에 속죄소를 덮는 영광의 그룹들이 있으니 이것들에 관하여는 이제 낱낱이 말할 수 없노라"**(히 9:5)고 말씀하신 것입니다. 성막의 식양과 제도하나하나에는 깊고 풍성한 하나님의 뜻이 계시되어 있어서 **"이것들에 관하여는 이제 낱낱이 말할 수 없노라"**고 말씀하셨지만, 하나님께서 성막을 세워 주신 제일 큰 뜻은 당신의 백성들이 성막에서 속죄제사를 드림으로 죄 사함을 받고 하나님을 만날 수 있도록 은혜의 길을 열어 주기 위함이었습니다.

성막에서 드린 속죄제사

속죄제사는 어떻게 드렸습니까? 속죄제사의 유형은 각기 죄를 지은 사람이 누구냐에 따라 약간의 차이가 있었습니다. 즉, 제사장이 죄를 지었을 때, 이스라엘 온 회중이 죄를 지었을 때,

족장이 죄를 지었을 때, 평민의 한 사람이 죄를 지었을 때, 등등의 경우마다 예법이 조금씩 달랐지만 공통적인 것은 죄인들이 성소에 나아가서 대속(代贖)의 제물을 드렸다는 것입니다.

대표적으로 평민의 하나가 죄를 지은 경우 어떻게 죄 사함을 받았는지에 대해서 레위기의 말씀을 보겠습니다. 이 제사는 모든 속죄제사의 전형인데, 이 제사를 통해서 하나님께서는 장차 보내주실 당신의 아들 예수 그리스도의 영원한 속죄제사를 계시해 주셨습니다.

"만일 평민의 하나가 여호와의 금령 중 하나라도 부지중에 범하여 허물이 있었다가 그 범한 죄에 깨우침을 받거든 그는 흠 없는 암염소를 끌고 와서 그 범한 죄를 인하여 그것을 예물로 삼아

그 속죄제 희생의 머리에 안수하고 그 희생을 번제소에서 잡을 것이요

제사장은 손가락으로 그 피를 찍어 번제단 뿔에 바르고 그 피 전부를 단 밑에 쏟고 그 모든 기름을 화목제 희생의 기름을 취한것 같이 취하여 단 위에 불살라 여호와께 향기롭게 할지니 제사장이 그를 위하여 속죄한즉 그가 사함을 얻으리라"(레 4:27-31).

평민의 하나가 여호와께서 "~하라, ~하지 말라" 하신 계명 중에서 하나를 어겼습니다. 사람이 죄를 지을 때에는 그것이 좋아서 죄를 짓습니다. 예를 들면 "히로뽕"이라는 마약을 주사 맞거나 코로 흡입하면 구름 위를 날아다니는 것같이 황홀하답니다. 그렇게 기분이 좋으니까 마약에 중독되는 것입니다. 심지어 가정주부들도 마약에 한번 빠지면 헤어나지를 못합니다. 죄는

좋아서 짓는 것입니다. 그래서 사람들은 자신이 어떤 계명을 어긴 순간에는 대개 자기가 죄를 지었는지도 모릅니다. 그 순간에는 죄를 짓는 것이 너무 좋아서 앞뒤를 가리지 못합니다.

누구나 죄의 정욕이 솟구쳐서 죄를 지을 때는 죄를 짓는 것이 너무 좋아서 죄를 범합니다. 간통을 한 사람들도 그때에는 눈이 뒤집혀서 누가 아무리 말려도 부정한 관계를 맺습니다. 그러나 자기가 깨닫지 못할지라도 죄는 마음 판에 새겨집니다. 그리고 마음 판에 새겨진 죄가 "너는 죄를 지었다"고 계속 참소를 합니다. 하나님께서 우리 인간에게 "양심"을 주셨기 때문에 율법을 모르는 자도 그 양심이 율법이 되어서 죄를 깨닫습니다. 그런데 인간의 양심도 너무 무뎌졌기에 하나님은 죄를 분명하게 깨닫도록 율법을 주셨습니다.

사람은 제정신이 돌아오면 율법과 양심의 참소로 자기가 죄를 범한 줄을 깨닫습니다. "아, 내가 부끄러운 짓을 했구나!" 하고 인정하게 됩니다. 그리고 하나님 앞에서 고개도 못 들고, "하나님, 나는 죄인입니다. 내가 죄를 지었습니다" 이렇게 시인하게 됩니다. 이제는 마음 판에 새겨진 죄를 분명하게 깨닫게 되었습니다. 사람이 죄를 지으면, 자기의 **마음 판**과 하나님의 **심판책**에 기록됩니다(렘 17:1). 그래서 이 두 곳에 기록된 죄가 지워지지 않으면 하나님의 심판을 면할 길이 없습니다.

자, 평민의 하나가 죄를 지었습니다. 죄를 지을 당시에는 죄를 지었는지 몰랐지만 나중에 정신을 차리고 보니 죄를 깨달았습니다. 그는 이제 마음 판에 죄가 기록된 죄인이 되었습니다. 그러면 그 죄인이 어떻게 해야 합니까? 하나님께서는 첫 장막에서 섬기는 예법인 속죄제사를 주셔서 죄인들이 죄를 씻게 하셨습니다.

내가 죄를 지었으면 내가 하나님의 심판을 받고 지옥에 가야 합니다. 그런데, 하나님은 우리를 사랑하시기 때문에 우리는 살리려고 대속의 제물이 안수로 죄를 짊어지고 우리를 대신해서 심판을 받고 죽도록 구원의 법을 세워 주셨습니다. 이 **대속의 속죄제사**로 하나님의 사랑과 공의가 이루어졌습니다. 이 제사를 통해서 우리에게 대한 하나님의 사랑도 이루어지고 죄는 반드시 심판하시는 하나님의 공의도 이루어졌다는 말씀입니다.

하나님께서는 우리를 너무나 사랑하시지만, 하나님은 의로운 분이기 때문에 죄는 반드시 심판해야만 했습니다. 어떤 자를 사랑한다고 해서 그의 죄까지 눈감아 주는 것은 불의한 것입니다. 공의(公義)하다는 것은 사단 마귀조차도 시비를 걸 수 없도록 공평하고 의로운 것을 말합니다. 공의하신 하나님께서는 누구의 죄든지 반드시 공평하게 심판해야 하지만, 죄를 지을 수밖에 없는 우리들을 너무나 사랑하시기에 우리를 불쌍히 여기셔서 공의한 구원의 길을 열어 주셨습니다. 그것이 바로 **대속의 속죄제사**입니다.

속죄제사는 어떻게 드렸습니까?

첫째, 그는 **흠 없는 제물**을 성막으로 끌고 와야 했습니다. 자기 대신에 죄를 뒤집어쓰고 죽어야 될 대속(代贖)의 희생제물은 **흠이 없어야** 했습니다. 흠이 있는 것은 다른 자의 흠을 대속할 수 없기 때문입니다. 그래서 죄를 짊어지고 죄인을 대신해서 심판받을 **흠 없는 대속의 제물**로 정결한 짐승인 소나 양이나 염소를 정하신 것입니다. 이와 같이, 속죄제사의 첫 번째 조건은 **흠 없는 대속의 제물**입니다.

속죄제사의 **두 번째 조건은 안수**입니다. 속죄제사를 드리려면,

죄인은 흠 없는 제물의 머리에 반드시 안수를 해야 합니다. 그는 **"그 속죄제 희생의 머리에 안수하고"**(레 4:29)라고 기록되어 있습니다. 흠 없는 제물의 머리에 누가 안수를 합니까? 제사장이 합니까? 죄를 지은 사람이 합니까? 죄를 지은 사람이 안수를 합니다.

제물의 머리에 손을 얹는 "안수"의 효력은 무엇입니까? 안수(按手)는 "넘어가다, 전가(轉嫁)시키다"라는 뜻입니다. 사람에게 있던 죄를 희생제물에게로 넘기는 방법으로 하나님께서 세워 주신 법이 안수입니다. 그래서 죄인이 희생제물의 머리에 안수를 하면서 죄를 자백하고 손을 딱 떼면 자기가 지었던 죄가 이제는 흠 없는 염소에게로 넘어갔습니다. 이것을 **"전가(轉嫁)되었다"**라고 하는데, 전가란 "옮겨져서 심겨졌다"라는 말입니다.

대속의 속죄제사에 있어서 **세 번째 조건**은 **"피"**입니다.

이렇게 죄인이 희생제물의 머리에 안수를 하고 나서 손을 딱 떼면, 이제 제사장은 안수해서 죄를 넘긴 평민에게 칼을 줍니다. 그러면 그 사람이 염소의 머리를 잡고 그 목을 땁니다. 칼로 염소의 목을 따면 피가 쏟아집니다. 그러면 대야를 갖다 대고 그 염소의 피를 받습니다. 그러면 피를 흘린 염소는 숨이 끊기고 죽습니다. 이때에 자기의 죄를 넘겨서 그 염소를 자기 손으로 죽인 자가 그 피를 보면서, "내가 이렇게 죽어야 될 자인데 하나님께서 나를 살려 주시려고 나 대신 이 염소를 제물로 받아 주셨구나! 하나님께서 나를 사랑하시고 이렇게 불쌍히 여겨 주시는구나!" 하고 하나님께 감사를 드립니다.

이제 그 사람은 받아 놓은 제물의 피를 제사장에게 건네줍니다.

이제부터는 제사장이 이 피를 가지고 그 평민을 위한 속죄제사를 마무리합니다.

"제사장은 손가락으로 그 피를 찍어 번제단 뿔에 바르고 그 피 전부를 단 밑에 쏟고 그 모든 기름을 화목제 희생의 기름을 취한 것 같이 취하여 단 위에 불살라 여호와께 향기롭게 할지니 제사장이 그를 위하여 속죄한즉 그가 사함을 얻으리라"(레 4:30-31)

속죄의 제사의 마무리 과정은 제사장이 수행하는데, 제사장은 먼저 대야에 받은 피를 손으로 찍어서 번제단 네 귀퉁이의 뿔에 바릅니다. 번제단(燔祭檀)은 조각목으로 만들고, 그 위에 놋을 덧입혔습니다. 번제단은 상자처럼 가로, 세로가 각각 5 규빗, 높이가 3 규빗인 육면체인데, 아래 위로 터졌고 위쪽의 네 귀에 뿔이 달려 있습니다. 그리고 그 중간에 놋 그물이 걸려 있어서 그 위에 장작불을 지피고 그 맹렬한 불 위에 희생제물의 고기나 내장을 덮었던 기름 덩어리 등을 올려놓습니다. 그러면 장작불 위에 기름이 뚝뚝 떨어지면서 고기가 아주 잘 타면서 연기가 하늘로 올라갑니다. 하나님께서 그 냄새를 맡으시고 "내가 사랑하는 너희들을 대신해서 이 양이 죽어 주었구나! 너희들이 의롭고 합당한 속죄제사를 드려 주었구나!" 하고 기뻐하셨습니다.

번제단 뿔의 의미

제사장은 번제단 네 귀퉁이에 있는 뿔에 제물의 피를 바르고 그 나머지 피는 번제단 밑의 땅에 쏟았습니다. 이 피를 이렇게 두 군데 바르거나 쏟았습니다. 이는 우리의 죄가 두 가지 차원에서 해결되어야 할 것을 의미합니다. **"유다의 죄는 금강석 끝 철필로 기록되되 그들의 마음 판과 단 뿔에 새겨졌거늘"**(렘 17:1) 하신 말씀대로, 우리 인간이 죄를 지으면 그 죄는 두 군데에 기록됩니다.

이 말씀에서 **단 뿔**, 즉 번제단 뿔은 하나님의 보좌 앞에 있는 심판책(행위록)을 계시합니다. **"또 내가 보니 죽은 자들이 무론 대소하고 그 보좌 앞에 섰는데 책들이 펴 있고 또 다른 책이 펴졌으니 곧 생명책이라 죽은 자들이 자기 행위를 따라 책들에 기록된 대로 심판을 받으니"**(계 20:12) - 하나님 보좌 앞에는 생명책과 심판책들, 이렇게 두 종류의 책들이 있습니다. 생명책에는 죄 사함 받고 의인으로 거듭난 자들의 이름이 기록되어 있습니다. 생명책에 이름이 기록된 거듭난 성도들, 즉 하나님의 자녀들은 심판에 이르지 않습니다.

사람이 죄를 지으면 하나님 능력으로 하나도 빠짐없이 심판책에 낱낱이 기록됩니다. "에이 설마, 하나님인들 우리가 골방에서 한 짓까지 다 아실까?" 하고 말하는 사람들도 있습니다. 그러나 하나님은 우리 머리카락까지도 센 바 되신 전지전능하신 하나님입니다. 하나님의 능력을 그렇게 과소평가하면 안 됩니다. 그러므로 죄 사함을 받지 못하고 죄가 마음에 기록된 채로 죽은 자들은 장차 부활해서 **"자기 행위를 따라 책들에 기록된 대로 심판을 받고** 지옥에 떨어집니다. 그래서 이 책을 **심판책** 혹은 **행위록(行爲錄)**이라고 합니다.

이와 같이 죄는 첫째로 우리 마음 판에 기록됩니다. 내 기억에서는 잊어버려도 마음 판엔 그 죄가 남아 있습니다. 그리고 둘째로 우리의 죄는 하나님 보좌 앞에 있는 심판책에 기록됩니다. 이것을 영적으로 **번제단 뿔**이라고 계시한 것입니다. 그래서 누구의 죄가 사함을 받으려면 이 두 군데에 기록된 죄가 다 해결되어 지워져야 합니다. 죄를 대신하고 죽은 제물의 피를 첫째로 단 뿔에 칠한 것은 하나님 보좌 앞에 있는 심판책에서 그 죄가 도말(塗抹)된 것을 의미합니다. 도말(塗抹)이란 "칠해서 지워 버린다"는 뜻입니다. 죄인을 대신해서 죗값을 치른 이 염소의 피로써 심판책에 기록된 죄가 지워졌다는 말씀입니다.

그리고 나서 남은 피를 번제단 밑의 땅에 쏟았습니다. 성경에서 **"땅"** 혹은 **"밭"**은 우리의 마음을 뜻합니다. 번제단 밑의 땅에 희생제물의 피를 쏟음으로 죄인의 마음에 기록되었던 죄도 깨끗이 지워진 것입니다. 그 후에 제사장이 그 염소의 기름을 번제단에서 태워서 제사를 드림으로 평민이 지은 구체적인 죄가 사함을 받았습니다. 이것이 평민의 **하루치 속죄제사**입니다.

대속죄일(大贖罪日)의 속죄제사

그런데 사람이 죄를 지을 때마다 매일매일 이렇게 속죄제사를 드릴 수 있겠습니까? 죄를 지을 때마다 흠 없는 양을 끌고 와서 제사를 드릴 사람은 없습니다. 엄청난 죄를 짓고서 너무 괴로울 때나 제사를 드렸지, 웬만한 죄는 속죄제사도 드리지 않고 그냥 넘어갔습니다. 그러면 제사를 드려서 사함을 받지 못한 죄들은 그들의 마음에 쌓여만 갔습니다. 그래서 그렇게 잔뜩 쌓인 죄들을 일 년에 한 차례씩 단번에 해결하는 속죄의 제사를 하나님께서 세워 주셨습니다. 그것이 레위기 16장에 기록된 **대속죄일(大贖罪日)의 속죄제사** 입니다.

"아론은 자기를 위한 속죄제의 수송아지를 드리되 자기와

권속을 위하여 속죄하고 또 그 두 염소를 취하여 회막문 여호와 앞에 두고

두 염소를 위하여 제비뽑되 한 제비는 여호와를 위하고 한 제비는 아사셀을 위하여 할찌며

아론은 여호와를 위하여 제비 뽑은 염소를 속죄제로 드리고

아사셀을 위하여 제비 뽑은 염소는 산대로 여호와 앞에 두었다가 그것으로 속죄하고 아사셀을 위하여 광야로 보낼찌니라"(레 16:6-10).

대속죄일의 속죄제사는 제칠 월 제십 일(the tenth days of the seventh month)에, 일 년에 한 차례만 드립니다. 대속죄일의 제사는 누가 주재합니까? 제사장 중에서도 제일 우두머리인 대제사장(大祭司長)이 혼자서 드립니다. 아론이 첫 번째 대제사장인데, 아론도 사람이기에 죄를 짓습니다. 그래서 아론은 자기와 자기 식구들을 위해서 먼저 속죄제사를 드립니다. 그는 흠 없는 수송아지를 끌고 와서 자기와 자기 가족들을 위해서 속죄의 제사를 드립니다.

이 제사도 속죄제사를 드리는 일반 원칙과 똑같이 드립니다. 첫째로 제물이 흠이 없어야 되고, 둘째로는 그 제물의 머리에 반드시 안수해서 대제사장과 그 가족의 죄를 넘겨야 되고, 세 번째는 아론은 그 소를 죽여서 그 피를 가지고 성막 뜰, 서편에 있는 성소에 들어갑니다. 성소의 제일 깊은 곳은 하나님이 임재하시는 지성소인데, 그 지성소에는 언약궤가 있습니다. 그 언약궤의 덮개를 속죄소 또는 시은좌(施恩座, the Mercy Seat)라 부르는데, 아론은 시은좌 위와 그 앞에 피를 일곱 번 뿌립니다. "일곱"은 하나님의 숫자이며, "완전함"을 상징합니다. 그래서

속죄제물의 **피를 일곱 번 뿌린 것**은 아론과 그의 가족들이 하나님 앞에서 **완전하게 죄 사함을 받았다**는 뜻입니다.

백성 전체를 위한 일 년치 속죄제사

아론은 자기가 먼저 죄 사함 받은 다음에 이제 미리 준비해 두었던 두 마리 염소로 백성들이 지난 1년 동안 지은 죄를 속하는 제사를 드립니다. "두 염소를 위하여 제비뽑되 한 제비는 여호와를 위하고 한 제비는 아사셀을 위하여 할찌며 아론은 여호와를 위하여 제비 뽑은 염소를 속죄제로 드리고"(레 16:8-9)라고 기록된 대로 미리 준비한 흠 없는 염소 두 마리 중에서 제비를 뽑아, 한 놈을 끌고 성막 뜰 안으로 들어갑니다.

대제사장 아론은 그 첫 번째 염소의 머리에 안수합니다. 이스라엘 백성의 대표자로서 아론이 그 염소의 머리에 안수하면, 하나님 보좌 앞의 심판책에 기록된 이스라엘 백성 전체의 1년치 죄들이 다 그 염소에게 넘어갔습니다. 그렇게 죄를 넘긴 다음에, 조금 전에 수송아지를 드린 것과 똑같은 절차로 이 염소로 속죄의 제사를 드립니다. 아론의 안수로 죄를 넘겨받은 흠 없는 염소의 목을 따서 그 피를 가지고 지성소에 들어가서 속죄소 위와 그 앞에 피를 뿌립니다.

이렇게 아론은 첫 번째 염소로 성막 안에서 홀로 속죄의 제사를 드렸습니다. 그런데 성막의 뜰을 둘러친 세마포 담장의 높이가 5 규빗, 즉 2.5m 정도 되었으니까, 백성들은 아론이 성막 안에서 제사드리는 것을 볼 수 없었습니다. 백성들은 다만 그 세마포 담장 밖에서 제사가 드려지는 동안에 소리만 들었습니다.

성막 뜰 안에서 벌어지고 있는 일들이 보이지는 않았지만, 염소가 "음메~~" 하고 외마디 소리를 내면, "아, 이제 우리를 위해서 아론 대제사장님이 염소를 잡았구나!" "그러면 벌써 안수는 했겠네요!" "아이구! 잘 됐다. 이젠 심판책에 기록된 일 년치 죄는 다 사함을 받았구나!" 하고 자기들끼리 수군수군했을 것입니다.

아론이 입고 있는 대제사장의 제복, 그 에봇 받침 겉옷의 가장자리에는 돌아가며 금방울이 달려 있었습니다. 그래서 아론이 걸어 다닐 때마다 금방울들이 부딪히며 아주 해맑은 소리가 났습니다. 딸랑딸랑하는 금방울 소리가 가까이서 나기도 하고 멀리서 나기도 했습니다. 동쪽의 번제단 쪽에서 금방울 소리가 나더니, 한참 후에는 서쪽에서 들렸습니다. 아론이 지성소로 들어가서 시은좌 위에 피를 뿌릴 때는 금방울 소리가 더 크게 났을 것입니다. 그래서 백성들은 그 금방울 소리를 들으면서, "야~ 우리의 죄가 하나님 앞에서 온전히 사함 받는 제사가 잘 드려지고 있구나" 하고 감사했습니다.

그렇게 백성들은 금방울 소리만 듣고 있었는데, 드디어 성막 뜰 문을 젖히고 아론이 성막 밖으로 나옵니다. 대속죄일에는 이스라엘 백성들이 성막 주변에 다 모여 있었는데, 대제사장 아론이 남아 있는 한 마리 염소를 끌고 백성들 앞으로 나옵니다. 백성들은 염소를 끌고 등장한 아론을 보면서 환호했습니다. 하늘의 심판책에 기록된 죄는 다 해결되었는데, 이제 자기들의 마음 판에 기록된 일 년치 죄를 단번에 사함 받는 순간이 왔기 때문입니다.

이 염소를 아사셀 염소라고 부르는데, "아사셀"은 "내어놓음"이라는 뜻으로, 이 염소는 백성들의 일 년치 죄를 **안수로 짊어지고** 광야에 내어놓아 죽게 되기 때문입니다.

"그 지성소와 회막과 단을 위하여 속죄하기를 마친 후에 산 염소를 드리되 아론은 두 손으로 산 염소의 머리에 안수하여 이스라엘 자손의 모든 불의와 그 범한 모든 죄를 고하고 그 죄를 염소의 머리에 두어 미리 정한 사람에게 맡겨 광야로 보낼찌니 염소가 그들의 모든 불의를 지고 무인지경에 이르거든 그는 그 염소를 광야에 놓을찌니라"(레 16:20-22).

아론은 이제 아사셀 염소를 제물로 삼아, 이스라엘 백성들의 마음 판에 기록된 일 년치 죄를 씻어 주는 제사를 드립니다. 대제사장 아론은 백성들이 보는 앞에서 그 염소의 머리에 대표로 안수하고 이스라엘 백성이 지난 일 년 동안 범한 모든 죄를 고했습니다.

"하나님, 이 백성이 하나님을 버리고 우상을 섬겼으며, 하나님의 이름을 망령되이 일컬었으며, 이 백성이 간음했으며, 도적질했으며, 부모를 거역했으며, 거짓 증언을 했으며, 남의 물건을 탐했으며, 살인했습니다" 하고 안수(按手)를 한 상태로 백성들의 모든 죄를 고했습니다. 그러자 이스라엘 백성의 모든 죄가 아론의 어깨를 타고 아사셀 염소의 머리에 넘어갔다고 성경은 말씀합니다.

"아론은 두 손으로 산 염소의 머리에 안수하여 이스라엘 자손의 모든 불의와 그 범한 모든 죄를 고하고 그 죄를 염소의 머리에 두어 미리 정한 사람에게 맡겨 광야로 보낼찌니"(레 16:21)라고 말씀에 기록되어 있습니다. 성경은 "아론의 안수(按手)로 백성들의 죄가 희생제물인 염소의 머리에 넘어갔다"고 분명히 선포하고 있습니다. "안수를 하면 죄가 넘어간다"는 말씀이 어디 있느냐?"고 반문하는 이들이 있는데,

바로 여기 레위기 16장에 분명히 그렇게 기록되어 있습니다. **안수**는 희생제물에게 **죄를 넘기는 하나님의 공의한 법**입니다. 아론은 이스라엘 백성을 대표해서 홀로 안수했지만 백성 전체의 죄가 단번에 아사셀 염소에게 넘어갔습니다. 안수를 통해서 백성들의 마음 판에 기록되어 있던 죄는 전부 아사셀 염소에게로 넘어가도록 한 것이 성경의 **대표 원리**입니다.

우리나라와 미국이 어떤 조약을 체결할 때에, 백성들이 모두 서명하지 않고 양국의 대통령들이 대표로 조약 문서에 서명합니다. 대표자가 서명을 하면 백성 전체가 그 조약의 혜택을 보고 그 조약을 지켜야 할 의무도 따릅니다. 지난 번에 우리나라 대통령이 미국에 가서 비자면제협정을 맺었습니다. 양국 대통령이 그 협정에 서명하자, 양국 국민들이 서로 상대방 국가에 입국할 때 비자 없이도 입국할 수 있게 되었습니다. 그것이 **대표 원리**입니다.

똑같은 원리로, 이스라엘 백성의 대표자로서 대제사장 아론이 아사셀 염소의 머리에 **안수**하고 백성들의 죄를 고했더니, (이 안수는 "죄가 넘어간다"는 뜻이므로) 백성들의 일 년치 죄가 그 아사셀 염소에게 다 넘어가서 그 염소에게 심겨졌습니다. 그렇게 안수로 백성들의 죄를 넘긴 후에 아사셀("내어놓음"이라는 뜻) 염소는 미리 정한 사람의 손에 의해 멀리 사막으로 끌려갑니다. 사막으로 끌려가던 아사셀 염소가 처음에는 잘 보이다가 지평선 너머로 사라져서 나중에는 안 보이겠죠? 그리고 한참 있으면 염소는 멀리 사막에 내버리고 이 사람만 돌아옵니다. 그 아사셀 염소는 이스라엘 백성의 일 년치 죄를 짊어지고 멀리 끌려가서 물도 없는 사막에서 헤매다가 쓰러져 죽습니다.

이스라엘 백성들은 염소를 끌고 갔던 사람이 돌아오자 다시 한번 환호성을 지릅니다. 백성들은 "와~, 우리 죄를 넘겨받은 염소가 사라졌다! 동이 서에서 먼 것같이, 하나님께서 우리의 모든 죄과를 우리에게서 옮겨 주셨구나!" 하고 기뻐하면서 각기 자기의 장막으로 돌아갔습니다. 이것이 바로 아론이 홀로 주관해서 드렸던 대속죄일(大贖罪日)의 속죄제사입니다.

육체의 예법만 되었던 첫 언약의 속죄제사

그러나 대속죄일의 제사를 드리고 기뻐하며 돌아간 백성들은 또다시 죄를 지을 수밖에 없는 연약한 존재들이기에 그날로 다시 죄인이 되었습니다. 그래서 성막에서 양이나 염소로 드렸던 속죄제사로는 그들을 양심상으로 깨끗하게 하지는 못했습니다. 그런 제사로는 다만 그때그때 짓는 죄를 씻는 육체의 예법에 불과했습니다.

첫 장막에서 드렸던 제사들은 완전하고 영원한 속죄제사가 아니었습니다. 그 제사들은 하나의 예고편이고 비유였으며, 개혁할 때까지 맡겨 놓은 구약의 예법이었습니다. 즉 우리에게 영원하고도 완전한 죄 사함을 얻게 하는 새 언약의 선물을 주실 때까지 하나님은 이런 육체의 예법 아래 이스라엘 백성들을 맡겨 놓았습니다. 그렇게 함으로써 이스라엘 백성이 **"장차 올 좋은 일"**(히 10:1)을 간절히 기다리게 했습니다.

하나님의 아들이신 예수님은 첫 언약에 속한 이 땅의 성소에 들어가지 않고 하늘 성소로 들어가셔서 우리에게 **영원한 속죄의 제사**를 드려 주셨습니다. 예수님의 영원한 속죄의 제사는 이스라엘 백성들이 양이나 염소로 드렸던 제사와는 차원이 다릅니다. 구약의 성막에서 섬겼던 제사들은 우리를 양심상으로 온전케 할 수 없었습니다. 이스라엘 백성들은 속죄제사를 드리고 돌아서면 다시 죄인이 되었기 때문에, 그 제사들은 임시방편으로 그때그때 범한 죄만을 씻는 육체의 예법만 되었습니다.

우리는 히브리서 9장 1절부터 10절까지의 말씀을 통해서 구약에서 첫 언약 아래서 주신 성막과 거기서 섬기는 예법으로 주신 속죄제사에 대해서 살펴보았습니다. 하나님께서 우리를 사랑하셔서 지옥의 심판이 우리에게 임하지 않게 하려고 대속의 제사법을 세워 주셨는데, 이것은 장차 예수님을 우리에게 보내 주셔서 영원한 대속의 제사를 드려 주실 것을 계시하고 있습니다.

구약의 속죄제사는 다음의 세 가지 조건이 다 충족되어야만 하나님께서 받으시는 합당한 제사였습니다: 1) **흠 없는 대속의 제물**, 2)**안수(按手)—죄를 제물에게 전가시킴**, 3) **피 흘림—제물이 자기 생명으로 죗값을 치름**. 이 세 가지 요건 중에서 어느 것이라도 결여된 속죄제사는 **불법제사**이고 하나님은 그런 불법제사를 받지 않습니다.

불법을 행하는 자들

예수님은 육신을 입고 오신 하나님의 아들입니다. 따라서 전 인류를 위한 흠 없는 제물이 되실 수 있었습니다. 또한 예수님은 인류의 대표자이며 대제사장 아론의 후손인 세례 요한에게 **안수의 형식으로 세례**를 받았습니다. 이 세례로 인류의 모든 죄가 예수님에게 단번에 넘어갔습니다. 그래서 세례 요한은 예수님에게 세례를 베푼 다음날에, **"보라 세상 죄를 지고 가는 하나님의 어린양이로다"**(요 1:29) 하고 증거했습니다. 그리고 예수님은 세상 죄를 짊어진 채로 십자가에 오르셔서, 온몸의 피를 쏟으셔서 우리의 모든 죄를 온전히 속량하시고, **"다 이루었다"**(요 19:30)고 외치시며 숨을 거두셨습니다. 예수님께서는 받으신 세례와 십자가의 피로 우리를 모든 죄에서 온전히 구원하셨습니다.

그런데 오늘날의 기독교인들은 세상 죄를 단번에 담당하신 **"예수님이 받으신 세례"**의 능력을 빼버리고 **십자가의 피만**을 믿습니다. 예수님이 하나님의 아들이고, 죄를 알지도 못하는 흠 없는 제물인 것은 그들도 믿습니다. 그리고 어린양으로 오신 예수님이 자기들의 속죄양이 되어 주기 위해서 십자가에서 피 흘리시고 돌아가셨다는 사실도 믿습니다. 그러나 그들은 예수님께서 **안수의 형식으로 세례**를 받으셔서 세상 죄를 다 담당하심으로 **"모든 의(義)"**를 이루어 주신 사실은 믿지 않습니다. 예수께서 세례 요한에게 준엄하게 명령하신 말씀을 보십시오.

"예수께서 대답하여 가라사대 이제 허락하라 우리가 이와 같이 하여 모든 의를 이루는 것이 합당하니라 하신대 이에 요한이 허락하는지라"(마 3:15).

"우리가 이와 같이 하여"란 "너(세례 요한)는 내(예수님) 머리에 안수해서 죄를 넘김으로써"라는 뜻입니다. 대제사장 아론의 후손이며 여자의 몸에서 난 자 중에 가장 큰 자(전 인류의 대표자)인 세례 요한이 **"이와 같이"** 즉 **안수의 방식**으로 흠 없는 어린양으로 오신 예수님의 머리에 세례를 베풀었을 때에, 우리 인류의 모든 죄가 단번에 예수님에게 넘어갔습니다. 할렐루야!

그러므로 예수님께서 받으신 **세례의 진리**를 빼고 예수님을 믿는 것은 마치 구약의 속죄제사에서 **안수를 하지 않은 염소를 잡아서 하나님께 드린 제사**와 같습니다. 그런 제사는 **불법제사**이고 하나님은 그런 불법제사를 받지 않았습니다. 그러나 애석하게도 거의 대부분의 기독교인들이 지금 **불법제사**를 드리고 있습니다.

세례(洗禮)란 "**씻는 예식**"입니다. 예수님이 인류의 대표자인 세례 요한에게 안수의 형식으로 세례를 받았을 때에 세상 죄가 예수님에게 단번에 넘어갔기 때문에, 예수님의 세례의 능력을 믿으면 우리 마음의 모든 죄가 단번에 씻겨져서 죄인이었던 자가 마음에 흰 눈같이 죄 사함을 받고 의인이 됩니다. 예수님은 죄인을 구원하시려고 "**물과 피로 임하신 분**"(요일 5:6)입니다. **죄인이 예수님의 물과 피를 믿음으로 죄 사함을 받고 의인이 되는 것이 거듭남**입니다.

예수님은 니고데모에게 "**사람이 물과 성령으로 나지 아니하면 하나님 나라에 들어갈 수 없느니라**"(요 3:5)고 말씀하셨습니다. 또 사도 베드로도 "**물은 예수 그리스도의 부활하심으로 말미암아 이제 너희를 구원하는 표니 곧 세례라**"(벧전 3:21)고 증거했습니다. 예수님께서 받으신 세례 안에는 예수님의 구원사역 전체가 함축되어 있습니다. 세례 요한의 안수를 통해서 세상 죄를 담당하신 주님께서는 물에 잠기셨습니다. 이는 예수님께서 장차 십자가에서 **대속의 죽음**을 당하실 것을 계시합니다. 또 예수님께서 물에서 다시 올라오신 것은 장차 주님께서 **부활**하셔서 우리의 구원을 완성하실 것을 계시합니다. 그러므로 사도 베드로는 예수님의 세례를 믿는 믿음이 우리의 "**구원의 표**"라고 증거한 것입니다.

그런데 오늘날의 기독교인들은 **예수님의 세례(물)**를 빼버린 십자가의 피만을 믿고도 거듭났다고 주장합니다. 여러분들도 "♪예수로 나의 구주 삼고 **성령과 피로써 거듭나니** ♪이 세상에서 내 영혼이 하늘의 영광 누리도다"라는 가사의 찬송가 204장을 아실 것입니다. 그런데 성경 어디에 "성령과 피로 거듭난다"고 말씀하셨습니까? 사람이 **물과 성령으로 거듭나는 것**이지 **성령과 피만으로는** 거듭날 수 없습니다. 그들은 자기들의 믿음과 다르면 성경조차도 변조하는 자들입니다. 내 죄가 예수님에게 넘어간 말씀의 증거를 **빼놓고** 예수님의 피만 믿으면, 주님의 희생 제사가 나와 무슨 상관이 있겠습니까? 내가 안수도 하지 않은 제물을 아무리 많이 잡아서 번제로 드린들 그것을 하나님께서 합법적인 속죄제사로 열납(悅納)하시겠습니까?

그러므로 예수님의 피만을 믿는 자들은 **불법제사를** 드리는 자들입니다. 주님은 그런 자들에게 **"불법을 행하는 자들아, 내게서 떠나가라"**(마 7:23)고 책망하십니다. 온전한 구원의 복음인 **물과 피의 복음**을 믿지 않고 **반쪽짜리 복음**으로 불법제사를 드리는 자들은 주님의 책망의 말씀을 듣고 속히 회개하기를 바랍니다. 그리고 하나님이 기뻐하시는 온전한 믿음으로 죄 사함의 축복을 누리시기를 바랍니다. 성경이 증거하는 **원형의 복음**은 **물과 피의 복음**입니다.

말씀을 마쳤습니다.

(2014년 5월 11일 주일예배 말씀)

당신은 진정
죄와 상관없는 자가 되었습니까?

"그리스도께서 장래 좋은 일의 대제사장으로 오사 손으로 짓지 아니한 곧 이 창조에 속하지 아니한 더 크고 온전한 장막으로 말미암아

염소와 송아지의 피로 아니하고 오직 자기 피로 영원한 속죄를 이루사 단번에 성소에 들어 가셨느니라

염소와 황소의 피와 및 암송아지의 재로 부정한 자에게 뿌려 그 육체를 정결케 하여 거룩케 하거든

하물며 영원하신 성령으로 말미암아 흠 없는 자기를 하나님께 드린 그리스도의 피가 어찌 너희 양심으로 죽은 행실에서 깨끗하게 하고 살아계신 하나님을 섬기게 못하겠느뇨

이를 인하여 그는 새 언약의 중보니 이는 첫 언약 때에 범한 죄를 속하려고 죽으사 부르심을 입은 자로 하여금 영원한 기업의 약속을 얻게 하려 하심이니라

유언은 유언한 자가 죽어야 되나니

유언은 그 사람이 죽은 후에야 견고한즉 유언한 자가 살았을 때에는 언제든지 효력이 없느니라

이러므로 첫 언약도 피 없이 세운 것이 아니니

모세가 율법대로 모든 계명을 온 백성에게 말한 후에 송아지와 염소의 피와 및 물과 붉은 양털과 우슬초를 취하여 그 책과 온 백성에게 뿌려

이르되 이는 하나님이 너희에게 명하신 언약의 피라 하고

또한 이와 같이 피로써 장막과 섬기는 일에 쓰는 모든 그릇에 뿌렸느니라

율법을 좇아 거의 모든 물건이 피로써 정결케 되나니 피흘림이 없은즉 사함이 없느니라

그러므로 하늘에 있는 것들의 모형은 이런 것들로써 정결케 할 필요가 있었으나 하늘에 있는 그것들은 이런 것들보다 더 좋은 제물로 할찌니라

그리스도께서는 참 것의 그림자인 손으로 만든 성소에 들어가지 아니하시고 오직 참 하늘에 들어가사 이제 우리를 위하여 하나님 앞에 나타나시고

대제사장이 해마다 다른 것의 피로써 성소에 들어가는 것 같이 자주 자기를 드리려고 아니하실찌니

그리하면 그가 세상을 창조할 때부터 자주 고난을 받았어야 할 것이로되 이제 자기를 단번에 제사로 드려 죄를 없게 하시려고 세상 끝에 나타나셨느니라

한번 죽는 것은 사람에게 정하신 것이요 그 후에는 심판이 있으리니

이와 같이 그리스도도 많은 사람의 죄를 담당하시려고 단번에 드리신바 되셨고 구원에 이르게 하기 위하여 죄와 상관 없이 자기를 바라는 자들에게 두 번째 나타나시리라"(히 9:11-28)

"죄와 상관없이 자기(예수님)를 바라는 자들"

"죄와 상관없는 자"는 "마음에 죄가 전혀 없는 자"라는 뜻입니다. 어떤 정치인이 어떤 불미스러운 사건에 연루되었다고

보도되었는데, 본인은 기자회견을 열어서, "나는 그 사건과 전혀 상관이 없다"고 자기를 변호하는 것을 우리는 뉴스에서 흔히 봅니다. 자신은 그런 부정한 일을 전혀 하지 않았다는 말입니다.

오늘 우리가 같이 읽은 히브리서 9장의 마지막 절에, **"이와 같이 그리스도도 많은 사람의 죄를 담당하시려고 단번에 드리신바 되셨고 구원에 이르게 하기 위하여 죄와 상관없이 자기를 바라는 자들에게 두 번째 나타나시리라"**(히 9:28)고 말씀하셨습니다. 주님께서 재림하실 때에 누구에게 나타나시느냐? 마음에 흰 눈같이 죄 사함을 받아서 **"죄와 상관없는 자"** 즉 **마음에 죄가 전혀 없는** 자에게 나타나십니다.

주님께서는 이 땅에 다시 오십니다. 초림(初臨)의 주님은 이미 약 2000년 전에 이 땅에 한 번 오셨다가 우리를 모든 죄에서 구원하시고 하늘로 올라가셨습니다. 주님께서 이 땅에 처음 오셔서 행하신 일은 우리 인류의 모든 죄를 완벽하게 없애 주신 일이었습니다. 주님은 흠 없는 제물이 되시려고 육신을 입고 오셔서, 요단강에서 인류의 대표자 세례 요한에게 세례를 받으심으로 세상 죄를 다 담당하시고, 십자가에서 피 흘려 죽으심으로 그 죄의 대가를 다 치러 주셨습니다.

그런데 재림(再臨)의 주님, 즉 두 번째 오실 주님께서는 왜 이 땅에 다시 오십니까? 그것은 주님의 완전한 구원의 사역을 마음으로 믿어서 죄 사함 받은 의인들을 영원한 천국으로 데려가기 위해서입니다. 재림의 주님께서는 의인들이 영생의 **"구원에 이르게 하기 위하여 죄와 상관없이 자기를 바라는 자들에게"** 다시 오실 것입니다. **"죄와 상관없이 자기를 바라는 자"**란 말씀에서, **자기**는 예수님을 지칭합니다. 재림의 주님께서는 마음에 죄가 전혀 없이 예수님의 다시 오심을 기다리는 자들에게 나타나십니다. 의인들은 예수님이 재림하는 것을 고대하고 있습니다.

반면에, 지금 예수님이 재림하면 절대로 안 되는 자들이 있습니다. 죄와 상관이 있는 자들, 마음에 아직 죄가 있는 자들은 예수님이 지금 재림하면 큰일입니다. 그들은 마음의 죄로 인해서 주님의 심판을 받고 지옥에 갑니다. "**죄의 삯은 사망이요**"(롬 6:23)라고 말씀하셨기에, 예수님을 구주로 믿었든 믿지 않았든, 마음에 죄가 있는 자는 반드시 하나님의 심판을 받고 지옥에 떨어집니다. 아무리 오랫동안 예수님을 믿었어도 마음에 죄가 있다면, 아직 **죄와 상관이 있는 사람**입니다. 그리고 내 마음에 죄가 있는 것인지 없는 것인지 확신이 없다면, 그런 사람도 아직 **죄와 상관이 있는 자**입니다.

진정으로 **죄와 상관이 없는 자**는 자기가 의인임을 담대하게 선포합니다. 거듭난 의인들은 자신이 하나님의 의를 믿음으로 죄 사함을 받아서 마음의 죄가 분명하고 깨끗하게 없어졌다는 큰 확신이 있습니다. 그런 확신이 있는 것은 물과 피의 복음이 진리의 말씀이기 때문에 "**능력과 성령과 큰 확신으로 된**"(살전 1:5) 믿음이 자신의 마음에 있기 때문입니다. 이렇게 죄 사함을 받아서 **죄와 상관없게 된 자들**은 구원의 확신 가운데서 주님께서 오실 날을 간절히 기다립니다. "**죄와 상관없이 주를 바라는 자들**"은 예수님께서 빨리 오셔서 자기를 데려가심으로 이 땅의 모든 힘든 일들을 속히 벗어버렸으면 하는 소망이 있습니다.

저는 여러분들에게도 다시 한번 묻습니다: "당신은 진정 죄와 상관없는 자가 되었습니까?" 누구든지 이 질문 앞에 정직하게 서

보아야 합니다. "정말 나는 죄와 상관없는 자인가?" 하고 스스로 진솔하게 묻고 답해야 합니다. 당신의 마음에 죄가 전혀 없어서 당신이 진정 죄와 상관없는 자가 되었다면 당신도 평안한 마음으로 주님의 재림을 기다릴 것입니다. 그러나 만일 당신의 마음에 아직 죄가 있다면, 속히 물과 피의 복음을 믿음으로 온전하게 죄 사함을 받고 죄와 상관없는 자가 되어야 합니다.

주님께서는 **"죄와 상관없이 자기를 바라는 자들"**에게 두 번째 나타나실 것입니다. 이 말씀이 평범한 얘기 같지만 사실은 엄청나게 충격적인 말씀입니다. 현재 기독교인들이 많지만 그들의 마음에는 거의 다 죄가 있습니다. 그러면 그들은 죄와 상관이 있는 자일까요, 상관이 없는 자일까요? 죄와 상관이 있는 자들입니다. 주님께서 지금 오시면 그들은 지옥의 판결을 면할 수 없습니다. 그러니 예수님을 그렇게 오랫동안 믿고서 지옥에 간다는 것이 얼마나 억울하고 안타까운 일입니까?

죄와 상관없는 자가 되어야만 주님께서 오실 때 기쁨으로 주님을 맞이합니다. 열 처녀의 비유 말씀에, **슬기로운 다섯 처녀**는 **등과 기름**을 예비함으로 재림하신 주님께서 준비하신 혼인잔치에 들어갔습니다. 그런데 **미련한 다섯 처녀**는 등만 준비하고 **기름이 없어서** 혼인잔치에 들어가지 못했습니다. 이 비유의 말씀에서 등은 교회를, 기름은 성령을 의미합니다. 열 처녀 모두 교회를 다니며 신앙생활을 했습니다. 그런데 미련한 다섯 처녀들, 즉 죄 사함을 받지 못한 자들은 마음에 죄가 있어서 성령이 임할 수 없었습니다. 그러나 **물과 피의 복음**을 믿음으로 죄 사함을 받은 **의인들**은 성령을 선물로 받아서 다시 오시는 주님을 기쁨으로 맞이했습니다. 주님께서는 **죄와 상관없는 자들만** 공중 혼인잔치에 들어가게 하십니다. 그래서 오늘은 이 부분에 초점을 맞추어서 말씀을 드리고자 합니다.

우리 인생은 반드시 한 번 죽습니다

"한번 죽는 것은 사람에게 정하신 것이요 그 후에는 심판이 있으리니"(히 9:27) 라고 성경은 말씀합니다. 사람이 한 번 죽는 것은 하나님이 정한 이치입니다. 죽지 않을 자는 아무도 없습니다. 사람은 그냥 기껏해야 7~80년을 살다가 죽습니다. 요즘은 건강관리를 잘해서 백 세 넘게 수명을 누리는 분들도 제법 있지만, 시편 90편의 모세의 기도에 보면, **"우리의 년수가 칠십이요 강건하면 팔십이라도 그 년수의 자랑은 수고와 슬픔뿐이요 신속히 가니 우리가 날아가나이다"**(시 90:10)라고 기록되어 있습니다. 사람의 수명은 7~80년이고 기껏해야 100세를 사는데, 그 날수도 날아가듯이 금방 다 지나갑니다. 그렇지 않습니까? 이 형제님은 지금 몇 세입니까? 55세라고요? 그러면 금방 60세가 되고 70세가 됩니다. 마지막 숨을 몰아쉬다가 죽을 날이 우리 모두에게 그리 멀지 않다는 말입니다.

우리의 인생은 기껏해야 한 뼘 길이밖에 안 됩니다. 한 뼘 길이라는 것은 "양초 한 자루에 불과하다"는 뜻입니다. 초 한 자루 다 타는데 하룻밤도 안 걸립니다. 요즘 정부에게 세월호 침몰 참사의 책임을 지라고 민간단체와 유가족들이 청계천 주변에서 촛불 집회를 하는데, 그들이 초 한 자루에 불을 붙이면 그 밤으로 다 타버립니다. 우리는 초 한 자루 길이의 인생을 살다가 갑니다. 아침 안개와 같이 짧고 허망한 것이 인생입니다. 자기의 인생이 그렇게 짧다는 것을 아는 자는 지혜로운 자입니다.

이 땅에 사는 것이 그리 대단한 것이 아닙니다. 이 땅의 삶은 나그넷길과 같고 초 한 자루의 길이밖에 안 되는 것이 인생이라는 것을 인정하는 사람은 이제 무엇을 바라보아야 합니까? 우리의 인생이 그토록 짧고 허망한 줄을 깨달았다면, 우리는 이제 영원한 세계를 바라보아야 합니다. 이 땅에서 한 번 죽는 것은 하나님께서 정하신 이치이고, 죽은 다음에는 반드시 심판이 있으며, 그 후에 **영원한 세계**가 열립니다.

"**한번 죽는 것은 사람에게 정하신 것이요, 그 후에는 심판이 있으리니**"(히 9:27)라고 말씀하셨습니다. 죽은 후에는 하나님의 심판이 있는데, 하나님의 심판을 받는 사람은 누구든지 다 지옥입니다. 하나님은 죄가 있는 자를 심판합니다. 물과 성령으로 거듭나서 **죄와 상관없는 자**는 심판을 받지 않고 곧바로 **사망에서 생명으로** 옮겨집니다. "**내가 진실로 진실로 너희에게 이르노니 내 말을 듣고 또 나 보내신 이를 믿는 자는 영생을 얻었고 심판에 이르지 아니하나니 사망에서 생명으로 옮겼느니라**"(요 5:24)고 말씀하십니다. 예수님께서 완성해 주신 물과 피의 복음을 진정으로 믿어서 죄와 상관없게 된 자들은 죄가 없기 때문에 아예 심판을 받지 않습니다. 그들에게는 하나님의 심판 자체가 아예 없습니다. 의인들은 사망에서 생명으로, 지옥에서 천국으로 바로 옮겨진 자들입니다.

한 번 죽는 것은 정한 이치이고 그 다음엔 심판이 분명히 있습니다. 그런데 사람들 중에는 죽은 후에 하나님의 심판을 받는 자가 있고 심판을 받지 않을 자가 있다는 말입니다. 주님이 우리를 구원한 **진리의 복음**을 마음으로 믿어서 온전히 죄 사함을 받고,

죄와 상관없이 된 자들은 절대로 심판에 이르지 않습니다. 의인들은 하나님의 심판을 건너뜁니다. 죄 사함을 받은 자들은 주님이 재림하실 때에 **휴거** 되어서 주님과 함께 **공중 혼인잔치**에 참여했다가 주님께서 이 땅을 새롭게 해서 **천년왕국**을 펼치시면, 지상 낙원에서 주님과 함께 천 년 동안 왕 노릇을 할 것입니다. 그리고 천 년이 지나면 주님께서 죄인들을 부활시켜서 사단 마귀와 함께 영원한 지옥의 판결을 내리신 후에, 의인들은 주님과 함께 위로부터 내려오는 새 예루살렘 성(城)인 **영생의 천국**에 들어갈 것입니다.

그런데, 한편 반드시 심판을 받아야 할 자들이 있습니다. 마음에 죄가 있어서 심판에 이르는 자들에게는 지옥의 저주가 기다리고 있습니다. "너희 죄가 호리(毫釐)만큼만 있어도 절대로 지옥 불에서 벗어날 수가 없다"(마 5:26)고 주님은 말씀합니다. 호리(毫釐)는 우리나라 재래식 자(尺)나 저울의 작은 눈금을 일컫는 바, 사람의 마음에 죄가 아주 조금만 있어도 죄인이고 죄인은 반드시 심판을 받습니다. 그래서 죄인은 속히 그리고 온전하게 죄 사함을 받아야 합니다. 그렇게 되어야만 **죄와 상관없는** 자가 되고 심판에 이르지 않는다고 주님은 말씀을 합니다.

죄 사함을 받으려면 먼저 자신이 죄인임을 시인해야

그런데, 진실로 온전하게 죄 사함을 받으려면, 먼저 자기가 심히 죄인임을 알아야 합니다. 자신은 지옥에 갈 수밖에 없는 죄 덩어리인 것을, 자기가 모든 사람보다 심히 더 악독한 죄인인 것을 인정해야 죄 사함을 받을 수 있습니다.

사도 바울은 영적인 아들 디모데에게, **"죄인 중에 내가 괴수니라"(딤전 1:15)** 고 고백했습니다. 괴수(魁首)라는 말은 "못된 자들의 우두머리"라는 뜻입니다. "죄인 중에서 내가 가장 못돼 먹은 죄인이다"라고 사도 바울은 자인(自認)했던 것입니다. **"죄인 중에 내가 괴수니라"**고 고백한 사도 바울이었기에, 정말 주님이 자기와 같은 죄인 괴수를 온전하게 죄에서 구원하신 진리의 복음을 생명처럼 붙들어서 죄 사함을 받았습니다.

또한 베드로의 경우에도, 그가 예수님을 처음 만났을 때에, 자기의 참모습을 정직하게 시인하고 주님의 은혜를 입었던 것을 알 수 있습니다. 그때에 갈릴리 호숫가에 수많은 사람들이 모여서 예수님께 서로 가까이 가려고 아수라장이었습니다. 그래서 예수님께서는 시몬(베드로)의 고깃배를 빌려 타고 호숫가에서 좀 떨어져서 무리에게 천국 복음을 전해 주셨습니다. 설교를 마치신 후, 예수님은 시몬에게, **"깊은 데로 가서 그물을 내려 고기를 잡으라"**고 말씀하셨습니다. 시몬이 주님의 명하신 대로 그물을 내렸더니 그물이 찢어질 정도로 물고기가 많이 잡혔습니다. 시몬은 이미 주님의 진리의 말씀도 들은데다가 주님께서 베푸신 놀라운 이적을 보았습니다. 그래서 그는 예수님에게 **"주여, 나를 떠나소서 나는 죄인이로소이다"(눅 5:8)**라고 고백합니다. 주님은 **"무서워 말라 이제 후로는 네가 사람을 취하리라"**고 시몬에게 말씀하셨습니다.

시몬은 자기가 얼마나 악하고 더러운 자인지를 하나님 앞에 정직하게 시인하였고, 주님께서는 그렇게 자기를 낮추는 자를 구원해 주십니다. 자신이 죄 덩어리이기 때문에 주님께 긍휼을 구할 면목조차 없는 자라고 인정했던 시몬 베드로 같은 자를 주님께서는 만나 주십니다. **자신은 별로 죄인이 아니라고 생각하는 사람은 죄 사함을 받지 못합니다.** 오늘날 기독교인들이 진리의 복음을 전해 주어도 그 복음을 간절하게 붙잡지 않아서 죄 사함을 받지 못하는 이유는, 그들은 자기들이 꽤나 의로운 줄로 착각하기 때문입니다. 그들은 비록 자기들의 마음에 죄가 조금은 있지만 하나님 앞에서 신앙생활도 잘하고 자선활동도 잘하고 있다고 자부합니다. 그리고 그들은 마음에 죄가 호리(毫釐)만큼만 있어도 지옥에 간다는 말씀을 진지하게 듣지 않습니다. 자기들은 지옥에 갈 자가 아니라고 여기는데, 어떻게 물과 피의 복음을 간절한 마음으로 붙들겠습니까?

죄 사함을 받지 못하는 대표적인 두 부류의 사람들

예수님의 시대에는 외식(外飾)하는 바리새인들이 많았는데 지금의 기독교인들이 그 바리새인들과 영적으로 똑같은 상태입니다. 바리새인들은 한결같이 자기들이 꽤나 의로운 줄 알았습니다. 자기들이 율법을 잘 지키고 하나님을 잘 섬기고 십일조도 잘 드리고, 길거리에서 창녀나 세리와 같이 드러난 죄인들을 만나면 "부정하다"고 외치며 도포자락으로 자기의 얼굴을 가리고 지나갔습니다. 그들은 늘 "나는 너희들보다 더 거룩하고 깨끗하다"고 생각했습니다. 그러나 사실은 그들 마음엔 죄가 있었습니다. 그들은 죄와 상관있는 자들이었는데도 주님이 그들의 모든 죄를 깨끗이 씻어 줄 온전한 의의 복음을 들려주어도 전혀 하나님의 의에 목말라 하지 않았습니다.

주님은 "심령이 가난한 자는 복이 있나니 천국이 저희 것임이요"(마 5:3)라고 말씀하셨습니다. 자기가 죄 덩어리인 줄을 마음으로 인정하는 자가 심령이 가난한 자입니다. 그런 자는 "나는 죄 덩어리입니다. 주님, 저를 불쌍히 여겨 주옵소서" 하며 주린 심령으로 주님께서 하나님의 의를 입혀 주시기를 간구합니다. 그래서 심령이 가난한 자는 주님께서 온전한 의의 복음을 전해 주시면, 주린 마음으로 받아서 굳게 믿습니다.

이 이치를 자장면으로 비유해 보겠습니다. 지금 배가 쫄쫄 고픈 사람에게 자장면 곱빼기를 가져다주면, 그냥 곧바로 비벼서 꿀맛으로 먹지 않겠어요? 그런데 자기 배가 잔뜩 부른 상태에서 누가 자장면 곱빼기를 시켜 주면 체면상 먹는 척하다 말겠죠? 그런 사람은 자장면을 준 사람에게 고마워하지도 않습니다. 자장면을 이리저리 뒤적거리며 먹는 척하다가 사준 사람이 가고 나면 음식물 쓰레기통에 버리고 맙니다.

복음을 전해 들은 경우도 그와 같습니다. 자기 의가 많은 사람은 하나님의 의가 담긴 진리의 복음이 전혀 고맙지 않습니다. "주님, 굳이 이렇게까지 해 주실 필요가 있습니까? 나는 스스로 충분히 의롭습니다. 의를 입혀 주시려거든 저런 거지나 창녀 같은 자들에게나 입혀 주시죠!" 자기의 의에 배부른 자는 하나님의 의를 선물해도 감사함과 기쁨으로 받지 않습니다.

세상을 사랑하는 자들

또 이 세상 것을 너무 사랑하는 사람도 죄 사함을 받지 못합니다. 이 세상의 것들을 너무 사랑하는 사람은 영원한 세계인

하나님의 나라를 사모하지 않기 때문에 영생의 복음이 자기에게는 별반 절실하지 않습니다. 그런 사람들은 "이 세상에는 재미있는 것들이 너무나도 많고 내가 해 보고 싶은 일들도 너무나 많다. 그러니 눈에 보이지도 않는 하나님을 믿으라고 나에게 강요하지 말라!"고 복음을 냉대합니다. 이런 사람들은 천국 복음에는 관심이 없습니다. 이런 사람들은 돼지와 같이 육신의 즐거움만 좇을 뿐, 내세와 영생에 관해서는 별로 관심이 없기 때문에, 천국 복음을 전해 주어도 심드렁합니다. 그래서 그런 자들도 구원을 받지 못합니다.

이렇게 구원을 받지 못하는 무리가 대표적으로 두 부류가 있는데, 첫째 부류는 자기가 심히 죄인인 줄을 인정하지 않는 자들입니다. 자신은 모태 교인으로서 지금까지 60년 동안 충성스럽게 신앙생활을 하였고, 자기의 아버지가 목사였고, 자신도 소위 정통 교단의 신학대학을 우수한 성적으로 졸업한 후에 성공적으로 목회를 하고 있는 사역자라고 할지라도, 자기가 지옥에 가야 할 죄 덩어리임을 정직하게 시인하지 않는 사람은 절대로 죄 사함을 받지 못합니다. 그런 사람에게 이 진리의 복음을 가르쳐 주어도, 그는 자기가 알고 있는 신학 교리로 이 진리를 배척하고 맙니다.

"에이, 장로교 신학에서는 마음에 죄가 있어도 회개 기도를 하면 다 죄 용서를 받는데, 뭐 꼭 그렇게 믿어야 되나? 나는 물과 피의 복음이라는 말은 한 번도 못 들어 봤다! 정통 기독교가 다 십자가의 보혈로 죄 씻음을 받는다고 믿는데, 예수님이 세례를 받을 때 인류의 모든 죄가 예수님께 다 넘어갔다는 그런 얘기를 나는 들어 보지도 못했다" 하며 복음을 대적합니다. 그래서 복음의 잔치를 열 때에는 "갚을 것이 없는 자"들을 초대하라고(눅 14:14) 주님께서 말씀하셨습니다.

마태복음 3장 15절에, 주님은 세례 요한에게 세례를 청하면서 **"이제 허락하라 우리가 이와 같이 하여 모든 의를 이루는 것이 합당하니라"**고 분명히 말씀하셨건만, 그런 자들은 기록된 성경 말씀도 부인합니다. 그들은 그저 자기 교단의 가르침만이 진리라고 확신합니다. 그들처럼 묵은 포도주와 같은 교리와 신학에 중독된 사람은 절대로 새 포도주와 같은 물과 피의 복음을 마시려고 하지 않습니다. 그래서 그들은 구원을 받지 못합니다. 우리 주님께서 세례를 받으셔서 우리 죄를 다 담당하신 이튿날, **"보라 세상 죄를 지고 가는 하나님의 어린양이로다"**(요 1:29) 하는 증거를 세례를 베푼 요한에게 받으셨습니다. 그리고 당신이 세례로 담당한 그 모든 죄에 대한 심판을 주님께서 십자가에서 온전하게 다 받아 주셨다는 **물과 피의 복음**을 그들은 믿기 않기 때문에 죄 사함을 받지 못하는 것입니다.

죄 사함을 받지 못하는 또 다른 부류의 사람들은 어떤 자들입니까? 천국 영생보다는 이 땅의 것들을 더 사랑하는 자들입니다. 그들은 세상을 너무나 사랑해서 그 세상의 것들에 대한 집착이 복음의 기운을 막기 때문에 구원의 열매를 맺지 못합니다. 씨 뿌리는 자의 비유 말씀을 보면, 주님이 각자의 마음밭에 복음의 씨를 뿌려 주지만, 이 세상을 사랑하는 마음이, 즉 세상의 염려와 재리의 걱정이 가시나무처럼 마음밭을 확 덮고 있으면, 복음의 씨에서 싹이 났지만 기운이 막혀 자라지 못하다가 끝내는 구원의 결실을 맺지 못합니다.

"나는 죄와 상관없는 자가 되었는가? 내가 아직 죄와 상관이 있다면, 왜 내가 죄와 상관이 있는가?" 하는 질문에 우리는 정직하고 진실하게 대답을 해야 합니다. 그리고 당신이 아직 죄 사함을 받지 못했다면, 그 이유는 당신이 위의 두 부류 중 하나에 속해 있기 때문입니다. 당신은 하나님 앞에서 자기의 마음을 정직하게 들여다보고서, "내가 어디에 속했는가?"를 시인하고 하나님께로 돌이켜서 믿음을 구한다면 당신도 죄 사함을 얻고 죄와 상관없는 자가 될 수 있습니다.

자기의 영혼의 등불을 간검(看檢)해야 합니다

히브리서는 신약성경 중에서 성막 제도를 제일 상세히 다루고 있습니다. 성막 제도에 의하면 제사장은 날마다 성소에 들어가서 금촛대를 간검(看檢)했습니다. **간검**이라는 말은 "자세히 살펴서 조사한다"라는 뜻입니다. 제사장들은 금촛대를 간검해서 등불이 깨끗하게 빛을 발하도록 관리했습니다. 그처럼 우리들도 자기 영혼의 등불을 간검해야 합니다.

"내가 진정 죄 사함을 받았나? 아직 죄 사함을 받지 못했다면, 왜 못 받은 걸까?" 내 영혼의 등불에서 왜 이렇게 악취와 연기가 나고 심지는 또 왜 이렇게 고스러지는가? 그 이유는 무엇인가? 내 영혼의 심지가 하나님의 영광의 빛을 발산하지 못하고, 왜 자꾸 육신의 욕망만 불태우면서 매캐한 연기만 발산하는가?" 하는 질문을 스스로 던지고 정직하게 답을 구해야 합니다. 그래야만 정말 온전하게 죄와 상관없는 자가 되어서 기쁨으로 주님께서 두 번째 오실 날을 바라게 됩니다.

하나님은 공의하십니다. 공의(公義)라는 말은 "누구에게나 차별이 없이 공평하고 의롭다"라는 뜻입니다. 하나님은 유대인에게나 이방인에게나, 남자에게나 여자에게나, 종이나 자유인에게나 차별이 없으십니다. 심판하여 벌할 자에게는 반드시 심판을 내리시고, 하나님의 말씀을 믿고 따른 자들이라면 성별이나 신분의 고하를 막론하고 공평한 상을 베푸십니다. 하나님은 물과 피의 복음을 믿음으로 죄 사함을 받은 자라면 그가 백인이든 흑인이든 황인종이든, 유대인이든, 이방인이든, 부자든지 거렁뱅이든지 아무 차별이 없이 당신의 자녀로 삼아 주십니다.

하나님은 거듭난 자를 결코 심판에 이르지 않게 하지만, 당신의 진리의 복음을 믿지 않아서 마음에 죄가 있는 자는 그가 누구든지 반드시 심판해서 지옥에 떨어지게 합니다. 주님이 우리의 모든 죄를 세례로 담당해서 십자가의 피로 대속하신 사실을 믿는 자는 심판에 이르지 않지만, 주님의 구원의 사랑을 믿지 않는 자는 반드시 심판하십니다. 이것이 하나님의 공의입니다. 죄가 있으면 하나님의 공의한 심판을 받고 지옥에 갑니다. 사람이 한 번 죽는 것은 하나님께서 정하신 것이고 그 후에는 하나님의 공의한 심판이 있는데, 우리의 죄에 대한 심판을 우리 주님이 우리를 대신해서 이미 다 받아 주셨습니다.

"**이제 허락하라 우리가 이와 같이 하여 모든 의를 이루는 것이 합당하니라**"(마 3:15)고 세례 요한에게 명하셔서, 예수님은 안수의 형식으로 세례 받으심으로 우리 모든 인류의 죄를 당신의 육체 위에 다 넘겨받았습니다. "**이와 같이 하여**" 이 세상의 모든 죄를 짊어지고 주님이 십자가에 가셔서 그 죄에 대한 심판을 다 받아 주셨습니다. 우리에게 임할 심판을 주님이 대신 다 받아 주셨기 때문에, 주님께서는 십자가 위에서 마지막 숨을 거두시기 전에,

"다 이루었다"(요 19:30)고 크게 외쳤습니다. 예수님은 하나님이지만, 육체를 입고 오셨기에 온몸의 피를 다 흘린 후에는 목은 타들어갔고 육체의 고난은 극에 달했습니다. 주님은 마지막 피 한 방울까지 다 흘려서 세상의 모든 죄에 대한 심판을 다 받아서 없앤 것을 확인하신 후에, 기쁨으로 "다 이루었다"고 크게 외치셨습니다.

이때에 지성소를 가로막고 있는 휘장이 위에서 아래까지 큰 폭으로 찢어져 둘이 되었습니다(막 15:38). **"그러므로 형제들아 우리가 예수의 피를 힘입어 성소에 들어갈 담력을 얻었나니 그 길은 우리를 위하여 휘장 가운데로 열어 놓으신 새롭고 산 길이요 휘장은 곧 저의 육체니라"**(히 10:19-20)고 말씀합니다. 예수님께서는 받으신 세례로 당신의 육체에 세상 죄를 담당하시고 당신의 육체를 십자가에서 찢으심으로 죄의 담을 허물고 우리가 하나님 아버지께 나아갈 길을 열어 주셨습니다. 그러므로 이제 물과 피의 복음을 믿는 자는 누구든지 죄와 상관없는 자가 되어 하나님 보좌 앞에 담대히 나아갈 수 있게 되었습니다. 주님께서는 우리에게 임할 심판을 대신 다 받아 주셨습니다. 그래서 우리에게 다시는 심판이 없게 해 주셨습니다. 이 사실을 믿는 자는 결코 심판에 이르지 아니합니다.

"내가 진실로 진실로 너희에게 이르노니 내 말을 듣고 또 나 보내신 이를 믿는 자는 영생을 얻었고 심판에 이르지 아니하나니 사망에서 생명으로 옮겼느니라"(요 5:24). 이 말씀에서 **"예수님의 말을 듣고 또 예수님을 보내신 하나님 아버지를 믿는 자"**는 누구입니까? **천국 복음**을 믿는 자입니다. 그리고 천국의 영생을 얻게 하는 복음은 주님께서 우리에게 전해 주신 **물과 피의**

복음입니다. 인류의 대속 제물인 어린양으로 오신 예수님이 요단강에서 인류의 대표자이고 대제사장 아론의 후손인 세례 요한에게 안수의 형식으로 세례를 받으실 때에 인류의 모든 죄가 예수님에게 다 넘어갔습니다.

성경은 예수님은 우리를 모든 죄에서 구원하기 위해서 **"물과 피로 임하신 분"**(요일 5:6)이라고 분명히 말씀하시는데도, 오늘의 기독교인들은 예수님의 세례의 복음을 믿지 않습니다. 자기들이 지금까지 속아서 믿었던 **반쪽짜리 복음**과 인문학을 적용한 신학에 사로잡혀서 진리의 복음을 배척하며, 진리의 복음을 좇는 자들을 이단이라고 공격합니다.

그러나 저들이 연합해서 진리의 말씀을 좇는 의인들을 이단이라고 공격한다고 해도, **물과 피의 복음**은 변개할 수 없는 **진리의 말씀**입니다. 예수님께서 세례 요한에게 세례를 받으실 때에 인류의 죄가 예수님께 다 넘어갔습니다. 자, 그러면 이제 세상 죄는 어디에 있습니까? 어린양으로 오신 예수님에게로 다 넘어가 있습니다. 그래서 예수님이 세례를 받은 **이튿날**에 예수님에게 안수의 형식으로 세례를 베푼 요한은 예수님이 인류의 죄를 담당한 어린양이라고 증거했습니다: **"이튿날 요한이 예수께서 자기에게 나아오심을 보고 가로되 보라 세상 죄를 지고 가는 하나님의 어린 양이로다"**(요 1:29)

이 말씀의 바로 앞부분을 읽어 보면, 여기서 말씀하시는 **"이튿날"**은 예수님이 자기(세례 요한)에게 세례를 받으신 이튿날인 것을 알 수 있습니다. 이 말씀은 예수님께서 세례를 받은 이튿날에 예수님이 자기 앞에 지나가는 것을 보고, 세례 요한이 자기의 제자들에게 증거한 말씀입니다. 세례 요한은 하나님이 자기를 보내서 이루시려 했던 사역, 즉 세상 죄를 어린양으로 오신 주님에게 안수를 해서 넘기는 일을 다 끝냈기 때문에, 이제 자기의 제자들을 예수님에게 보냅니다. 그래서 요한과 안드레가 예수님을 따라갑니다.

세례 요한은 그동안 양육해왔던 제자들을 예수님에게 보내기 위해서, **"보라 세상 죄를 지고 가는 하나님의 어린 양이로다"**라고 자기의 제자들에게 증거했습니다. 이 말씀은 "어제 내가 저분에게 세례를 베풀 때에 세상 죄가 하나님의 아들이고 메시아인 저분에게 다 넘어갔다"라는 뜻입니다. "너희들도 보지 않았느냐? 내가 어제 저분에게 세례를 베풀 때에 성령이 저분 위에 비둘기처럼 임하는 것을! 저 예수님이 바로 우리 인류를 모든 죄에서 구원하려고 흠 없는 어린양으로 오신 하나님이며, 하나님 아버지의 외아들이시다"라고 세례 요한은 우리 모두에게도 예수님을 소개한 것입니다.

세례 요한의 사명은 크게 두 가지입니다. 첫째, 요한은 예수님에게 안수의 형식으로 세례를 베풀어서 세상 죄를 예수님에게 다 넘기는 대제사장의 직분을 행하는 것이었고, 둘째로는 사람들에게 예수님이 누구신지를 증거해서 사람들이 자기의 증거로 인해서 믿게 하는 사역이었습니다. 그리고 세례 요한은 이 두 사명을 다 완수했기에, 이제 자기의 제자들을 예수님에게 보내며, "저분은 점점 더 커져야 하고, 나는 작아져야 한다"고 증거했습니다.

예수님이 요단강에서 인류의 대표자이고 대제사장 아론의 후손인 세례 요한에게 세례를 받았을 때에, 세상 죄가 예수님에게 다 넘어갔다고 성경이 이렇게 분명히 증거하는데도, 오늘날의 기독교인들은 사단 마귀의 거짓말에 세뇌(洗腦)되어서 절대로 이 진리의 복음을 받아들이지 않습니다. 그래서 예수님을 실컷 믿고도 그들의 마음에는 늘 죄가 있고 **죄와 상관이 있는 자**로 살다가 지옥에 가는 것입니다.

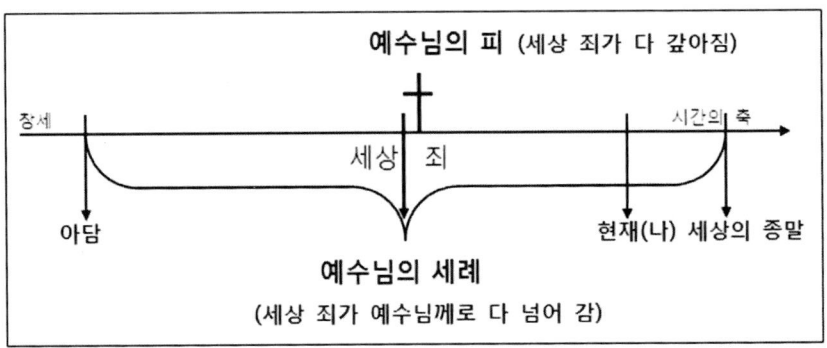

그런데 우리는 얼마나 평안하고 좋습니까? 하나님께서 우리에게 진리의 복음을 주셔서 **죄와 상관없이 주를 바랄 수 있게** 하셨습니다. 세상 죄가 예수님에게 다 넘어갔습니까, 안 넘어갔습니까? 다 넘어갔습니다! 예수님이 세례를 받았을 때에, 세상 죄가 예수님에게 다 넘어갔습니다. 그 **"세상 죄"**에 나와 여러분의 모든 죄가 다 포함됩니까, 안 됩니까? 다 포함됩니다. 알고 지은 죄, 모르고 지은 죄, 지금까지 지은 죄, 앞으로 지을 죄―죄란 죄는 하나도 빠짐없이 주님이 담당하신 **"세상 죄"**에 다 포함됩니다.

"네 죄를 안개의 사라짐 같이 도말하였으니"

　우리는 죄를 짓고도 곧 잊어버리는 경우가 많습니다. 자기가 어떤 죄를 지었는지도 모르고 넘어가는 경우가 대부분입니다. 만일 우리가 백 개의 죄를 범했다고 한다면, 그중에서 우리 양심에 죄로 인식하는 것은 열 개도 안될 것입니다. 그런데 시편 기자는 자기의 죄가 머리털보다도 많다고 고백했고(시 40:12), 하나님은 우리의 죄악을 **"구름의 빽빽함"**이나 **"안개의 조밀함"** (사 44:22)에 비유하셨습니다.

　장마철에 먹장구름이 온 하늘을 **빽빽**하게 덮으면 푸른 하늘이라고는 손톱만큼도 찾아볼 수 없게 됩니다. 또 안개가 잔뜩 끼면 어떻습니까? 예전에 강원도 오대산 부근의 진고개 길을 한밤중에 운전해서 넘어간 적이 있었는데, 안개가 얼마나 짙게 끼었는지, 1m 앞도 안 보였습니다. 자동차 전조등에 비친 안개 알갱이가 조밀하게 흘러가는 것이 눈에 보였습니다. 그렇게 안개가 **빽빽**하게 끼었을 때, 그 안개 알갱이가 얼마나 많습니까? 성경은 나의 죄가 그렇게 어마어마하게 많다고 말씀합니다. 그러나 구름의 **빽빽**함보다 많고, 안개의 조밀함보다 많은 나의 모든 죄를 우리 주님께서 요단강에서 세례를 받으실 때에 당신의 육체에 단번에 담당하셨습니다. 내가 죽을 때까지 지을 죄까지도 그때 예수님께로 다 넘어갔습니다. 이것이 진리이고 사실입니다. 우리 주님은 **"이와 같이 하여"**(마 3:15), 즉 안수의 형식으로 받으신 세례로 **"세상 죄를 지고 가는 하나님의 어린양"**(요 1:29)이 되었습니다.

　구약의 대속죄일의 제사에서는 대제사장인 아론이 아사셀 염소에게 안수하면 이스라엘 백성의 일 년치 죄가 단번에 그 염소에게 넘어갔습니다. 그 염소는 이스라엘 백성 전체의 일 년치 죄를 안수로 넘겨받은 후에, 미리 정한 사람에게 맡겨져서 멀리 광야로 끌려가서 버려짐으로 죽게 했습니다. 예수님께서는 우리 인류 전체의 죄를 담당할 어린양으로 오셔서, 인류의 대표자이고 아론의 후손인 세례 요한에게 세례를 받으셨습니다. 안수의 형식으로 받으신 세례로 예수님은 **"세상 죄를 지고 가는 하나님의 어린양"**이 되셨습니다. 구약의 아사셀 염소는 이스라엘 백성의 일 년치 죄를 지고 가는 희생양이 되었지만, 예수님은 이스라엘 백성의 죄뿐만 아니라 인류 전체의 죄를, 하나님을 알지도 못하는 자들의 죄까지도 단번에 다 담당해 주셨습니다.

저기 아마존 밀림의 깊은 지역에는 아직도 원시시대의 생활 방식으로 생활하는 원주민들이 살고 있습니다. 그들은 문자도 없고 하나님이 계신지도 모릅니다. 그런데 그 사람들의 죄도 예수님이 담당했을까요, 안 했을까요? 다 담당했습니다. 하나님은 차별이 없습니다. 히틀러라고 하는 아주 악독한 독일의 독재자가 있었는데, 그는 무수한 유대인들을 가스실에서 학살했습니다. 히틀러는 너무 끔찍한 죄를 많이 지었는데, 그의 모든 죄도 세상 죄에 속합니까, 안 속합니까? 속합니다. 그렇다면 히틀러의 모든 죄도 예수님이 담당했을까요, 안 했을까요? 다 담당했습니다. 이 세상에는 상상을 초월하는 악독한 자들이 얼마나 많습니까? 작년인가 수원에서 밤길을 가던 동네 처녀를 "퍽치기"해서 자기 집으로 끌고 들어가서 몹쓸 짓을 하고 살해하고, 그 처녀의 살을 포로 떠서 검은 봉지에 넣었던 소위 "오OO사건"이 있었습니다. 조선족인 그놈이 얼마나 끔찍한 죄악을 저질렀습니까?

그런데 사실은 우리들도 그렇게 악독한 자들입니다. "그래도 내가 히틀러보다는 낫지!"라고 자만할 것이 없습니다. 하나님 앞에서는 우리는 다 똑같은 죄 덩어리입니다. 어제 연쇄 살인범을 테마로 한 〈갑동이〉라는 드라마를 봤는데, 그 드라마에 나오는 프로파일러(profiler)가 "우리 안에는 누구에게나 갑동이가 있습니다"라고 말한 부분이 있었습니다. 그는 이어서 "갑동이는 우리 가까이에 있고, 우리 안에도 있다"고 말했는데 맞는 말입니다. 우리는 다 아담의 후손으로, 죄로 오염된 죄 덩어리로 태어난 자들입니다. 우리는 마음속에 온갖 죄, 즉 **"악한 생각 곧 음란과 도적질과 살인과 간음과 탐욕과 악독과 속임과 음탕과 흘기는 눈과 훼방과 교만과 광패"**(막 7:21-22)가 우글우글한 채로 태어났습니다. 다만 이 죄가 맘껏 쏟아질 만한 환경에 들어간 사람은 죄를 더 많이 밖으로 쏟아내는 것이고 그렇지 않은 환경을 만난 사람은 죄악을 덜 쏟아내는 것뿐이지 사실은 하나님 앞에서는 우리 모두가 똑같이 죄 덩어리들입니다.

비유를 들어서 설명해 보겠습니다. 자, 여기 머그 컵(mug cup)이 두 개 있는데, 둘 다 똥이 가득 담겨 있습니다. 그중에 하나는 뚜껑을 덮었지만 다른 하나는 뚜껑이 없습니다. 그런데 두 사람이 똥이 든 컵을 각각 하나씩 들고 뛰어간다고 가정해 봅시다. 뚜껑이 잘 덮여 있는 컵은 똥이 밖으로 잘 넘쳐흐르지 않습니다. 흐르긴 흐르는데 뚜껑이 있으니까 똥 국물만 조금씩 흐릅니다. 그런데 뚜껑이 없는 다른 한 컵은 걸쭉한 똥 덩어리가 그대로 쏟아져 나오겠죠? 그와 같이 가정이나 학교에서 교육을 잘 받아서 윤리와 도덕의 뚜껑을 잘 해 덮은 사람이 좋은 환경에서 살아간다면, 자신의 속에 들어 있는 더러운 것들이 있는 그대로 쏟아져 나오지 않고 가끔 살짝 국물만 밖으로 흘러나옵니다.

그러나 그런 사람도 마음속에는 더러운 죄의 덩어리들이 그대로 있습니다.

　예수님은 바리새인들에게 "**화 있을찐저 외식하는 서기관들과 바리새인들이여 잔과 대접의 겉은 깨끗이 하되 그 안에는 탐욕과 방탕으로 가득하게 하는도다**" (마 23:25)라고 책망하셨습니다. 사람들은 겉만 깨끗하게 하기 위해서 마음에 뚜껑을 해 달고 거룩한 척하려 하지만, 스스로 깨끗한 척하며 위선을 떠는 사람은 죄 사함을 받지 못합니다. 죄 사함을 받으려면, 자기의 마음의 뚜껑을 확 열어젖히고, "하나님, 나는 이렇게 더러운 자입니다. 나는 죄 덩어리이기 때문에 지옥에 가야 마땅한 자입니다. 나를 불쌍히 여겨서 구원해 주세요" 하고 주님께 은혜를 구해야 합니다.

　이렇게 자기의 죄악된 근본 모습을 시인하는 자에게 주님이 완성해 주신 물과 피의 복음을 전해 주면 그는 그 복음을 듣고 믿게 됩니다. 자기의 근본 모습을 제대로 깨닫고 시인하는 사람은 간절한 마음으로 물과 피의 복음을 붙들고 믿어서 죄 씻음을 받음으로 마음의 모든 죄를 사함 받고 의인으로 거듭나게 됩니다. 그리고 죄 사함을 받으면 그때부터 하나님의 의를 섬기는 의로운 삶이 시작됩니다. 그래서 예수님께서 자기가 거룩한 줄로 착각하고 있었던 바리새인들에게, "**소경된 바리새인아 너는 먼저 안을 깨끗이 하라 그리하면 겉도 깨끗하리라**"고 말씀하신 것입니다. 죄 사함을 받은 의인은 하나님의 의를 좇아가기 때문에 육신은 여전히 연약하고 부족해도 의로운 삶을 살게 됩니다.

예수님이 왜 세례 요한에게 세례를 받아야 했나?

　예수님께서 세례 요한에게 세례를 받으셔서 세상의 모든 죄를 단번에 담당하신 것이 확실합니다. 그렇기 때문에 세례 요한은 예수님께 세례를 베푼 이튿날에 **"보라 세상 죄를 지고 가는 하나님의 어린 양이로다"**(요 1:29) 하고 증거했습니다. 그러면 예수님은 이 모든 세상 죄를 지고 어디로 가셨습니까? 십자가로 가셨습니다. 십자가에 오르시긴 전에도 채찍으로 맞으셔서 온몸이 성한 곳이 없었습니다. 그렇게 찢긴 몸으로 사형 언도를 받으시고 십자가에 못 박히셨습니다.
　주님께서 십자가에 달려서 숨을 거두시자, 로마 군병이 예수님께서 사망하신 것을 확인하고자 주님의 옆구리를 창으로 찔렀습니다. **"그 중 한 군병이 창으로 옆구리를 찌르니 곧 피와 물이 나오더라 이를 본 자가 증거하였으니 그 증거가 참이라 저가 자기의 말하는 것이 참인 줄 알고 너희로 믿게 하려 함이니라"**(요 19:34-35). 그때에 주님의 옆구리에서 **"피와 물"**이 쏟아져 나왔다고 성경은 기록하고 있습니다. 또 이를 본 사람도 예수님의 옆구리에서 물과 피가 나왔다고 증언함으로써 이것이 참인 것을 확증하고 있습니다. 여기에서도 **"물"**은 예수님께서 받으신 세례를 가리키며, **"피"**는 예수님께서 십자가의 형벌을 받고 돌아가신 것을 말합니다. 마지막 죽음의 순간에도 진리의 복음이 무엇인지를 주님께서는 한 번 더 증거해 주셨습니다. 그래서 우리는 진리의 원형복음을 **"물과 피의 복음"** 또는 **"물과 피와 성령의 복음"**이라고 부르며 전파하고 있습니다.
　주님께서는 십자가에 못 박히셔서 여섯 시간 동안 피를

흘리심으로 우리의 모든 죗값을 온전히 지불해 주셨습니다. 세례로 담당하신 우리의 모든 죄에 대한 심판을 당신의 피로써 온전히 대신해 주셨습니다. "피 흘림이 없은 즉 사함이 없느니라"(히 9:22), 또 "생명은 피에 있나니 피가 죄를 속하느니라"(레 17:11)고 말씀하신 그대로 당신의 생명으로 인류의 죗값을 다 치르시고 죽음을 맞이하셨습니다. 주님은 죽음을 맞이하기 직전에, 우리의 죗값이 완전하게 지불된 것을 확인하시고는, "다 이루었다"(요 19:30)라고 크게 외치셨습니다.

"예수께서 신 포도주를 받으신 후 가라사대 다 이루었다 하시고 머리를 숙이시고 영혼이 돌아가시니라"(요 19:30)

주님이 무엇을 "다 이루었다"는 말씀일까요? "너희들을 죄에서 구원하는 일을 내가 다 이루었다!" "너희들을 죄와 상관없게 해 주는 일을 내가 다 이루었다!"는 말씀입니다. "다 이루었다!"는 주님의 말씀이 얼마나 좋습니까? 우리들의 죄를 다 없애는 일을 주님이 온전히 이루셨습니다. 주님 편에서는 100% 완벽한 구원의 사역을 완수하시고, 우리에게 죄 사함의 은혜를 선물로 주셨습니다. "자, 이 진리의 복음을 믿어라, 네가 믿으면 천국은 네 것이다!" 하고 주님께서 말씀하십니다. 우리 편에서는 이 진리의 복음을 온전히 믿기만 하면 **죄와 상관없는** 자가 되어서 천국 영생에 들어가게 됩니다.

아직도 첫 언약 아래 있는 자들

첫 언약은 "율법을 지켜 행하라 그러면 살리라"는 약속입니다. 스스로를 의롭다고 여기는 어떤 부자 청년이 예수님께 나아와서

"내가 어떻게 하면 영생을 얻겠습니까?" 하고 물었습니다.

"**율법에 무엇이라고 쓰여 있고 너는 어떻게 읽느냐?**"라고 예수님은 그에게 반문했습니다. 그랬더니 이 청년이, "마음을 다하고 뜻을 다하고 힘을 다해서 하나님을 사랑하고, 또 네 이웃을 네 몸같이 사랑하라고 하셨습니다"라고 대답했습니다. 그 청년의 대답을 들으신 예수님께서 뭐라고 말씀하셨습니까? "**네 대답이 옳도다 이를 행하라 그러면 살리라**"(눅 10:28)고 말씀하셨습니다.

자, 그런데 누가 율법을 온전히 행할 수 있습니까? 예수님은 스스로 의로운 척하는 자에게는 "너도 가서 한번 네 이웃을 네 몸같이 사랑해 봐라 그러면 살리라"는 도전을 주셨는데, 사실은 아무도 자기 이웃을 **자기 몸같이** 사랑할 수 없습니다. 그런데 종교인들은 자기가 너무 의로운 줄 착각하기 때문에, 자기는 조금만 노력하면 율법을 다 지킬 수 있다고 생각합니다.

이런 사람, 즉 **자기 의의 부자**는 한번 마음을 다해서 율법을 온전히 준행하고자 노력을 해 보아야 합니다. 그래서 예수님께서 이런 자들에게, "**네가 온전하고자 할찐대 가서 네 소유를 팔아 가난한 자들을 주라 그리하면 하늘에서 보화가 네게 있으리라 그리고 와서 나를 좇으라**"(마 19:21)고 말씀하십니다. "**네 이웃을 네 몸같이 사랑하라**"는 율법의 강령을 **온전히** 지키려면 자기 소유를 다 팔아서 가난한 자들에게 나눠 주어야 합니다. 우리가 율법을 지킬 수 있습니까? 우리는 절대로 율법을 지킬 수 없는 자들입니다. 이렇게 율법 앞에 정직하게 서 봐야만 자기가 비로소 죄인이 됩니다.

그러니 자기의 마음밭이 갈리지 않아서 아직 자신이 죄인인지도 모르는 부자 청년에게 주님은 실상 "너도 한번 율법을 온전히 지키려고 노력해 봐라. 네가 진정 율법을 지킬 수 있겠느냐?"라고 말씀하신 것입니다. 오늘날의 기독교인들은 영적으로 소경이기 때문에 부자 청년에게 하신 주님의 말씀이 무슨 뜻인지를 모릅니다. 주님이 그 부자 청년에게 **"네 대답이 옳도다 이를 행하라 그러면 살리라"**(눅 10:28)고 말씀하셨다고 자기들도 율법을 준행하려고 난리를 떱니다. 참 한심한 노릇입니다.

성경에서 소경은 마음에 죄가 있는 자들을 지칭합니다. 즉 죄 사함 받지 못해서 **죄와 상관이 있는 자들**을 영적 소경이라고 부릅니다. 거듭나지 못한 영적 소경이 다른 소경들을 인도한다고 난리를 떨고 있으니 예수님께서 보시기에 너무 한심했습니다. 그래서 죄 사함을 못 받아서 죄와 상관이 있으면서도 선생 노릇을 하는 자들, 즉 소경 된 인도자들에게 예수님은 **"너희가 소경 되었더면 죄가 없으려니와 본다고 하니 너희 죄가 그저 있느니라"**(요 9:41)고 말씀하셨습니다. 자기들의 영혼이 죄와 상관이 있는데도, 영적인 선생 노릇을 하고 다른 소경들을 가르치려고 하는 자들이 오늘날의 기독교에 부지기수입니다. 예수님은 제자들에게 그런 자들과 상관하지 말 것을 지시하시며, **"그냥 두어라 저희는 소경이 되어 소경을 인도하는 자로다 만일 소경이 소경을 인도하면 둘이 다 구덩이에 빠지리라"** (마 15:14)고 말씀하셨습니다.

땅의 성소의 제사와 하늘 성소의 제사

예수님께서 드리신 영원한 속죄의 제사와 제사장들이 땅의 장막에서 드린 속죄제사가 어떻게 달랐습니까?

첫째로는 제사를 드린 **처소**(處所)가 달랐습니다. 첫 언약에 속한 제사는 땅의 장막에서 드렸지만, 예수님께서 드리신 제사는 하늘 성소에 들어가셔서 드린 제사입니다.

둘째로는 제사를 드리는 **대제사장**이 다릅니다. 이 땅의 장막에서는 육신의 대제사장들이 제사를 드렸습니다. 첫 번째 대제사장이 아론인데, 아론이 죽은 후에는 아론의 후손들이 대를 이어서 대제사장의 직분을 행하며 제사를 드렸습니다. 그러나 새 언약을 이루기 위해서 드리신 하늘 장막의 제사는 멜기세덱의 반차를 좇은 영원한 대제사장이신 예수 그리스도께서 드렸습니다. 또 예수님은 영존하시는 하나님이기에, 이 제사 직분은 갈리지 않습니다.

셋째로는 **제물**이 달랐습니다. 히브리서 9장 12절에 **"염소와 송아지의 피로 아니하고 오직 자기 피로 영원한 속죄를 드리사"**라고 말씀하셨듯이, 첫째 장막에서는 염소와 송아지를 제물로 삼았습니다. 특히 이는 대속죄일의 제사에 초점을 맞춘 것인데, 대속죄일에 대제사장은 자기와 자기 권속들을 위해서 수송아지로 먼저 제사를 드린 후에 백성들을 위해서 두 마리 염소로 제사를 드렸습니다. 그런데 하늘 장막에서 드린 제사는 예수님의 육체가 제물입니다. 하나님의 어린양으로 오신 예수님은 자기의 육체를 속죄의 제물로 삼기 위해서 세례 요한에게 안수의 형식으로 세례를 받으셨습니다. 또한 예수님께서 하늘의 대제사장이 되셔서 세상 죄를 담당한 당신의 육체를 제물로 삼아 하늘 장막으로 들어가셔서 우리 인류를 위한 영원한 속죄의 제사를 드려 주셨습니다.

네 번째 차이점은 **반복성 여부**입니다. 히브리서 9장 25-26절에,

"대제사장이 해마다 다른 것의 피로써 성소에 들어가는 것 같이 자주 자기를 드리려고 아니 하실찌니 그리하면 그가 세상을 창조할 때부터 자주 고난을 받았어야 할 것이로되 이제 자기를 단번에 제사로 드려 죄를 없게 하시려고 세상 끝에 나타나셨느니라"고 기록되어 있습니다.

땅의 장막에서는 해마다 제 7월 제 10일에 반복적으로 대속죄일의 제사를 드렸습니다. 대제사장도 바뀌었습니다. 선대(先代) 대제사장이 죽으면 또 다른 대제사장이 위임식을 갖고 대속죄일의 제사를 드렸습니다. 그리고 제물도 해마다 다른 것으로 드릴 수밖에 없었습니다. 작년에 이미 죽은 놈을 다시 드릴 수는 없지 않습니까? 땅의 장막에서는 해마다 새로운 제물을 들고 와서 반복적으로 똑같은 제사를 드렸습니다. 그런데 하늘 장막의 제사는 딱 한 번 드렸습니다. 그리고 그 단 한 번 드린 제사의 효력은 영원합니다.

이 땅의 장막에서 드린 제사는, 이스라엘 백성들이 제사를 드리고 돌아가는 순간 다시 죄인으로 전락했기 때문에 해마다 반복해서 제사를 드려야 했습니다. 그렇지만 하늘의 장막에서 드린 제사는 단번에 영원한 속죄를 이루어 주셨기에 이 제사의 효력을 믿는 자들은 단번에 영원토록 죄와 상관없는 자들이 되었습니다. 그래서 히브리서는, **"하물며 영원하신 성령으로 말미암아 흠 없는 자기를 하나님께 드린 그리스도의 피가 어찌 너희 양심으로 죽은 행실에서 깨끗하게 하고 살아계신 하나님을 섬기게 못 하겠느뇨"**(히 9:14)라고 말씀하십니다.

이 땅의 장막에 속한 제사는 **"육체의 예법"**만 되었다고 말씀합니다. 즉, 이 제사는 육신으로 범죄한 부분만을 깨끗하게 하는 효력이 있었을 뿐, 마음의 죄를 근본적으로 깨끗하게 씻어 주는 효력은 없었습니다. 그래서 염소와 송아지로 제사를 드려도 양심에는 늘 죄가 있었다는 말입니다. 그런데 예수 그리스도께서 자기 몸을 제물로 삼아 드린 영원한 속죄의 제사는 우리 양심까지 깨끗하게 씻어 주는 제사였습니다. 주님의 영원한 속죄의 제사는 우리로 하여금 양심상으로도 죄가 없게 해 주었습니다. 그래서 이제는 **죄와 상관없는 자들**이 되어 하나님 앞에 담대히 나아가서 하나님을 섬길 수 있게 되었습니다. 그러므로 제사의 효력의 측면에 있어서 두 제사는 전혀 다른 것입니다.

마지막으로 두 제사의 **실체성**에도 차이가 있습니다. 이 땅에서 드린 제사는 **모형**이었습니다. 땅의 제사장들이 땅의 성막에서 드렸던 제사는 **모형**이고 참 것의 **그림자**였습니다. 히브리서 10장에서는, **"율법은 장차 오는 좋은 일의 그림자요 참형상이 아니므로 해마다 늘 드리는바 같은 제사로는 나아오는 자들을 언제든지 온전케 할 수 없느니라"**(히 10:1)고 말씀합니다. "**해마다 늘 드리는바 같은 제사**", 즉 이 땅의 제사는 참되고 영원한 제사의 모형에 불과한 것이라는 말씀입니다.

모형이 무엇입니까? 아파트를 분양받으려고 분양 사무실에 가면 거기 아파트의 모형을 만들어 놓았습니다. 실제 크기의 100분의 일로 줄여서 스티로폼으로 아파트를 만들고, 또 방과 가구들은 어떻게 배치되는가를 알 수 있게 해놓은 것이 **모형**입니다. 그것을 보면서, "아, 우리가 사려고 하는 아파트가 이렇게 생겼구나!" 하고 감탄하지만, 실제로 돈을 주고 사는 것은 그 모형 아파트가 아니라 진짜 아파트입니다. 이런 **모형**은 **참 것**을 이해하도록 도와 주는 것에 불과합니다. 이 땅의 제사는 하나님의 아들이 장차 육신을 입고 오셔서 우리 죄를 실제로 영원히 없애줄 참된 제사를 더 잘 이해하도록 주셨던 모형 제사에 불과했습니다.

예수님이 하늘 장막에서 드린 제사가 참 것의 실체입니다. 주님이 그 참된 제사를 이미 드려 주었습니다. 그래서 이미 우리들이 죄 사함을 받을 수 있도록 주님께서 우리의 구원을 다 완성해 놓으셨습니다.

모델하우스를 보고서 실제 아파트를 사려면 돈을 지불해야 하고 그 돈을 모으려면 많은 수고를 해야만 합니다. 그러나 죄 사함의 은혜를 받으려면 하나님이 우리 죄를 실제로 다 없애준 복음을 믿는 **믿음만 주님께 지불**하면 됩니다. **죄와 상관없는 자가** 되기 위해서는 자기를 쳐서 금욕 생활을 하고 성화의 노력을 해야 되는 것도 아니고, 오직 주님께서 우리 죄를 없애 놓으신 진리의 복음을 온전한 마음으로 믿기만 하면 됩니다.

혹 여러분들 중에 마음에 죄가 있어서, 하나님 앞에서 아직 **죄와 상관있는 자**가 있습니까? 그런 분은 주님 앞에서 자기가 근본 죄 덩어리여서 지옥에 가야 할 자임을 다시 한번 인정하고, 주님이 자기 몸을 단번에 제물로 드려 우리의 모든 죄를 영원토록 없애 주신 **물과 피의 복음**을 마음으로 믿어서 **죄와 상관없는 자**가 되기를 바랍니다. 그래서 날마다 담대하게 하나님의 보좌 앞에 나아가서 하나님의 은혜와 축복을 풍성히 누리는 자들이 되기를 바랍니다.

말씀을 마쳤습니다.

(2014년 5월 18일 주일예배 말씀)

영원한 속죄의 완전한 제사

"율법은 장차 오는 좋은 일의 그림자요 참형상이 아니므로 해마다 늘 드리는바 같은 제사로는 나아오는 자들을 언제든지 온전케 할 수 없느니라

그렇지 아니하면 섬기는 자들이 단번에 정결케 되어 다시 죄를 깨닫는 일이 없으리니 어찌 드리는 일을 그치지 아니하였으리요

그러나 이 제사들은 해마다 죄를 생각하게 하는 것이 있나니

이는 황소와 염소의 피가 능히 죄를 없이 하지 못함이라

그러므로 세상에 임하실 때에 가라사대 하나님이 제사와 예물을 원치 아니하시고 오직 나를 위하여 한 몸을 예비하셨도다

전체로 번제함과 속죄제는 기뻐하지 아니하시나니

이에 내가 말하기를 하나님이여 보시옵소서 두루마리 책에 나를 가리켜 기록한 것과 같이 하나님의 뜻을 행하러 왔나이다 하시니라

위에 말씀하시기를 제사와 예물과 전체로 번제함과 속죄제는 원치도 아니하고 기뻐하지도 아니하신다 하셨고 (이는 다 율법을 따라 드리는 것이라)

그 후에 말씀하시기를 보시옵소서 내가 하나님의 뜻을 행하러 왔나이다 하셨으니 그 첫 것을 폐하심은 둘째 것을 세우려 하심이니라

이 뜻을 좇아 예수 그리스도의 몸을 단번에 드리심으로 말미암아 우리가 거룩함을 얻었노라

제사장마다 매일 서서 섬기며 자주 같은 제사를 드리되 이

제사는 언제든지 죄를 없게 하지 못하거니와

오직 그리스도는 죄를 위하여 한 영원한 제사를 드리시고 하나님 우편에 앉으사

그 후에 자기 원수들로 자기 발등상이 되게 하실 때까지 기다리시나니

저가 한 제물로 거룩하게 된 자들을 영원히 온전케 하셨느니라

또한 성령이 우리에게 증거하시되

주께서 가라사대 그날 후로는 저희와 세울 언약이 이것이라 하시고 내 법을 저희 마음에 두고 저희 생각에 기록하리라 하신 후에

또 저희 죄와 저희 불법을 내가 다시 기억지 아니하리라 하셨으니

이것을 사하셨은즉 다시 죄를 위하여 제사드릴 것이 없느니라"(히 10:1-18).

오늘의 본문 말씀은 **예수 그리스도께서 단번에 완전하고도 영원한 속죄의 제사를 드려 주셨다고** 선포합니다. 예수님은 하늘의 대제사장으로 이 땅에 오셨고 친히 당신의 육체를 제물로 삼아서 단 한 번 속죄의 제사를 드렸습니다. 예수님께서 드리신 단 한 번 속죄제사는 우리 모든 인류의 죄를 영원하고도 완전하게 없애 주었습니다. 히브리서가 1장부터 9장까지, 하나님은 여러 모양과 여러 부분에 **당신의 구원사역에** 대해서 말씀하셨는데, 이 모든 말씀은 히브리서 10장에서 총정리가 되어 **영원한 속죄의 복음으로** 선포되었습니다.

첫 언약의 제사와 새 언약의 제사

　오늘의 본문 말씀은 구약의 속죄제사와 예수 그리스도께서 드리신 영원한 속죄의 제사를 비교하면서 말씀을 전개합니다. 먼저 히브리서 10장 1절부터 4절까지는 하나님께서 이스라엘 백성들에게 세워 주셨던 대속죄일(大贖罪日)의 제사에 대한 말씀입니다.
　"율법은 장차 오는 좋은 일의 그림자요 참형상이 아니므로 해마다 늘 드리는바 같은 제사로는 나아오는 자들을 언제든지 온전케 할 수 없느니라"(히 10:1).
　여기서 **"해마다 늘 드리는 바 같은 제사"**는 바로 성막에서 드렸던 대속죄일(大贖罪日)의 제사를 가리킵니다. 이스라엘 백성들은 매년 제7월 제 10일에 이 대속죄일(大贖罪日)의 제사를 드렸습니다. 여기에서 **"제 7월 제 10일"**(레 16:29, the tenth day of the seventh month)은 태양력의 7월 10일이 아닙니다. 이 부분을 7월 10일(July, 10th)이라고 아는 사람들도 제법 있는데, 이스라엘 백성들은 태음력을 사용했고 이스라엘 백성들이 애굽에서 탈출한 시점을 기준해서, 그달을 "아빕"월(月)이라고 하고 일 년의 첫 달로 삼았습니다. 그래서 지금 태양력과 비교하면 두세 달 정도의 차이가 납니다. 그러니까 이스라엘 달력의 제 7월은, 태양력으로 10월 정도 됩니다. 이스라엘 백성들에게 제 7월은 절기와 축제의 달입니다. 나팔절로부터 시작해서 대속죄일과 가을걷이를 해서 소출을 다 곡간에 들여놓고 지내는 장막절도 이달에 모두 들어 있습니다. 그러니 제 7월을 "절기(節期)의 달"이라고 부를 만했습니다.

절기의 달인 제 7월 제 10일에 대제사장이 주관하는 대속죄일의 제사를 드렸습니다. 이스라엘 백성들은 작년의 대속죄일에 속죄의 제사를 드렸고 이제 1년 만에 다시 하나님 앞에 나와서 죄 사함을 받고자 했습니다. 작년 제 7월 제 10일부터 올해 제 7월 제 10일까지의 일 년 동안 이스라엘 백성들의 마음에는 죄가 가득 쌓였습니다. 그래서 그들은 마음에 쌓인 죄로 인해 괴로워하면서 성막에 모였습니다.

"너희는 영원히 이 규례를 지킬지니라 칠월 곧 그 달 십일에 너희는 스스로 괴롭게 하고 아무 일도 하지 말되 본토인이든지 너희 중에 우거하는 객이든지 그리하라 이 날에 너희를 위하여 속죄하여 너희로 정결케 하리니 너희 모든 죄에서 너희가 여호와 앞에 정결하리라"(레 16:29-30).

이날에 대제사장은 이스라엘 백성을 대표해서 홀로 제사를 주관합니다. 그런데 대제사장도 사람이기에 죄를 지었으므로 먼저 자기가 죄 사함을 받아야만 백성들을 대신해서 속죄의 제사를 드릴 수 있었습니다. 그래서 백성들을 위해서 속죄제사를 드려 주기 전에 그는 수송아지를 제물로 삼아 먼저 자기와 자기 권속의 죄를 사함 받는 제사를 드립니다. 그리고 하나님이 열납(悅納, 기쁘게 받으심)하시는 속죄제사는 1) 흠 없는 제물, 2) 죄를 넘기는 안수, 3) 대속의 피 흘림(죽음)—이 세 가지가 반드시 충족되어야 합니다.

첫째, **흠 없는 제물**이 있어야 합니다. 속죄제물(祭物)로는 소나 양이나 염소를 드렸는데, 상처나 병이 있는 것은 불합격 제물이기에 하나님께서 받지 않으셨습니다.

둘째, 죄인이 반드시 흠 없는 제물의 머리에 **안수**해야 합니다.

안수는 하나님께서 세워 주신 **"죄를 넘기는 법"**입니다. 하나님께서 우리를 구원하시려고 안수로 죄를 넘기도록 법을 세워 주셨습니다. 죄인이 희생제물의 머리에 안수(按手)하면 죄가 사람에게서 희생제물로 넘어갑니다. 그래서 죄인은 반드시 제물의 머리에 안수를 해야만 합니다. 만일 안수를 하지 않은 제물을 잡아서 하나님께 드리면, 그것은 **불법을 행하는** 것입니다.

셋째, 안수를 받은 제물이 피를 흘리고 죽어야 합니다. **"육체의 생명은 피에 있음이라 내가 이 피를 너희에게 주어 단에 뿌려 너희의 생명을 위하여 속하게 하였나니 생명이 피에 있으므로 피가 죄를 속하느니라"**(레 17:11)고 말씀하셨습니다. 이는 반드시 피로써 대가를 지불해야만 죄가 없어진다는 말씀입니다.

이 흠 없는 제물이 인간의 죄를 안수로 넘겨받고 죽음으로써 사람의 죄를 대신 갚아 주게 하신 구원의 법이 **대속(代贖)의 속죄제사**입니다. 이 속죄제사는 하나님의 **사랑과 공의가 다 충족된 제사**였습니다. 우리는 죄 덩어리로 태어나서 죽을 때까지 죄를 짓는 **"행악의 종자"**(種子, 사 1:4)이기 때문에, 우리 모두는 반드시 하나님의 심판을 받고 지옥에 가야 했습니다. 그러니 하나님이 우리를 당신의 공의대로만 심판해 버리면 우리에게 대한 하나님의 사랑이 이루어지지 않겠죠? 그래서 우리의 죄를 흠 없는 제물 위에 넘겨서 그 제물을 대신 심판하심으로 우리에 대한 사랑도 이루시고 죄에 대한 공의한 심판도 이루신 것이 바로 대속(代贖)의 속죄제사입니다.

속죄제사에는 대표적으로 하루치 속죄제사와 일 년치 속죄제사가 있는데, 먼저 하루치 속죄제사에 대해서 살펴보겠습니다.

하루치 속죄제사

"만일 평민의 하나가 여호와의 금령 중 하나라도 부지중에 범하여 허물이 있었다가 그 범한 죄에 깨우침을 받거든 그는 흠 없는 암염소를 끌고 와서 그 범한 죄를 인하여 그것을 예물로 삼아

그 속죄제 희생의 머리에 안수하고 그 희생을 번제소에서 잡을 것이요

제사장은 손가락으로 그 피를 찍어 번제단 뿔에 바르고 그 피 전부를 단 밑에 쏟고 그 모든 기름을 화목제 희생의 기름을 취한것 같이 취하여 단 위에 불살라 여호와께 향기롭게 할지니 제사장이 그를 위하여 속죄한즉 그가 사함을 얻으리라"(레 4:27-31).

어떤 평민이 하나님 앞에서 죄를 지었습니다. 그는 마음이 괴로워서 밤새 끙끙거리다가 다음 날 아침에 일찍 일어나서 자기 집 뒤뜰로 갑니다. 그는 가축 우리에서 흠 없는 암염소를 한 마리 골라서 그놈을 끌고 성막의 제사장에게로 갑니다. 그리고 그는 제사장에게 제사를 드려 달라고 요청합니다.

그러면 제사장은 염소에게 흠이 있는지를 살펴보고 깨끗한 제물인 것이 확인되면, "그래? 그럼 그 염소의 머리에 손을 얹어!" 하고 명합니다. 그러면 그 죄인은 염소의 머리에 안수한 채로 자기 죄를 고(告)합니다. **안수**(按手)란 **"죄가 넘어간다"**라는 뜻입니다. 안수를 하면 사람의 죄가 희생제물에게 넘어갑니다.

자, 이제는 그 염소가 사람의 죄를 짊어졌습니다. 제사장은 이제 그 사람에게 칼을 주고 목을 따라고 명령합니다. 그러면 그는

염소의 목을 따서 그 피를 받아 제사장에게 줍니다. 그리고 이제부터는 제사장이 속죄의 제사의 마무리를 합니다. **제사장은 그 피를 번제단 뿔에 바르고, 남은 피는 번제단 밑의 땅에 쏟습니다.** 그리고 그 염소의 기름은 번제단 위에서 불살라 하나님께 드렸습니다. 그러면 그 죄인이 범했던 죄에 대하여 사함을 얻었습니다.

이것이 평민의 하루치 속죄제사였습니다. 이렇게 속죄제사를 드려서 하루의 죄를 사함 받을 수 있었지만, 백성들은 그다음 날 또 죄를 지을 수밖에 없었기 때문에 다시 죄인이 되곤 했습니다. 그래서 하나님께서는 일 년 동안 지은 죄를 한꺼번에 사함 받는 제사를 세워 주셨는데, 그것이 바로 대속죄일의 속죄제사였습니다. 대제사장이 홀로 주관해서 드렸던 대속죄일의 속죄제사는 크게 두 단계로 나눌 수 있습니다.

첫째, 그는 **흠 없는 수송아지를** 끌고 와서 먼저 **자기와 자기 권속을 위한 속죄의 제사를** 드렸습니다. 그는 수송아지의 머리에 **안수해서** 자기와 자기 식구들의 죄를 넘겼습니다. 그리고 그 수송아지를 잡아서 그 피를 들고 지성소에 들어갑니다.

성막의 지성소(至聖所)에는 시은좌(施恩座)라고도 불리는 속죄소(贖罪所)가 있습니다. 속죄소는 순금 한 달란트를 쳐서 만든 것인데, 언약궤를 덮는 뚜껑 위에 천사가 마주 보며 양쪽에서 날개를 펴서 덮고 있는 형상입니다. 대제사장은 손가락으로 희생제물의 피를 찍어서 그 속죄소 위와 그 앞에 동편에 일곱 번 뿌립니다. 일곱이라는 숫자는 하나님을 상징하는 숫자이며 **"완전하다"**는 뜻입니다. 그래서 피를 일곱 번 뿌리는 것은 "나의 죄가 완전히 사함 받았다"는 의미입니다. 그리고 대제사장은 성막에 있는 모든 기구들에도 남은 피를 발라서 성소를 성결하게 합니다.

수송아지로 자기와 자기 식구를 위한 속죄제사를 드린 후에, 대제사장은 이제 백성들을 위한 속죄제사를 드립니다. 백성들의 속죄를 위해서는 흠 없는 숫염소 두 마리로 제사를 드립니다. 제비를 뽑아서 먼저 뽑힌 놈으로는 앞서 수송아지로 드렸던 제사와 똑같은 방법으로 제사를 드립니다.

그런데 어째서 제사장들이 평민의 하루치 속죄제사를 드릴 때에, 희생제물의 피를 번제단 뿔과 그 단 밑의 땅의 두 곳에 바르거나 뿌렸습니까? 또 어째서 대제사장이 백성들을 위한 제사를 드릴 때에 **두 마리의** 염소로 드려야 했습니까? 그것은 사람의 죄가 두 곳에 기록되며, 두 곳 모두에서 죄가 도말(塗抹)되어야 하기 때문입니다.

"**유다의 죄는 금강석 끝 철필로 기록되되 그들의 마음 판과 그들의 단 뿔에 새겨졌거늘**"(렘 17:1) 하고 성경에 기록된 대로, 사람의 죄는 각자의 **마음 판**과 **단 뿔**이라는 두 곳에 기록됩니다. 죄를 지으면 그 죄는 먼저 각자의 마음 판에 기록이 됩니다. 그리고 죄가 기록되는 다른 한 곳은 "**단 뿔**"인데, 이것은 하나님의 보좌 앞에 있는 심판책(행위록책)을 가리킵니다. "**또 내가 보니 죽은 자들이 무론 대소하고 그 보좌 앞에 섰는데 책들이 펴 있고 또 다른 책이 펴졌으니 곧 생명책이라 죽은 자들이 자기 행위를 따라 책들에 기록된 대로 심판을 받으니**"(계 20:12)라는 말씀이 바로 죄 사함을 받지 못한 자들이 자기 행위(죄)를 따라 심판을 받을 것을 밝히 알려 줍니다. 그러나 의인들의 이름은 **생명책**에 적혀 있기 때문에 의인들은 전혀 심판을 받지 않습니다.

대제사장이 첫 번째 숫염소를 끌고 성막 안에 들어가서 제사를 드렸던 것은, 심판책에 기록된 이스라엘 백성 전체의 일 년치 죄를 도말(塗抹)하는 제사였습니다. 다만 이스라엘 백성들은 성막의 뜰을 둘러치고 있는 5 규빗(약 2.5m) 높이의 세마포 담장 밖에 서 있었기에, 이 첫 염소로 드리는 속죄제사를 눈으로 볼 수 없었고 다만 소리만 들었습니다. 그들에게 염소가 죽는 소리도 들렸고 대제사장이 걸어 다닐 때에 대제사장의 옷단 끝에 달린 금방울 소리만 딸랑딸랑하고 들렸습니다.

그래서 이스라엘 백성들의 마음 판에 기록된 죄는 아직 없어지지 않았습니다. 그때에 성막 뜰 문(휘장)이 휙 젖혀지면서 대제사장이 두 번째 염소를 끌고 백성들 앞에 등장합니다. 대제사장의 옷은 굉장히 화려했습니다. 화려한 에봇을 입은 위에 가슴에는 열두 보석이 달려 있는 흉배를 붙이고 순금 띠가 달린 관을 쓰고 등장하면 백성들은 그가 대제사장인 줄을 한눈에 알아봅니다. 대제사장이 등장하면 백성들이 "와~!"하고 환호성을 질렀겠죠? 왜냐하면 자기들이 일 년 동안 지은 죄가 마음을 잔뜩 누르고 있는데, 그 죄가 씻겨질 순간이 왔기 때문입니다.

드디어 대제사장이 두 번째 숫염소를 끌고 백성들 앞에 나옵니다. 그리고 백성들이 보는 앞에서 그 **염소의 머리에 안수한 상태로**, "하나님이여, 이 백성이 지난 일 년 동안에도 이런저런 죄를 지었습니다" 하고 이스라엘 백성들의 죄를 고합니다. 이스라엘 백성 전체가 죄를 지었으니 죄의 종류도 다양하고 죄의 양도 엄청났을 것입니다. 수백만 명이 광야에서 살면서 마음으로 지은 죄뿐만 아니라 실제 행동으로 지은 죄까지 얼마나 많은 죄를 지었겠습니까? 광야에서 살면서 얼마나 도둑질도 많이 했겠어요?

자기 천막에 쓸 만한 대야가 하나 있었으면 좋겠는데, 지나가던 길에 보니 대야가 천막 밖으로 나와 있습니다. 그것은 버린 것이 아닌 줄 알면서도, "누가 이걸 버렸나?" 하면서, 누가 뭐라고 하면 버린 줄 알았다고 변명할 말까지 준비하고서 살짝 들고 옵니다.

그러니 이스라엘 백성들이 광야에서 얼마나 도둑질을 많이 했겠어요? 또 척박한 환경에서 함께 붙어살다 보니, 얼마나 싸움도 많이 했겠어요? "이 염소가 네 것이라고? 아니다 이건 내 염소다" 하며 싸움도 많이 했을 것입니다. 그렇게 이스라엘 백성들은 지난 일 년 동안 어마어마하게 죄를 지어서 마음에 죄가 가득 쌓여 있었기 때문에 괴로워했습니다.

그런데 이제 대제사장이 두 번째 염소를 백성들 앞에 끌고 와서 그 머리에 손을 얹고 이스라엘 백성들의 일 년치 죄를 고했습니다. "하나님이여, 이 백성이 하나님을 망령되이 일컬었고 우상을 숭배했으며…간음했으며, 살인했으며, 거짓으로 증거했으며, 도적질을 했나이다." 대제사장이 **제물의 머리에 안수**하기를 마치고 손을 딱 떼면, 하나님이 세운 법대로 이스라엘 백성의 일 년치 죄가 대제사장의 어깨와 팔을 통해서 그 숫염소에게 다 넘어갔습니다. 이제 이스라엘 백성이 지난 일 년 동안 지은 죄가 어디에 있습니까? 그 염소에게 다 넘어가서 심겨져 있습니다.

그러면 이제 그 염소는 미리 정한 사람의 손에 이끌려서 광야로 갑니다. 백성들이 주목해서 보고 있는데, 그 사람은 염소를 끌고 깊은 사막으로 갑니다. 그 염소가 멀리 지평선 너머로 사라집니다. 백성들의 지난 일 년치 모든 죄를 지고 그 염소는 물도 없는 사막 한가운데 버려집니다. 그리고 염소를 끌고 갔던 사람이 돌아옵니다. 이 사람이 돌아오면 이스라엘 백성들이 또 한번 환호성을 지릅니다. "이제는 우리의 죄가 멀리 떠나갔다. 동이 서에서 먼 것같이(시 103:12) 하나님께서 우리를 죄와 상관없는 자가 되게 해 주셨다!"라고 그들은 기뻐했습니다.

성막에서 드린 속죄제사의 불완전성

그런데 이 제사들, 즉 하루치 속죄제사나 대속죄일의 속죄제사는 온전한 것이 아니었습니다. 왜냐하면 이런 제사를 드린 후에 다시 죄를 지으면 도로 죄인이 되어서 먼저 드린 제사는 무효가 되었기 때문입니다. 그래서 이 제사들은 **육체의 예법**만 되었고 "**이 제사로는 언제든지 죄를 없게 하지 못했다**"고 히브리서는 말씀합니다. 여기서 "**언제든지**"라는 말은 "**항상, 영원토록**"이라는 뜻입니다. 이런 속죄의 제사는 그런 제사를 드렸다고 해서 앞으로도 영원토록 죄가 없어지는 온전한 제사는 아니었습니다.

그러면, 하나님은 왜 그런 **별 볼일 없는 제사**를 세워 주셨습니까? 여기 히브리서 10장 3절에 "**그러나 이 제사들은 해마다 죄를 생각하게 하는 것이 있나니**"라고 말씀합니다. 이런 제사를 통해서 이스라엘 백성들이 "아, 정말 나는 죄덩어리로구나!" 하고 깨닫게 하기 위해서 하나님께서는 그러한 속죄제사를 세워 주셨습니다. 해마다 대속죄일이 돌아오면, 이스라엘 백성들은 자기들이 율법을 범했던 모든 죄들을 기억하고 괴로워하고 신음하면서 이 제사를 드려야 했습니다.

그러나 대속죄일의 속죄제사로는 이스라엘 백성들의 죄가 영원토록 없어지는 은혜를 누리지 못했습니다. 히브리서 10장

4절에, **"이는 황소와 염소의 피가 능히 죄를 없이 하지 못함이라"**고 말씀하셨습니다. 이 황소와 염소의 피로 드린 제사가 바로 대속죄일의 제사였는데, 이 제사는 **능히 영원토록** 죄를 없게 하지 못했습니다. 그래서 하나님의 아들, 예수 그리스도께서 육신을 입고 이 땅에 임하셔서 불완전한 제사가 아닌 **완전하고도 영원한 제사**를 드려 주신 것입니다.

예수께서 드리신 완전하고도 영원한 속죄의 제사

"그러므로 세상에 임하실 때에 가라사대 하나님이 제사와 예물을 원치 아니하시고 오직 나를 위하여 한 몸을 예비하셨도다
 전체로 번제함과 속죄제는 기뻐하지 아니하시나니
 이에 내가 말하기를 하나님이여 보시옵소서 두루마리 책에 나를 가리켜 기록한 것과 같이 하나님의 뜻을 행하러 왔나이다 하시니라"(히 10:5-7)

"세상에 임하실 때에 가라사대"라는 말씀에서 이 세상에 오실 때에 말씀하신 분은 누구입니까? 육신을 입고 세상에 임하신 예수님입니다. 하나님 아버지께서 땅의 성막에서 드렸던 불완전한 제사와 예물을 원치 않으셨기에, 하나님의 아들이신 예수님께서 완전하고 영원한 제사를 드리기 위해 친히 육신을 입고 이 땅에 오셨습니다.

"**하나님이⋯ 오직 나를 위하여 한 몸을 예비하셨도다**" 하신 말씀에서, "하나님"은 하나님 아버지를 지칭하고 "나"는 예수님을 가리킵니다. 하나님 아버지께서는 외아들이신 예수님이 이 땅에 한 몸, 즉 육체를 입고 오시도록 어떻게 예비했습니까? 하나님은 처녀

마리아의 태속에 한 몸을 예비하셔서 예수님이 그 몸을 입고 이 땅에 오시게 했습니다.

"이에 내가 말하기를 하나님이여 보시옵소서 두루마리 책에 나를 가리켜 기록한 것과 같이 하나님의 뜻을 행하러 왔나이다 하시니라"(히 10:7)

여기서도 "**내가**"는 예수님입니다. 예수님이 하나님 아버지께, "**보시옵소서 두루마리 책에 나를 가리켜 기록한 것과 같이 하나님의 뜻을 행하러 왔나이다**"고 말씀드렸습니다. **두루마리 책**은 구약성경을 가리킵니다. 구약성경은 양의 가죽으로 만든 양피지(羊皮紙)에 기록하고 그 양피지를 둘둘 말아서 두루마리 형태로 보관했습니다. 구약의 두루마리 책에, 장차 구원자 메시아가 오셔서 어떻게 우리 인류를 모든 죄에서 구원할 것인지가 다 예언되어 있습니다. 따라서 이 말씀은 "**(예수님은) 구약성경에 예언된 대로 하나님 아버지의 뜻을 행하러**" 오셨다는 뜻입니다.

그러면 **하나님 아버지의 뜻**이 무엇입니까? 하나님의 뜻은 하나님의 형상으로 창조된 모든 **인생들을 죄에서** 깨끗하게 **구원해서 하나님의 자녀로 삼는** 것입니다. 그 뜻을 이루려고 하나님의 외아들이신 예수님께서 하늘의 모든 영광과 권세를 포기하시고, 처녀 마리아의 몸에 예비된 한 몸을 입고, 우리와 같은 비천한 모습으로 이 땅에 오셨습니다. 이것이 예수님께서 우리에게 오신 목적이고 하나님 아버지의 뜻입니다.

첫 장막에 드리던 제사를 폐하고 세우신 완전한 제사

"위에 말씀하시기를 제사와 예물과 전체로 번제함과 속죄제는 원치도 아니하고 기뻐하지도 아니하신다 하셨고 (이는 다 율법을 따라 드리는 것이라) 그 후에 말씀하시기를 보시옵소서 내가 하나님의 뜻을 행하러 왔나이다 하셨으니 그 첫 것을 폐하심은 둘째 것을 세우려 하심이니라"(히 10:8-9).

"**첫 것**"은 성막에서 드렸던 속죄제사입니다. 성막에서 소나 양으로 드렸던 속죄제사는 예수님이 오심으로 폐지되고 "**둘째 것**"이 세워졌습니다. 둘째 것은 하나님의 아들이신 예수님께서 육신을 입고 오셔서 자기 몸을 제물로 삼아서 드려 주신 **영원한 속죄제사**입니다. "**첫 것**"인 성막의 속죄제사는 "**장차 오는 좋은 일의 그림자**"(히 10:1)라고 말씀하셨는데, **그림자**라는 말은 "**예고편**"이라는 뜻입니다. 우리가 영적으로 너무 미련해서 깨닫는 것이 둔하기 때문에 하나님이 구약의 속죄제사를 예고편으로 주셔서, 장차 **하나님이 단번에 영원하고 완전하신 제사를 드려 주실 것**을 깨닫게 하셨습니다.

"이 뜻을 좇아 예수 그리스도의 몸을 단번에 드리심으로 말미암아 우리가 거룩함을 얻었노라"(히 10:10).

여기에서 "이 뜻"은 하나님 아버지의 뜻입니다. "**하나님은 모든 사람이 구원을 받으며 진리를 아는데 이르기를 원하시느니라**"(딤전 2:4)고 말씀하셨습니다. **하나님의 뜻**은 모든 사람들의 죄를 흰 눈같이 씻어 주어서 당신의 자녀로 삼고 천국에서 영원토록 하나님과 함께 복락을 누리게 하는 것입니다. 그 뜻을 좇아 예수님은 처녀의 몸에 예비된 한 몸을 입고 이 땅에 오셔서 당신의 육체를 제물로 삼아 영원한 속죄의 제사를 드려 주셨습니다. 예수님께서 친히 하늘의 대제사장이 되셔서 이 땅에 있는 장막에 들어가지 않고 하늘의 장막에 들어가셔서 당신의 몸을 제물로 삼아 영원하고 온전한 속죄의 제사를 드려 주셨습니다.

예수님은 이 **"둘째 것"**(제사)으로 하나님 아버지의 뜻이 하나님 편에서는 다 이루어지게 했습니다. 다만 주님께서 완성하신 완전한 구원을 아직도 믿지 않는 사람들이 많기에, 믿지 않는 사람들의 마음(땅)에는 지금까지 아버지의 뜻이 이루어지지 않고 있습니다. 그래서 주님은, **"아버지의 뜻이 하늘에서 이루어진 것 같이 땅에서도 이루어지이다"**라고 기도할 것을 제자들에게 명하신 것입니다. 이 말씀은 모든 사람들이 믿음으로 구원을 받도록 기도하라는 말씀입니다.

주님이 어떻게 단번에 영원한 속죄의 제사를 드려 주셨는가?

하늘의 대제사장으로 오신 예수 그리스도는 **당신의 몸을 단번에 드려서 영원한 속죄를 이뤄 주셨습니다. 하나님이 열납하시는 속죄제사가 되려면,**
　1) 흠 없는 제물이 있어야 되었고,
　2) 반드시 그 제물의 머리에 안수해서 죄를 넘겨야 했고,
　3) 그 제물이 대속의 피를 흘려서 죽어야 했습니다.
예수님은 육체를 입고 오신 하나님이기에 죄가 전혀 없는, 흠

없는 제물이었습니다. 예수님은 하나님이기 때문에 죄가 없습니다. 그러므로 예수님은 합격 제물입니다. 성경은 "**하나님이 죄를 알지도 못하신 자로 우리를 대신하여 죄를 삼으신 것은 우리로 하여금 저의 안에서 하나님의 의가 되게 하려 하심이니라**"(고후 5:21)고 말씀을 합니다. "**죄를 알지도 못하신 자**"란 근본 죄가 없는 분이고 평생에 죄를 짓지 않은 분이란 말입니다. 하나님이 어떻게 죄가 있겠습니까? 예수님은 처녀 마리아의 몸에서 다만 육신만 취해서 오셨기에, 예수님은 아담의 후손이 아니고 "**여자의 후손**"(창 3:15)이며, 사람의 몸을 입고 오신 하나님이기에, 예수님은 죄가 전혀 없는 흠 없는 제물이었습니다. 예수님은 전 인류의 제물이 되기에 부족함이 없는 **합격 제물**이었습니다.

둘째로는 "**반드시 안수할지니**"—속죄제사가 유효하려면, 제물에 반드시 안수해서 죄를 넘겨야 했습니다. 그러면 인류의 어린양으로 오신 예수님에게 **세상 죄를 넘기는 안수**는 언제 어떻게 성취되었습니까? 이것은 예수님께서 받으신 세례로 이루어졌습니다. 세례 요한이 예수님에게 **안수의 형식으로 세례**를 베풀 때에 이 세상의 모든 죄가 단번에 예수님에게로 넘어갔습니다.

세례 요한은 누구입니까? 예수님은 세례 요한을 가리켜, **여자의 몸에서 난 자 중에 가장 큰 자**(마 11:11)라고 증거하신 바, 그는 전 인류의 대표자입니다. 또 세례 요한은 아비야 반열의 제사장 사가랴의 아들(눅 1:5)입니다. 그러므로 세례 요한은 첫 번째 대제사장 아론의 후손입니다. 세례 요한의 아버지 사가랴도 아론의 후손이고 어머니 엘리사벳도 아론의 후손입니다. 따라서 세례 요한은 대제사장의 계통을 이어받은 이 땅의 마지막 **대제사장**이고 또 그는 **전 인류의 대표자**입니다.

하나님의 섭리로 예수님보다 육 개월 먼저 태어난 **세례 요한의 사명은 두 가지**였습니다. 그의 첫째 사명은, 사람들의 마음에 주의 길을 예비하는 일입니다. 그는 사람들이 회개하고 돌이켜서 주님을 대망(待望)하도록 마음을 준비시키는 사역을 했습니다.

"**요한이 요단강 부근 각처에 와서 죄 사함을 얻게 하는 회개의 세례를 전파하니 선지자 이사야의 책에 쓴바 광야에 외치는 자의 소리가 있어 가로되 너희는 주의 길을 예비하라 그의 첩경을 평탄케 하라 모든 골짜기가 메워지고 모든 산과 작은 산이 낮아지고 굽은 것이 곧아지고 험한 길이 평탄하여질 것이요 모든 육체가 하나님의 구원하심을 보리라 함과 같으니라**"(눅 3:3-6).

요한은 마음이 너무 교만한 자들은 마음을 꺾고 낮추게 했습니다. 반대로 자기가 너무 부족하고 악해서 "나 같은 자는 주님을 만날 수 없어" 하고 낙담한 자들에게는, "아니다! 하나님은 너와 같은 죄인들을 구원하러 오셨다"라고 용기를 북돋아 주어서 용기를 갖게 했습니다. 이렇게 높아진 마음은 낮추고 절망한 마음은 북돋아서 구원의 주님이 백성들의 마음에 들어갈 수 있도록, 즉 그들의 마음에 **왕의 길**(the King's Way)**을 닦아 주는** 일을 하도록, 하나님께서 보낸 종이 세례 요한입니다.

그때 요한은 진솔하게 회개한 자들에게 회개의 표로 세례를 주었습니다. 그래서 그가 회개한 사람들에게 베푼 세례를 "**회개의 세례**"라고 부릅니다. 참된 회개란 무엇입니까? 하나님의 뜻을 저버리고 악한 길로 가던 자가 진솔하게 하나님께로 돌이키는 것입니다. 세례 요한은 사람들이 "하나님, 나는 지옥에 가야 마땅한 자입니다. 나를 불쌍히 여겨 주십시오" 하고 돌이키게 하였고, 그들의 마음에 예수님을 맞아들일 준비를 시키는 사역을 했습니다.

세례 요한의 둘째 사역은, 이것이 가장 중요한 사역인데, 그가 **인류의 대표자로서 안수의 형식으로 예수님에게 세례를 베풀어서 인류의 모든 죄를 단번 만에 예수님에게 다 넘기는 일입니다.**

인류의 대표자이고 마지막 대제사장인 세례 요한이 예수님에게 세례를 베풀었습니다. "이 때에 예수께서 갈릴리로서 요단강에 이르러 요한에게 세례를 받으려 하신대 요한이 말려 가로되 내가 당신에게 세례를 받아야 할 터인데 당신이 내게로 오시나이까

예수께서 대답하여 가라사대 이제 허락하라 우리가 이와 같이 하여 모든 의를 이루는 것이 합당하니라 하신대 이에 요한이 허락하는지라

예수께서 세례를 받으시고 곧 물에서 올라 오실쌔 하늘이 열리고 하나님의 성령이 비둘기 같이 내려 자기 위에 임하심을 보시더니 하늘로서 소리가 있어 말씀하시되 이는 내 사랑하는 아들이요 내 기뻐하는 자라 하시니라"(마 3:13-17).

이때에, 즉 세례 요한이 엘리야의 심령으로 사람들의 마음을 하나님께로 돌이키게 하는 사역을 힘차게 하고 있을 때에, 예수님은 고향인 갈릴리를 떠나 요단강에 이르러 세례 요한에게 세례를 청합니다. 그 순간 세례 요한은 이분(예수님)이 육신을 입고 오신 하나님인 줄을 금방 알아보았습니다. 그래서 세례 요한이 예수님께, **"내가 당신에게 세례를 받아야 할 터인데 당신이 내게로 오시나이까"** 하고 황급히 자기의 마음을 낮추었습니다.

그러자 예수님은, **"이제 허락하라 우리가 이와 같이 하여 모든 의를 이루는 것이 합당하니라"**(마 3:15) 하고 준엄하게

명령하셨습니다. **"이제 허락하라"**는 예수님의 말씀은 **"세례 요한아, 너는 나에게 세례를 베풀어라"**는 명령입니다. 이에 요한은 순종하고 안수의 형식으로 예수님의 머리에 세례를 베풀었습니다. 세례는 세례를 베푸는 이가 세례를 받는 이의 머리에 손을 얹어서 물에 푹 잠갔다가 다시 일어나게 하는 예식입니다. 세례에는 **안수**(按手)가 포함되어 있습니다.

그런데 안수(按手)는 무엇입니까? 안수는 희생제물에게 죄를 넘기는 하나님의 법입니다. 세례 요한은 인류의 대표자이고 대제사장 아론의 후손인데 그가 인류의 죄를 담당할 어린양으로 오신 예수님의 머리 위에 안수의 형식으로 세례를 베풀었습니다. 이 **안수의 세례**를 통해서 세상의 모든 죄가 단번 만에 예수님께 다 넘어갔습니다. **"우리가 이와 같이 하여"**라는 말씀은, **"너는 내 머리에 손을 얹고 나는 그 안수를 받아들여서"**라는 말씀입니다. 따라서 그 안수의 결과, **이 세상 모든 죄가 예수님에게 다 넘어갔으므로** 이 세상에는 모든 의가 합당하게 이루어진 것입니다.

아직도 첫 언약의 제사를 헛되이 드리고 있는 기독교인들

이렇게 성경은 **"예수님이 받으신 세례로 이 세상 모든 죄가 단번에 예수님께 다 넘어갔다"**고 분명히 선포하고 있건만, 사단 마귀의 거짓된 교리에 속아 있는 오늘날의 기독교인들은 **예수님의 세례의 복음**을 믿지 않습니다. 예수님에게 자신의 죄가 넘어간 증거의 말씀이 없기 때문에 결국 그들의 마음에는 늘 죄가 있을 수밖에 없습니다. 그들은 아직도 첫 언약 때에 세워 주신 제사를 드리고 있는 자들입니다. 그들은 아직도 **완전하고 영원한 둘째 제사**를 드려 주신 예수님을 만난 적이 없습니다.

첫 언약 아래서 이스라엘 백성들은 어떠했습니까? 죄를 짓고는 괴로워하면서 늘 속죄제사를 반복적으로 드렸습니다. 지금 기독교인들도 하나님 앞에 나와서 날마다 반복적으로 무엇을 합니까? "주여, 내가 또 죄를 지었습니다. 한 번 더 용서하여 주십시오"라고 회개 기도를 합니다. 그들은 아직도 첫 언약 때의 제사를 드리고 있는 셈입니다. 그 결과 그들의 마음에는 여전히 죄가 있고 그들은 지옥에 갈 수밖에 없는 처지입니다.

그런 주제에, 우리가 그들에게 온전한 진리의 복음을 전하면, 그들은 우리를 이단(異端)이라고 정죄를 합니다. 그들은 자기들과 다른 주장을 하면 무조건 이단이라고 단정합니다. 그러나 나의 믿음과 다르면 이단이 되는 것이 아닙니다. 하나님의 **진리의 말씀과 다른 것이 이단**입니다. 하나님의 말씀은 "예수님께서 세례와 십자가로 모든 의를 이루어 주셨기에, **물과 피로 임하신 예수 그리스도를 믿으면** 죄 사함을 받고 죄가 전혀 없는 **의인으로 거듭난다**"고 선포합니다. 그런데 자칭 정통 기독교인들은 자기들의 마음에 죄가 있는 것이 당연하며, 죄 사함을 받아서 죄가 없다고 주장하는 자들은 "구원파"라고 무조건 배척합니다.

"구원파"는 **물과 피의 복음**을 믿는 무리가 아닙니다. 그들은 다만 구원의 확신을 강조할 뿐, 사실 그들의 가르침은 소위 주류 기독교의 가르침과 대동소이(大同小異)합니다. **"물과 피로 임하신"**(요일 5:6) 예수님께서 친히 완성하신 **물과 피의 복음**이 바로 사도들이 목숨을 바쳐 전했던 **원형의 복음**(the Original Gospel)입니다. 그리고 구원파의 가르침도 원형의 복음과는 다른 복음입니다.

　예수님께서는 **"이와 같이 하여,"** 즉 안수의 형식으로 세례를 받으심으로 **모든 의**(all righteousness)를 이루어 주셨습니다. 세상의 죄를 다 없앤 상태가 **"모든 의"**입니다. 예수님이 세례를 받을 때, 아담으로부터 세상 종말까지, 인류의 모든 죄가 단번만에 예수님에게로 다 넘어갔습니다. 여러분들이 그 사실을 믿든지 안 믿든지 세상 죄가 다 넘어갔기 때문에, 하나님 편에서는, 즉 하늘에서는 하나님 아버지의 뜻이 다 이루어졌습니다.

　"이와 같이 하여" 예수님은 받으신 세례로 이 세상의 모든 죄를 단번에 넘겨받았기에, 그 죄를 도말(塗抹)하시려고 십자가로 가셨습니다. 그래서 세례 요한은 예수님에게 세례를 베푼 바로 그 이튿날에 예수님을 가리켜, **"보라 세상 죄를 지고 가는 하나님의 어린 양이로다"**(요 1:29)라고 증거한 것입니다.

　예수님은 받으신 세례로 이 세상 죄를 다 짊어지셨습니다. 나와 여러분들이 지금까지 지은 모든 죄가 예수님께서 세례를 받으실 때에 예수님에게 다 넘어갔습니까, 안 넘어갔습니까? 다 넘어갔습니다. 그때는 지금부터 약 2000년 전이지만, 하나님은 전능하셔서 시간의 제한을 받지 않고 일하시는 분이기 때문에, 창세 때부터 아직까지 태어나지도 않은 먼 미래의 마지막 사람의 죄까지도 하나님은 단번에 예수님에게 넘기실 수 있는 분입니다. 자, 그러면 나와 여러분이 **내일 지을 죄도** 예수님께서 세례 받으실 때에 이미 넘어갔음을 여러분은 믿습니까? 여러분이 **앞으로 죽는 순간에** 마음에 큰 상처를 입혔던 어떤 사람을 저주하는 **죄를 짓는다면**, 그 죄의 삯으로 여러분이 지옥에 가야 합니까? 아닙니다. 그 죄도 주님께서 인류의 대표자인 세례 요한에게 안수의 형식으로 세례를 받으실 때에 이미 예수님에게 넘어갔습니다.

하나님은 영원한 차원에 거하시는 전능한 분입니다. 그래서 **"예수님이 세례 받을 때 이 세상의 모든 죄가 다 넘어갔다"**는 사실이 우리에게나 엄청난 일이지, 주님께서 세례 받으신 후 대략 2000년 후에 살고 있는 우리들의 죄를 온전히 아시고 담당해 주신 일이 하나님께는 아무것도 아닙니다. 인류에게는 수억만 년이 아주 긴 시간이지만, 영원하신 하나님에게는 밤의 한 경점(更點)도 안 된다고 성경은 말씀합니다.

예수 믿고도 마음에 죄가 있는 자가 이단입니다

저는 "예수님이 2000년 전에 세례 받으셨는데, 2000년 후의 우리들의 죄를 어떻게 가져갔겠냐? 아직 짓지도 않은 죄를 주님이 어떻게 담당했겠냐?" 하고 빡빡 우기는 목사님을 만난 적이 있습니다. 그는 예수님께서 세례를 받으셔서 자기의 죄를 다 담당했다는 진리의 말씀을 끝까지 부인하고 안 믿겠다고 단언했습니다. 그는 또 "예수를 믿어도 우리에게는 죄가 있는 것이 맞다"고 끝까지 주장했습니다. 그래서 저는, "예수님을 믿어도 마음에 죄가 있는 것이 맞다니, 죄의 삯은 사망이니까 목사님은 지옥에 가셔야겠습니다" 하고 변론을 끝낼 수밖에 없었습니다. 그렇게 예수님을 믿는다고 하면서도 마음에 죄가 있는 자들이 이단입니다.

"이단에 속한 사람을 한두 번 훈계한 후에 멀리하라 이러한 사람은 네가 아는 바와 같이 부패하여 스스로 정죄한 자로서 죄를 짓느니라"(딛 3:10-11)

"**스스로 정죄한 자**"란 예수님을 믿는다고 하면서도, "나는 죄인입니다" 하고 스스로를 정죄(定罪)하며 늘 죄인임을 자랑스럽게 자백하는 자들입니다. 그런 자들에게 예수님이 우리의 모든 죄를 세례로 담당하신 진리를 전해 주면, 그들은 눈을 부릅뜨고 대적하며 믿지 않으려고 용을 씁니다. 예수님께서 우리를 온전히 구원하셨다는 **물과 피의 복음을 믿지 않는** 죄가 바로 지옥에 가는 죄입니다. 주님은 "**죄에 대하여라 함은 그들이 나를 믿지 아니함이요**"(요 16:9)라고 말씀하셨습니다.

예수님은 지금부터 약 이천 년 전에 세례를 받았지만, 이천 년 후에 태어난 우리들이 **지금까지 지은 죄뿐만 아니라** 내일 지을 죄, 모레 지을 죄, 그리고 우리가 회개한 죄뿐만 아니라 잘못했다고 인정하지도 않은 죄까지도 – 우리가 죽을 때까지 짓는 모든 죄와 허물은 예수님이 세례 받으실 때 단번에 예수님께 다 넘어갔습니다. 그러면 나와 여러분에게 죄가 있습니까, 없습니까? 없습니다! 하나님께서는 전능하셔서 세상의 모든 죄를 단번 만에 다 예수님께 넘겨서, 예수님께서는 실로 "**세상 죄를 지고 가는 하나님의 어린양**"(요 1:29)이 되셨습니다.

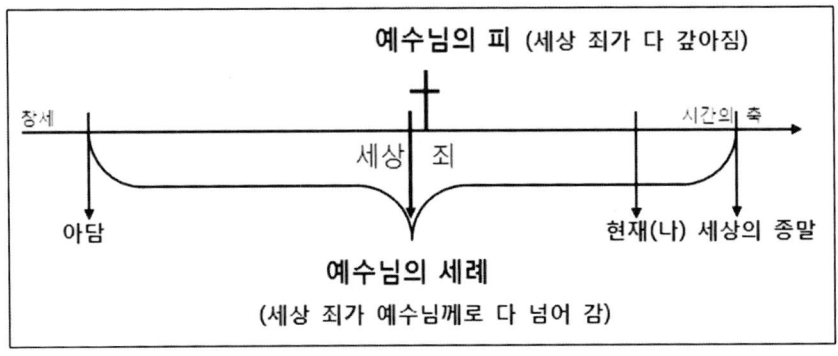

속죄제사의 **세 번째 조건**이 무엇입니까? 죄를 넘겨받은 제물이 **대속의 피**를 흘려서 죗값을 치르는 것입니다. 예수님께서는 세례로 담당한 모든 죄를 대속하기 위해서 채찍질을 당하시고 십자가에 못 박히셔서 온몸의 피를 다 쏟아 주셨습니다. 우리의 모든 죄에 대한 심판을 주님께서 다 받아 주셨습니다. 그리고 숨을 거두기 직전에 마지막에 "**다 이루었다**"(요 19:30) 하고 크게 외치셨습니다. "**다 이루었다!**"는 말씀은 세례로 담당하신 우리들의 죄를 온전히 갚아서 흰 눈처럼 깨끗하게 다 없애 주었다는 말씀입니다.

그러면 이제 우리에게 죄가 있습니까, 없습니까? 없습니다. 주님이 완성시켜서 우리에게 주신 **물과 피의 복음**을 믿는 우리에게는 죄가 전혀 없습니다. 우리는 아무것도 한 것이 없지만, 하나님 편에서 당신의 외아들을 육체로 보내서 그분의 육체에 세례로 죄를 넘겼습니다. 그리고 인류의 죄를 담당한 예수님께서 십자가에서 온몸의 피를 다 쏟으심으로 죄의 대가를 치러 주셨기 때문에, 우리는 값없이 죄 사함 받고 의롭게 된 것입니다. 우리는 아무 희생이나 대가를 치르지 않고 오직 하나님의 은혜를 믿음으로 말미암아 "**값없이 의롭다 하심을 얻은 자**"(롬 3:24)가 되었습니다. 우리는 주님께서 행하신 일을 감사함으로 믿기만 하면 죄 사함을 받고 거듭나서 하나님의 자녀가 되도록 하나님 편에서 모든 희생을 치러 주셨습니다. 히브리서 10장 10절의 말씀입니다.

"**이 뜻을 좇아 예수 그리스도의 몸을 단번에 드리심으로 말미암아 우리가 거룩함을 얻었노라**"(히 10:10).

"**단번에 드리심**"이란 예수님께서 딱 한 번 자신을 제물로 드렸다는 뜻입니다. 단번이라는 말은 한 번으로 끝이고 두 번째는 없다는 뜻입니다. 예수님은 단 한 번 육체를 입고 이 땅에 오셔서 단 한 번 세례를 받으시고 단 한 번 십자가에 돌아가셨습니다. 주님께서 하늘의 대제사장이 되셔서 당신의 몸을 제물로 삼아 **"단번에 드리신 영원한 속죄의 제사"**로 말미암아 우리가 거룩함을 얻은 것입니다.

"재주는 곰이 부리고 돈은 되놈이 번다"는 속담이 있습니다. 이 속담처럼, 고난과 능욕은 주님이 당해 주셨는데, 거룩함과 죄 사함의 은총은 누가 입었습니까? 아무 수고와 대가도 지불하지 않은 우리가 오직 믿음으로 모든 혜택을 누리게 된 것입니다. 우리는 주님께서 이루어 주신 하나님의 의를 어린아이와 같이 순수한 마음으로 믿었을 뿐인데, 믿는 우리가 하나님의 의(義)를 옷 입고 거룩함을 얻은 것입니다. 그러므로 우리는 하나님께서 우리를 구원하신 진리의 복음을 생명처럼 믿어야 합니다. 정말 얼마나 감사한 일입니까? 우리는 지옥에 처넣어야 마땅한 자들인데, 그런 자들을 하나님이 이처럼 사랑하시기에 **"이와 같이 하여"**(마 3:15) 죄에서 온전히 구원해 주셨습니다.

영원한 거룩함을 얻은 자들

"제사장마다 매일 서서 섬기며 자주 같은 제사를 드리되 이 제사는 언제든지 죄를 없게 하지 못하거니와 오직 그리스도는 죄를 위하여 한 영원한 제사를 드리시고 하나님 우편에 앉으사 그 후에 자기 원수들로 자기 발등상이 되게 하실 때까지 기다리시나니 저가 한 제물로 거룩하게 된 자들을 영원히 온전케 하셨느니라"(히 10:11-14).

이 말씀은 성막의 속죄제사와 예수님의 영원한 제사, 즉 첫째 것과 둘째 것을 비교함으로써 우리가 쉽게 이해하도록 합니다.

	하루치 제사	대속죄일의 제사	예수님의 영원한 제사
희생제물	흠 없는 염소(양)	수송아지와 숫염소	예수님 자신의 육체
죄를 넘기는 방법	죄인이 안수함	대제사장이 안수함	인류의 대표자인 세례 요한의 세례(안수)
죄 사함의 효력	개인의 하루치 속죄	백성 전체의 일년치 속죄	전 인류의 영원한 속죄
제사의 주관자	제사장	대제사장	예수 그리스도 (하늘의 대제사장)
본질성	장차 올 좋은 일의 그림자(예고편)		실체(좋은 일 자체)
하나님의 섭리	성막에서 드렸던 첫째 제사 (폐해짐)		변역한 둘째 것(참 것)
제사가 드려진 곳	땅의 성막		하늘 성소

자, 성막에서 드려진 제사, 즉 첫째 제사에는 하루치 제사와 일년치 제사가 있었습니다. 하루치 제사는 죄를 지은 자가 희생제물의 머리에 안수를 한 후에, 그 제물을 잡아서 제사를 드림으로 하루치의 죄를 사함 받았습니다.

대속죄일에 드렸던 일 년치 속죄제사는 대제사장이 숫염소의 머리에 안수해서 이스라엘 백성이 일 년 동안 지었던 죄를 넘기고 그 염소를 광야로 보내 죽게 함으로써 백성들이 단번에 지난 일

년 동안 지은 죄를 사함 받았습니다.

예수님이 드린 영원한 속죄의 제사는 인류의 대표자인 세례 요한이 인류의 어린양으로 오신 예수님의 머리에 안수의 형식으로 세례를 베풀어서 인류의 모든 죄를 예수님에게 넘겼습니다. 그리고 세상 죄를 담당하신 예수님이 십자가에서 피 흘려 죽으심으로 우리 모두가 영원한 죄 사함을 받게 하셨습니다.

1인의 하루치 죄-백성 전체의 일 년치 죄-전 인류의 영원한 죄-이렇게 속죄의 범위가 시공간적으로 점차 확대된 것을 우리는 알 수 있습니다. 그리고 여기에는 **대표 원리**가 적용됩니다. 구약의 대제사장이 이스라엘 백성을 대표해서 아사셀 염소의 머리에 안수해서 백성들의 죄를 넘겼듯이, 인류의 대표자인 세례 요한이 예수님께 대표로 안수해서 인류 전체의 죄를 예수님에게 단번에 넘겼습니다.

구약의 성막에서 드렸던 제사는 죄인들을 **"언제든지(영원히) 온전케"** 하지 못했고, 그저 하루치 죄나 지난 일 년치의 죄만 한시적으로 사함 받는 제사였기에, 그들이 제사를 드린 후에 다시 죄를 지으면 바로 죄인이 되는 불완전한 제사였습니다. 그러나 예수님께서 드려 주신 제사는 완전하고도 영원한 속죄의 제사였습니다. 우리는 부족할지라도, 주님께서 완전하고 영원한 제사를 드려 주셨기 때문에, 우리는 복음을 믿음으로 담대하게 하나님의 보좌 앞에 나아갈 수 있게 되었습니다.

다시는 죄인이 되지 않는 축복

"또한 성령이 우리에게 증거하시되 주께서 가라사대 그날

후로는 저희와 세울 언약이 이것이라 하시고 내 법을 저희 마음에 두고 저희 생각에 기록하리라 하신 후에 또 저희 죄와 저희 불법을 내가 다시 기억지 아니하리라 하셨으니 이것을 사하셨은즉 다시 죄를 위하여 제사드릴 것이 없느니라"(히 10:15-18).

여기 "그날 후로는"이라고 말씀했는데, 그날이 언제일까요? 이 말씀은 "예수님이 자기를 드려서 **영원하고도 완전한 속죄의 제사를 완성하신 날 이후로는**"이라는 뜻입니다. "그날 이후로는" 하나님께서 우리와 새 언약을 맺어 주셨는데, "**저희와 세울 언약이 이것이라 하시고 내 법을 저희 마음에 두고 저희 생각에 기록하리라**"고 말씀하셨습니다. 이 새 언약의 말씀은, 예수 그리스도께서 이 땅에 육신을 입고 오셔서 단번에 영원한 제사를 드려 주신 것을 믿는 자마다 **죄 사함을 받고 영생을 얻는다는** 약속입니다.

이 약속은 우리가 지키기에 너무나 쉬운 것입니다. 613개 조항에 달하는 율법은 다 알지도 못하고 지키기도 어려웠는데, 이 새 언약은 너무나 쉽지 않습니까? 하나님이신 예수님이 육신을 입고 **흠 없는 제물**로 오셔서 세례를 받으심으로 우리 죄를 다 담당하고 십자가에 못 박히셔서 "**다 이루었다**" 하고 돌아가시기까지 우리 죄를 온전히 없애 주셨는데, "**예수님이 단번에 드리신 영원하고 완전한 속죄 제사를 믿는 자마다 죄 사함을 받고 영원토록 죄와는 아무 상관없는 자가 된다**"는 약속이 바로 **새 언약**입니다.

하나님께서는 믿는 자의 마음과 생각에 새 언약을 기록해 주시겠다고 약속하셨습니다. 그리고 하나님의 구원의 새 언약을 믿는 자에게는, **또 저희 죄와 저희 불법을 내가 다시 기억지**

아니하리라 하셨으니 이것을 사하셨은즉 다시 죄를 위하여 제사드릴 것이 없느니라"고 말씀하셨습니다.

　우리는 범죄한 아담의 후손으로 태어났기 때문에 근본 죄를 가지고 태어났습니다. 우리의 마음속에는 죄가 버글버글합니다. 우리 모두는 태어나면서부터 죄 덩어리입니다. 그리고 또 이 죄들이 가만히만 있지 않고 죄를 짓기에 좋은 환경을 만나면 밖으로 기어 나옵니다. 예를 들자면, 땅속에 지렁이들이 많이 사는데, 해가 쨍쨍할 때에는 지렁이가 땅 밖으로 나오지 않습니다. 그런데 비가 와서 땅이 물렁해지고 놀기 좋으면 지렁이들이 땅 위로 많이 기어 나옵니다. 죄가 행동과 생각으로 쏟아져 나오는 이치도 이와 같습니다. 해가 쨍쨍한 날에 땅 밖에 지렁이가 보이지 않는다고 땅속에도 지렁이가 없는 것은 아닙니다.

　우리는 평생에 그토록 많은 죄와 허물을 쏟아 내는 자들인데, 주님은, "또 저희 죄와 저희 불법을 내가 기억지 아니하리라 하셨으니"(히 10:17)라고 말씀하셨습니다. 하나님은 어떤 것이 존재하면 절대로 기억 못할 분이 아닙니다. 하나님은 우리의 머리카락까지도 다 세고 계시는 분입니다. "하나님이 기억하지 않겠다"는 말씀은 하나님도 도저히 기억할 수 없도록 우리 주 예수님께서 우리의 모든 죄와 허물을 깨끗하게 없애 놓았다는 뜻입니다. 이 말씀은 예수 그리스도께서 완전하고 영원한 제사를 드려 주셨기 때문에 하나님 아버지도 우리에게서 죄를 절대로 찾아볼 길이 없다는 말씀입니다.

　예수님께서 드려 주신 완전하고도 영원한 제사로 말미암아 이 세상의 죄란 죄는 다 없어졌습니다. 다만 이제 사람들이 지옥에 가는 죄는 한 가지뿐인데, 그것은 하나님의 완전한 구원을 믿지 않는 죄입니다. 예수 그리스도의 완전한 구원을 믿지 않는 죄, 그 죄로 인해서 사람들이 지옥에 갑니다. 이 죄를 사도 요한은 **"사망에 이르는 죄"**(요일 5:16)라고 말씀합니다. 하나님의 영원한 속죄의 제사를 믿지 않는 사람은 그 죄로 인해서 지옥에 갑니다.

아직도 죄를 위하여 제사드릴 것이 있습니까?

"이것을 사하셨은 즉 다시 죄를 위하여 제사드릴 것이 없느니라"(히 1:18)

"우리의 마음에 죄가 있지만 예수님을 믿는다고 고백하면 하나님께서 우리를 의롭다고 불러 주신다"고 주장하는 칭의교리(稱義敎理)는 사단 마귀의 거짓말입니다. 칭의교리는 자기들의 마음에 죄가 있다는 것을 인정하는 교리입니다. 그래서 칭의교리를 믿는 기독교인들의 마음에는 죄가 그대로 있을 수밖에 없습니다. 그러나 누구든지 마음에 죄가 있으면 그 사람은 분명히 지옥에 갑니다.

"이것을 사하셨은즉"이란 말씀에서, **"이것"**은 우리 인류의 모든 죄와 허물을 가리킵니다. 하나님 아버지께서는 예수님을 이 땅에 보내 주셔서, 우리의 죄와 허물을 실제로 다 없애 주셨기 때문에, 이 세상에는 더 이상 죄가 없습니다. 그러므로 하나님이 우리를 구원한 진리의 복음을, **예수님이 물과 피로 임하셔서 드려 주신 영원한 속죄의 제사**를 믿는 자는 다시는 자기의 죄 때문에 제사드릴 것이 없다는 말씀입니다. 물과 피의 복음을 믿음으로 거듭난 자는 하나님 앞에 나와서, "주여, 이 죄인을 용서하여 주옵소서! 내가 잘못했습니다. 이번만 용서해 주시면 다시는 죄를 짓지 않겠습니다!" 하며 거짓된 회개 기도를 더 이상 할 필요가 없습니다. 왜냐하면, 하나님이 이미 우리의 모든 죄를 다 없애 놓았기 때문입니다.

예수 그리스도께서 우리의 모든 죄와 불법을 깨끗이 없애 주셨습니다. 이제 우리는 하나님께 감사로 제사드릴 것밖에 없습니다. "하나님, 진정으로 주님께 감사를 드립니다. 나는 지옥에 가야 마땅한 자입니다. 저는 오늘도 이렇게 악을 행하고 죄만 짓는 쓰레기만도 못한 자인데, 주님이 이 죄까지도 세례로 담당해서 다 없애 주셨으니 너무나도 감사합니다. 주님! 부족하지만 제가 하나님의 의를 전파하며 살 수 있도록 인도해 주옵소서" 하고 거듭난 자는 감사할 수밖에 없습니다.

"**이것을 사하셨은즉**" 다시는 죄를 위하여 제사드릴 것이 있다고 하셨습니까? 없다고 하셨습니다! (없다고 하셨습니다!) 아멘! 다시는 죄를 위하여 제사드릴 것이 없도록 우리를 깨끗하게 하신 진리의 원형복음이 **새 언약의 복음**이고 **물과 피의 복음**입니다. 그러나 오늘날의 기독교인들은 죄 아래서 허덕이고 있으니 정말 안타깝습니다. 왜 그들이 죄 사함을 받지 못하고 아직도 첫 언약에 속한 속죄제사를 드리고 있을까요?

첫째로, 그들은 율법 아래 제대로 서 보지 않았기 때문입니다. 누구든지 율법 아래서 먼저 심히 죄인이 되어야만 죄 사함을 받을 수 있습니다. 그런데 그들은 자기가 제법 의로운 줄 압니다. 그들은 자기가 천사표(標)인 줄 알고, 다른 사람보다 훌륭하고 의로운 줄 압니다. 바리새인들처럼 자기의 의가 충만한 자들은 죄 사함을 받지 못합니다. 하나님의 율법 앞에서 "나는 지옥에 갈 죄인입니다" 하고 탄식하는 자, 심령이 가난한 자만이 죄 사함의 은총을 누리게 됩니다.

그러므로 그들은 먼저 자기가 얼마나 악하고 더러운 자인지를 정직하고 진실하게 시인하고 주님 앞에 나와야 합니다. 사실 오늘날 기독교인들은 "첫째 제사"조차도 제대로 못 드리고 있는 자들입니다. 첫째 제사는 죄를 기억하게 하는 기능이 있습니다. 그러므로, 첫 제사를 제대로 정직하게 드리는 자는 율법 아래서 먼저 심히 죄인이 됩니다. 그리고 심히 죄인이 되어야만 하나님께서 우리에게 베푸시는 두 번째 제사, 즉 완전하고 영원한 제사를 만났을 때 온전한 마음으로 믿게 됩니다.

저도 죄 사함 받기 전에는 내가 괜찮은 사람인 줄 알았습니다. 나 자신이 다른 사람보다 의롭고 훌륭한 줄 알았어요. 그런데, 율법대로 살아 보려고 애를 쓰다가 내가 정말 심히 죄인인 것이 드러나기 시작했습니다. 저는 가출한 어린이를 데려다가 양자를 삼아서 키웠던 적이 있었습니다. 우리 아이들하고 돌림자도 같이 해서 "지수"라고 이름도 지어 주고 학교에도 같이 보내고 했는데, 그러던 중에 내가 심히 죄인임을 깨닫게 되었습니다.

그전까지는 내가 제법 괜찮은 사람인 줄 알았습니다. 그런데 내 친자식이 아닌 남의 아이를 데려다 키워 보았더니, 내가 얼마나 악한 자인지가 다 드러났습니다. 내 마음으로는 그 아이하고 내 친자식들을 공평하게 사랑해야 하겠는데, 실제로는 내가 그 아이와 내 친자식들에게 엄청난 차별 대우를 하고 있는 내 모습을 보면서 내가 얼마나 악한지를 깨닫게 되었습니다. 예를 들면, 아이들 간식을 사다가 냉장고에 넣어 놓으면, 이 아이는 배를 곯았던 아이니까 학교에서 돌아오면 자기 혼자 간식을 다 먹는 것이었습니다. 그러면 내 눈에서 불이 나옵니다. "이놈아, 너만 입이냐? 네 동생들은 뭘 먹으라고 너만 다 먹고 있냐?" 하고 머리끝까지 화가 치밀어서 그 녀석을 책망하곤 했습니다.

만약에 내 친자식이 학교에서 돌아와서 그렇게 허겁지겁 먹었으면, "아이고 네 배가 엄청 고팠나 보구나! 실컷 먹어라. 그까짓 것 또 사다 넣어 두면 되지" 하고 기쁜 마음으로 먹는 것을 보아 넘겼을 것입니다. 그런데, 그 "지수"라는 양자는 늘 집에 먼저 와서 허겁지겁 동생들 간식까지 다 먹고는 했습니다. 그러면, "이놈아, 네 입만 입이냐? 제발 동생들 것도 남기고 먹어라" 하고 책망을 했다는 것입니다. 그리고 나서는 내 양심이 찔렸습니다. "네가 천사표 가면을 쓰고서 사람들에게서는 선하다고 칭송을 받으면서, 그렇게나 편애를 하고 그러냐?" 그때에 내가 얼마나 악한지를 깨닫게 되었습니다. 제 말은 율법 아래에 정직하게 서 본 자라야, 그리고 율법을 준행해 보려고 애를 써 본 자라야 자기가 얼마나 악하고 쓰레기만도 못한 자인 줄 알게 된다는 말입니다.

자기가 얼마나 악하고 더러운 죄 덩어리이고, 하나님 앞에서 심판을 받고 지옥 가야 마땅한 자인지가 율법이라는 거울 앞에서 정직하게 드러나야 하는데, 오늘날 기독교인들은 자기가 괜찮은 자인 척 위선을 떨며 날마다 무화과 나뭇잎으로 치마를 엮어서 부지런히 자기의 수치를 가리고 있습니다. 그래서는 절대로 죄 사함을 받지 못합니다. 그 위선의 천사표 가면을 확 벗어버리고 자기가 지옥에 가야 할 자인 것을 인정하고, 주님께서 단번에 드리신 **영원하고 완전한 속죄의 제사**를 마음으로 믿어서 구원을 받아야 합니다.

완전하고도 영원한 속죄의 제사를 드려 주신 주님께 찬미와 감사를 드립니다.
　말씀을 마쳤습니다.

(2014년 5월 25일 주일예배 말씀)

당신은 진정 성소에 들어갈 담력을 얻었습니까?

"그러므로 형제들아 우리가 예수의 피를 힘입어 성소에 들어갈 담력을 얻었나니

그 길은 우리를 위하여 휘장 가운데로 열어 놓으신 새롭고 산 길이요 휘장은 곧 저의 육체니라

또 하나님의 집 다스리는 큰 제사장이 계시매

우리가 마음에 뿌림을 받아 양심의 악을 깨닫고 몸을 맑은 물로 씻었으니 참 마음과 온전한 믿음으로 하나님께 나아가자

또 약속하신 이는 미쁘시니 우리가 믿는 도리의 소망을 움직이지 말고 굳게 잡아

서로 돌아보아 사랑과 선행을 격려하며

모이기를 폐하는 어떤 사람들의 습관과 같이 하지 말고 오직 권하여 그날이 가까움을 볼수록 더욱 그리하자"(히 10:19-25)

주님의 날에 하나님의 생명의 말씀을 함께 상고하고, 믿음으로 말씀의 양식을 먹을 수 있도록 하나님께서 영적인 잔칫상을 베풀어 주신 것에 감사를 드립니다.

"사람이 떡으로만 살 것이 아니요 하나님의 입으로 나오는 모든 말씀으로 살 것이라"(마 4:4)고 주님이 말씀하셨습니다. 예수님께서는 받으신 세례로 세상의 모든 죄를 당신의 육체 위에 넘겨받고, 바로 광야로 가셔서 40일간 금식하시며 기도하셨습니다. 예수님은 근본 하나님이지만 육체를 입고 오셨기 때문에 주님도

연약할 수밖에 없었습니다. 그렇게 주리고 목마르고 피곤했던 예수님을 시험하고 쓰러뜨리려고 사단 마귀가 첫 번째 시험 문제를 던집니다. 사단은 **"네가 만일 하나님의 아들이어든 명하여 이 돌들이 떡덩이가 되게 하라"** 고 예수님에게 도전했습니다.

예수님이 돌들로 떡을 만들 수 있습니까, 없습니까? 당연히 할 수 있습니다. 아무것도 없고 하나님만 홀로 계신 상태에서도 "~있으라"는 명령 한마디로 온 우주를 불러내서 존재하게 하신 하나님이 바로 예수님입니다. 그래서 성경은 하나님이신 예수님을 가리켜 **"없는 것을 있는 것 같이 부르시는 이"** (롬 4:17)라고 기록하고 있습니다. 그렇게 어마어마한 예수님을 얕잡아 보고 사단 마귀가 예수님을 시험할 때에, 예수님은 **"사람이 떡으로만 살 것이 아니요 하나님의 입으로 나오는 모든 말씀으로 살 것이라"** (마 4:4)고 단호하게 **말씀으로** 뿌리쳤습니다.

우리는 음식만으로 살 수 있는 존재가 아닙니다. 물론 우리의 육체는 음식을 먹어야 삽니다. 하루에도 최소한 한 끼는 먹어야 생명을 유지합니다. 저는 20여 년 전에 방글라데시에 간 적이 있었습니다. 저희 전도팀이 전도하러 시골 마을에 들어갔었는데, 그곳 주민 중에는 하루에 한 끼 먹는 사람도 있었고 이틀에 한 끼 먹는 사람도 있었고 심지어는 사흘에 한 끼 먹는 사람들도 있었습니다. 사흘에 한 끼 먹는 사람들은 피골(皮骨)이 상접(相接)한 모습이었습니다. 옛 어르신들은 마른 사람을 가리켜 "피골이 상접했다"는 표현을 많이 썼는데, 사람이 너무 못 먹어서 근육과 지방은 거의 없고 뼈만 앙상하게 드러난 상태를 그렇게 말합니다. 20여 년이 지났지만, 먹을 것이 너무 없어서 피골이 상접했던 그 사람들의 모습이 지금도 생생하게 기억납니다.

하나님 말씀이 우리 영혼의 양식입니다. 우리의 육신은 음식을 먹어야 살듯이, 우리 영혼은 영적 양식인 하나님 말씀을 먹어야 삽니다. 그러면 하나님의 말씀을 어떻게 먹습니까? 성경책을 한 장씩 찢어서 꼭꼭 씹어 먹습니까? 하나님의 말씀은 믿음으로 먹는 것입니다. 우리 영혼은 하나님의 말씀을 마음에 믿음으로 그 말씀을 먹습니다. 하나님 말씀이 내 귀에 들렸을 때, 마음을 강퍅하게 하지 않고 하나님을 경외하는 마음으로, 그 말씀을 진정으로 믿으면 그 말씀이 내 영혼의 양식이 되고 자양분이 되어 우리의 영혼이 힘을 얻고 풍성한 생명을 얻습니다.

그래서 이 주일날 아침에 우리가 예배를 드리면서 찬양도 하고 기도도 하지만 무엇보다도 설교 말씀을 듣는 것이 큰 축복입니다. 모든 예배 순서가 다 귀합니다만, 특별히 하나님의 말씀을 듣는 시간을 소홀히 여겨서는 안됩니다. 저는 하나님의 말씀을 전하면서, 믿음으로 이 말씀을 전하기 때문에, 저도 여러분과 함께 말씀을 먹고 있습니다. 지금 말씀의 잔칫상을 준비해서, 전하는 자나 듣는 자나 다 함께 영적인 양식을 먹는 것입니다.

오늘 저녁에 이(李)형제님이 갈비구이로 저녁을 사겠다고 약속해서, 우리 모두가 저녁 시간을 기다리고 있습니다. 우리 육신은 맛있는 음식이 가득한 식탁을 앞에 놓고 있으면 신이 나지 않습니까? 그렇듯이, 우리는 예배 중에 하나님의 말씀으로 영적 풍성한 잔치를 벌이는 것인데, 우리의 마음이 신나고 기뻐해야 할 것입니다. "오늘은 또 어떤 메뉴의 영적 요리가 나올까?" 하고 즐거운 마음으로 기대하게 될 것입니다.

오늘 저는 "당신은 진정 성소에 들어갈 담력을 얻었습니까?"라는 제목으로 말씀을 나누려고 합니다. 이 제목이 평범한 질문인 것 같지만 그렇지 않습니다. 여러분도 "나는 정말 성소에 들어갈 담력을 얻었나?" 하고 자기 자신에게 진지하게 물어보아야 합니다.

성막(聖幕: the Tabernacle)

하나님께서는 시내산에서 모세에게 성막의 식양(式樣)을 자세히 보여 주시고 그로 하여금 성막을 만들게 하셨습니다. 성막(the Tabernacle)의 성소는 두 칸으로 나뉘어져 있었습니다. 즉, 성소는 첫째 성소와 둘째 성소로 구분되어 있었는데, 오늘 본문에서 "성소"(聖所:the Holy Place)라고 기록된 부분은 둘째 성소인 "지성소"(至聖所: the Most Holy Place)를 가리킵니다.

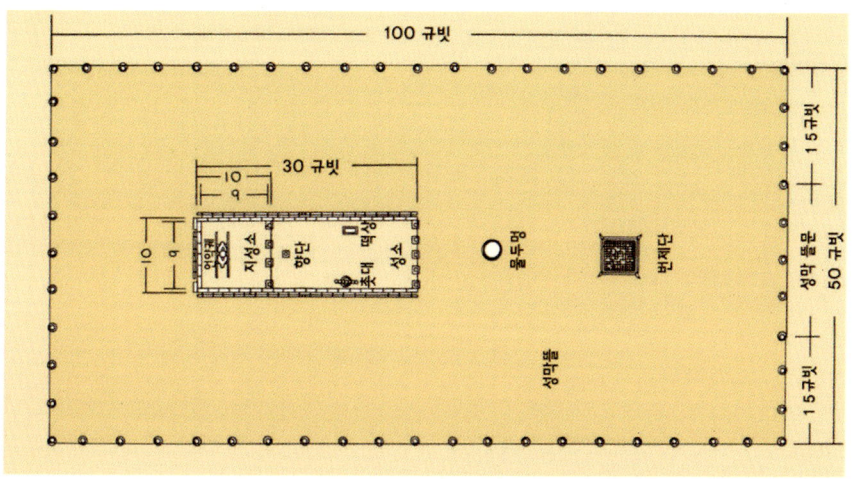

성막의 평면도 출처: © biblestudentdoctrine.com

장막(帳幕)으로 된 성소에 들어가려면, 제일 먼저 성막 뜰 문을 통과해야 합니다. 성막 뜰은 높이 5 규빗의 세마포 포장으로 둘러싸여 있는데, 동쪽에 휘장으로 드리워진 문이 있습니다. 이 성막 뜰 문은 청색, 자색, 홍색실과 고운 베실을 섞어 짠 카펫 같은 휘장입니다. 그래서 성막 뜰 문은 성막 뜰을 둘러친 세마포 담장(백색)에 비해 화려하기 때문에 누구든지 그곳이 문인 줄을 한눈에 알 수 있었습니다.

이 성막 뜰 문(휘장)을 젖히고 들어가면, 성막의 뜰 안에서 제일 먼저 번제단을 만납니다. 번제단(燔祭檀)은 소나 양이나 염소 같은 희생제물들의 피가 뿌려지며, 고기와 기름이 불에 태워지는 곳입니다. 즉 번제단은 안수를 통해 사람의 죄를 담당한 제물이 희생되어 대속의 값을 지불하는 곳입니다.

번제단을 지나면 물두멍이 놓여 있었습니다. 물두멍은 놋으로 만든 커다란 대야인데, 제사장이 물두멍에 받아 놓은 물을 떠다가 손발을 씻곤 했습니다. 제사장들은 날마다 양이나 염소 같은 희생제물을 잡아서 제사를 드렸으니, 짐승의 피나 똥 같은 것들로 더럽혀진 손과 발을 반드시 물두멍에서 깨끗이 씻고서야 성소에 들어갈 수 있었습니다.

물두멍을 지나면 높이가 5 규빗(약 5m) 되는 장막(천막집)이 서 있는데, 이것이 바로 성소입니다. 이 성소는 첫째 성소와 둘째 성소(지성소)로 나뉘어져 있습니다. 휘장을 통과하면 첫째 성소입니다. 제사장들이 매일 첫째 성소에 들어가서 성소에 놓여 있는 기구들을 관리했습니다. 성소의 좌측에는 일곱 가지의 등잔이 있는 금촛대가 놓여 있고, 우측에는 12개의 무교병을 두 줄로 올려놓은 떡상이 있고, 전면의 지성소 바로 앞에는 하나님께 향을 피워 드리는 금향단이 있습니다.

지성소를 가로막고 있는 휘장

그 첫째 성소를 지나면 두 번째 성소, 즉 지성소가 있습니다. 그 지성소 앞에는 청색, 자색, 홍색실과 고운 베실로 그룹(천사)의 형상을 수놓아 짠 휘장이 드리워져 있습니다. 그 휘장 너머의 지성소에는 아무나 들어갈 수 없었습니다. 이곳은 대제사장만, 그것도 일 년에 한 차례 즉 대속죄일 외에는 들어가지 못하는 곳입니다. 또 그날에도 대제사장은 향을 가득히 피워서 그 연기로 거의 앞이 안 보이게 하고서 지성소에 들어갔습니다. 또 대속의 죽음을 당한 수송아지나 염소의 피 없이는 대제사장은 지성소에 들어갈 수 없었습니다.

왜 그렇게 해야 했을까요? 지성소는 하나님께서 임재(臨在)하시는 곳이기 때문에, 죄인이 들어가면 반드시 죽임을 당하게 되어 있습니다. 그러므로 지성소에 들어가는 것은 굉장히 두려운 일이었습니다. 그래서 제사장들은 바깥 성소에서 맡겨진 일을 하고 살짝 빠져나왔지, 감히 둘째 휘장 너머의 지성소 내부는 들여다볼 생각도 못했습니다.

그래서 히브리서 9장 8절에, **"이 땅에 장막 성소가 서 있을 동안에는 둘째 성소에 들어갈 길이 막혀 있었다"**고 말씀하는 것입니다. 대제사장만이 일 년에 한 차례 겨우 들어갔는데, 그때도 피 없이는 들어갈 수 없었습니다. 대제사장이라도 그 역시 죄를 짓는 사람이기에 그는 반드시 흠 없는 수송아지의 머리에 안수해서 자기의 죄를 다 넘긴 후에, 그 대속의 제물을 죽여서 그 피를 들고서, "하나님 이 대속의 피로 내 죄가 모두 심판을 받았습니다" 하는 믿음으로, 그것도 그 지성소 안에는 향연(香煙)을 가득 채우고서야 겨우 휘장을 지나 지성소에 들어갔습니다. 그리고 대제사장은 손을 피에 담가서 피를 듬뿍 묻힌 후에 그 피를 하나님께서 임재하시는 언약궤의 뚜껑, 즉 시은좌(施恩座) 위에 뿌리고 그 동편에도 일곱 번을 뿌림으로써 죄 사함을 받았습니다.

이렇게 대제사장만이 일 년에 단 한 번 자기와 자기 백성들의 일 년치 죄를 사함 받는 대속죄일에만 지성소에 들어갈 수 있었습니다. 그렇기 때문에 첫 언약 아래서는 우리가 지성소에 들어갈 길이 막혀 있었다고 말씀하는 것입니다. 제사장들에게조차 막혀 있었고, 대제사장도 대속죄일에 딱 하루만 허락되었지만 그것도 피 없이는 들어가지 못했으니, 사실 대제사장에게도 지성소에 들어가는 길이 막혔던 것이나 다름없었습니다.

그런데 이제 **"그러므로 형제들아 우리가 예수의 피를 힘입어 성소에 들어갈 담력을 얻었나니"**(히 10:19)라고 말씀하십니다. 이 땅의 성막은 하늘 성소의 모형이고 그림자였습니다. 그곳에서 드렸던 속죄의 제사들은 예수님의 영원하고 참된 속죄제사의 **모형**이었습니다. 여기에서 말씀하시는 **"성소"**는 하늘 성소입니다. 지극히 높으신 하나님께서 계신 하늘의 성소인 하나님의 보좌 앞에 우리가 담대히 나아갈 수 있게 되었다고 히브리서는 말씀합니다.

예수님은 우리 모두를 죄에서 온전히 구원하시려고 친히 하늘의 대제사장이 되어서 흠 없는 당신의 몸을 제물로 드렸습니다. 여자가 낳은 자들 중에서 가장 큰 자이고 아론의 후손인 세례 요한에게 예수님은 요단강에서 세례를 받으심으로 당신의 육체 위에 세상 죄를 다 넘겨받았습니다. 그리고 그 모든 죄를 짊어지고 십자가에 못 박히셔서 **"다 이루었다"** 하기까지 심판을 받아 주심으로 예수님께서는 우리 인류의 죄를 온전히 없애 주셨습니다.

이 땅에 대제사장이 있을 동안에, 즉 구약의 제사가 드려지고 있을 동안에는 지성소로 들어갈 길이 휘장으로 막혀 있었습니다. 대제사장만이 일 년에 한 차례씩 대속의 피를 들고서야 잠시 지성소에 들어갔다가 나왔습니다. 그러나 예수 그리스도는 하늘의 대제사장이 되셔서 하늘 성소로 들어가셨습니다. 예수님께서 먼저 하늘 성소에 들어가시면서 하늘 성소를 가로막고 있는 그 휘장을 확 찢어 주셨습니다.

"다 이루었다" 외치신 순간에 찢어진 휘장

예수님은 이 땅에 오셔서 당신의 육체 위에 세례를 받아서 세상 죄를 다 넘김 받고 십자가에 가셔서 피를 흘리시고 숨을 거두시기 직전에, **"다 이루었다"**(요 19:30)라고 크게 외쳤습니다. 주님이 무엇을 **"다 이루었다"**는 말씀인가요? 주님께서는 당신의 세례로 담당하신 모든 세상 죄에 대한 심판을 당신의 마지막 피 한 방울까지 다 흘려서 온전히 대속해 주셨음을 확인하시고는 **"다 이루었다"**고 크게 외치셨습니다. **"다 이루었다"**는 말씀은, **"내가 세례로 담당한 너희들의 모든 죄를 나의 피로 다 갚아서 완벽하게 없애 주었다"**는 뜻입니다.

마가복음에는 **"예수께서 큰 소리를 지르시고 운명하시다 이에 성소 휘장이 위로부터 아래까지 찢어져 둘이 되니라"**(막 15:37-38)고 기록되어 있습니다. 예수님께서는 숨을 거두시기 직전에 큰 소리로 무엇인가를 외치셨고 그 순간에 성소의 휘장이 위에서 아래까지 큰 폭으로 찢어져서 성소에 들어가는 길이 모든 사람에게 활짝 열렸습니다. 그렇다면, 요한복음 19장 30절에, "예수께서 신 포도주를 받으신 후 가라사대 다 이루었다 하시고 머리를 숙이시고 영혼이 돌아가시니라"고 하셨으니, 예수님은 "큰 소리"로 "다 이루었다"고 외치신 것을 우리는 알 수 있습니다.

저는 산책을 하면서 휴대폰에 연결한 이어폰으로 영어성경을 듣습니다. 그런데 성우가 "다 이루었다(It is finished)"라고 하신 이 부분을 읽을 때, 패배자처럼 다 죽어가는 소리로, "I~t i~s fi~ni~she~d" 하고 애처롭게 읽습니다. 저는 그 성우의 목소리가 아주 역겹고 듣기 싫습니다. 주님은 절대로 그렇게 죽어 가는 소리로 비굴하게 "다 이루었다" 하지 않으셨다고 저는 확신합니다. 거듭나지 못한 성우들이 성경을 읽으니까 "듣는 성경"(audio-Bible)에는 너무너무 듣기 싫은 부분이 많습니다만, 저는 어쩔 수 없이 듣습니다. 앞으로 거듭난 종들이 성경을 읽어서 인터넷에 올려 주면 참 좋겠습니다.

이사야서에, "가라사대 그가 자기 영혼의 수고한 것을 보고 만족히 여길 것이라 나의 의로운 종이 자기 지식으로 많은 사람을 의롭게 하며 또 그들의 죄악을 친히 담당하리라"(사 53:11)고 기록되어 있습니다. 육체적으로는 너무너무 기진했고 고통스러웠지만, 예수님은 세상 죄를 없애는 죽음으로 우리 인류를 구원하는 일을 하러 오신 분입니다. 그래서 그때에 절대로 그렇게 다 죽어 가는 목소리로 "다~이~루~었~다"고 말씀하지 않으셨다고 저는 믿습니다. 아버지의 뜻을 온전히 이루신 주님의 마음이 그때에 얼마나 기뻤겠어요? "그가 자기 영혼의 수고한 것을 보고 만족히 여길 것이라"고 말씀하셨습니다. 그렇게 기뻐하신 분이, 모기만한 소리로 "I~t i~s fi~ni~she~d"라고 하셨겠어요? 아닙니다. 예수님은 **"다 이루었다!"**라고 큰 소리로 외쳤다고 저는 믿습니다. 주님은 쩌렁쩌렁한 큰 소리로 **"다 이루었다!"** 하고 마지막으로 외치시고 운명하셨습니다.

주님께서 **"다 이루었다!"**라고 크게 외치셨을 때, 어떤 일이 일어났습니까? **"예수께서 큰 소리를 지르시고 운명하시다 이에 성소 휘장이 위로부터 아래까지 찢어져 둘이 되니라"**(막 15:37-38)고 기록된 대로, 이 땅에 있는 장막의 지성소 앞을 가로막고 있던 휘장이 위에서부터 아래까지 큰 폭으로 쫙 찢어졌습니다. 성소를 가로막고 있던 휘장은 카펫 같은 것입니다. 청색 자색 홍색실과 고운 베실로 세밀하게 짜서 아주 질기고 탄탄합니다. 이 휘장은 말 네 마리가 사방에서 끌어당겨도 찢어지지 않을 정도로 튼튼한 것인데, 주님께서 **"다 이루었다!"**라고 외치시는 순간에 이 휘장이 위에서부터 아래까지 쫙 찢어졌다는 것입니다.

그러면 이제 지성소로 들어가는 문이 활짝 열렸습니까, 안 열렸습니까? 활짝 열렸습니다. 이 이적은 무엇을 의미합니까? 예수님께서 이 땅에 오셔서 세례를 받으셔서 우리 인류의 죄를 온전히 담당하시고 십자가에서 **"다 이루었다"** 하고 돌아가심으로 우리의 모든 죄가 온전히 없어졌기 때문에, 우리 주님의 대속의 제사를 믿는 자들이 하나님의 보좌 앞에 담대하게 나아갈 길이 활짝 열렸다는 말씀입니다.

히브리서 10장 19-20절에 **"그러므로 형제들아 우리가 예수의 피를 힘입어 성소에 들어갈 담력을 얻었나니 그 길은 우리를 위하여 휘장 가운데로 열어 놓으신 새롭고 산 길이요 휘장은 곧**

저의 육체니라" 하셨습니다.

　대제사장조차 일 년에 한 번만, 그것도 수송아지의 대속의 피를 가지고 겨우 담력을 얻어서 지성소에 들어갈 수 있었습니다. 그것은 참 것의 그림자이고 모형이었습니다. 하늘의 대제사장이신 예수님께서 이 땅에 오셔서 당신의 육체에 세례를 받으심으로 세상 죄를 다 넘겨받으시고 십자가에 가셔서 생명의 피를 흘리심으로 세상 죄를 다 없애 주셨습니다. 주님께서 우리의 모든 죄를 다 없애 주셨기에, 이제 우리는 지성소 즉 하나님 보좌 앞에 아무 거리낌 없이 담대하게 들어갈 용기를 얻었습니다.

　나는 하나님 보좌 앞에 나가는데 아무 두려움이 없습니다. 왜? 눈을 씻고 찾아보아도 나의 마음에는 죄가 없으니까요! 죄가 있으면 하나님의 심판을 받아야 하기 때문에 하나님을 뵙는 것이 두렵습니다. 성경은 **"두려워하는 자는 사랑 안에서 온전히 이루지 못하였느니라"**(요일 4:18)고 말씀합니다.

　예수님이 육체를 입고 오셔서 행하신 구원의 사역으로 말미암아 그때 땅에 있었던 성소의 휘장이 쫙 찢어졌듯이, 예수님으로 말미암아 하늘 성소에 들어갈 길을 가로막고 있었던 모든 죄의 담이 다 무너지고, 우리가 하나님 보좌 앞에 담대하게 나아갈 수 있도록, 주님은 믿는 우리에게 새롭고 산 길을 열어 주셨습니다. 이것이 하나님께서 우리에게 베푸신 가장 큰 축복입니다.

　예수님이 이 땅에 육신을 입고 오셔서 행하신 일을 믿는 자는 그 길이 환히 열린 것을 영의 눈으로 보고 마음으로도 믿습니다. 이제 우리는 하나님 보좌 앞에 아무 거리낌 없이 나아갈 수 있게 되었습니다. **"휘장은 곧 저의 육체니라"**고 하셨는데, 이 땅의 휘장이 둘로 찢어졌습니다. 그렇듯이 예수님이 당신의 몸을 드려서 하늘 성소에 들어가는 길을 가로막고 있었던 휘장을 찢음으로 말미암아 우리가 하나님 보좌 앞에 담대히 나아갈 수 있게 되었습니다. 예수님께서는 당신의 몸을 찢으셔서 우리에게 천국 문을 활짝 열어 주셨습니다.

이제 우리는 하나님 보좌 앞에 나아갈 담력을 얻었습니다. 어떻게 얻었습니까? **물과 피의 복음**을 믿음으로 담력을 얻은 것입니다. **진리의 원형복음**을 모르거나 알아도 믿지 않는 자들, 즉 죄 사함을 받지 못해서 거듭나지 못한 사람들은 절대로 이러한 담력을 얻지 못합니다. 그들에게는 하나님 보좌 앞에 나아갈 담력이 있을 수 없습니다. 왜냐하면, 물과 피의 복음을 믿지 않으면 절대로 마음에 죄 사함을 받지 못하고, **마음에 죄가 있으면** 하나님의 보좌 앞에 나아갈 담력을 얻을 수 없기 때문입니다.

십자가의 피를 믿지 않는 기독교인들이 어디 있습니까? 그러나 절대다수의 기독교인들이 **예수님의 세례**는 빼놓고 십자가의 피만을 믿습니다. 그들이 믿는 복음은 반쪽짜리 복음입니다. 그 반쪽 복음을 믿어서는 절대로 하나님의 보좌 앞에 나아갈 담력을 얻지 못합니다. 예수님의 세례를 믿지 않으면 내 죄가 예수님께 넘어갈 수 있습니까, 없습니까? 내 죄가 예수님에게 넘어간 적이 없는데, 그래서 내 마음에 죄가 그대로 있는데, 어떻게 하나님의 보좌 앞에 나아갈 담력을 얻겠습니까?

만일 우리가 예수님의 세례를 빼놓고 십자가의 피만 믿으면 예수님께서는 우리 죄와 상관없이 홀로 돌아가신 셈입니다. 만일 예수님께서 세례를 받지 않으시고 십자가에 돌아가셨다면, 그것은 주님께서 이 땅에 오셔서 원맨쇼를 하신 것에 불과합니다. 그런 믿음은 "내가 너희를 지극히 사랑한다. 그래서 내가 육신을 입고 이 땅에 와서 너희들을 위해서 십자가에 못 박혀 죽어 준 것이 아니냐? 제발 너희들이 내 사랑을 알아줄 수는 없겠니?" 하고 예수님이 우리에게 애걸하시는 것으로 여기는 셈입니다. 그것은 우리들의 죄가 예수님에게 넘어간 진리의 사역이 **빠진** 채로 예수님께서는 홀로 오셨다가 홀로 고난을 당하시고, 우리 죄와는 아무 상관이 없이 돌아가신 셈입니다.

주님의 구원사역이 우리와 상관이 있으려면, 우리의 죄가 실제적으로 예수님에게 넘어가야 합니다. 이 역사가 바로 안수의 형식으로 받으신 예수님의 세례로 이루어졌는데, 오늘날 기독교인들은 예수님께서 받으신 세례를 **빼놓고** 예수님을 믿습니다. 그들은 "예수님이 왜 세례 요한에게 세례를 받았는가?" 하는 부분에 전혀 관심도 없고, 가르쳐 주어도 도무지 믿으려 하지도 않습니다. 오히려 진리의 복음을 전해 주면, 하나님의 일꾼들을 이단이라고 비난합니다.

예수님의 세례를 모르는 믿음

그러나 예수님의 세례를 믿지 않는 사람은 절대로 자기의 죄가 예수님에게 넘어갈 수 없습니다. 그들은 자기의 모든 죄가, 평생에 짓는 죄와 허물이 예수님에게 다 넘어간 예수님의 세례를 믿지 않기 때문에, 그들은 죄가 그대로 마음에 있습니다. 그렇기 때문에 그들은 "주님, 내가 이렇게 죄를 지었습니다. 용서하여 주옵소서" 하고 날마다 회개 기도를 합니다. 그들은 "♩ 예수의 십자가 보혈로 **죄 씻음 받기를 원하네**~♪" 하고 찬송가도 그렇게 부릅니다. 솔직히 말해서 자기의 마음에 죄가 그대로 있기 때문에, 아직 죄가 흰 눈같이 씻어지지 않았기 때문에, 날마다 "죄 씻음 받기를 원한다"고 찬송가조차도 그렇게 부릅니다. 십자가의 피만의 복음은 복음이 아닙니다. 그것은 사단 마귀가 속여 놓은 거짓 복음이고 반쪽짜리 복음입니다.

마음에 죄가 있는데 어떻게 성소에 들어갈 담력을 얻겠습니까? 죄에 대한 준엄한 심판이 기다리고 있는데, 어떻게 하나님 보좌 앞에 담대히 나아갑니까? 그래서 그들은 어디에서 담력을 얻었다고 간증합니까? 그들은 개인적인 신앙 체험에서 담력을 얻습니다. 자기들이 신앙생활을 하면서 어떤 신기한 체험을 했다는 것입니다. 입신을 했다든지, 환상을 보았다던지, 방언이 터졌다던지, 내가 누구를 위해 기도했는데 그의 병이 나았다던지, 꿈에 예수 그리스도를 봤다든지, 기도하는데 온몸에 진동이 오고 뜨거워져서 어떻게 할 수가 없었다든지, 그런 간증들을 많이 들어 보셨을 것입니다.

물과 피의 복음을 믿지 않고서도 진정으로 하나님 보좌 앞에 나아갈 담력을 얻을 수 있겠습니까? 그럴 수는 없습니다. 그런 사람들의 간증을 들어 보면, 그들은 구원의 확신도 자기의 개인적인 체험에서 얻습니다. 예를 들면, 자기가 어떤 죽을 병에 걸렸었다고 합니다. 그래서 그는 죽기 살기로 금식하면서 기도하던 중에 비몽사몽간에 환상을 보았는데, 그 환상 중에 주님께서 못 자국 난 손을 자기에게 보이시며, "○○○야, 내가 너를 사랑해서 피 흘려 네 모든 죄를 없애 주었으니 너는 나를 따르라"고 말씀하셨다는 것입니다. 그래서 그 말씀을 듣고서 깬 후에 구원의 확신을 얻었고 병도 나았으며, 그 후에 신학교에 들어가서 주님의 종이 되었다는 식입니다. 기독교인들은 그런 류의 신앙 체험을 하고서야 "이제 나는 확실히 구원을 받았구나!" 하는 확신과 담력을 얻습니다.

그러나 그런 체험은 다 자기의 감정을 타고 들어온 사단 마귀의 역사에 불과합니다. 김○○라는 선교사가 요즘 유명한 부흥 전도자가 되어서 전 세계의 한인교회에서 설교를 하고 다닌답니다. 그는 나와 임진년 용띠 동갑인데, 20여 년 전, 내가 물과 피의 복음을 만나기 전에 그 사람과 친구였습니다. 제가 인도하던 교회에 와서 말씀도 전하게 하고, 저는 그가 몸담았던 ○○○전도협회의 사역에도 참여했었습니다. 그런데 제가 물과 피의 복음을 만난 후에 이 진리의 원형복음을 그분에게 전해 주었더니, 저하고 그분은 단교하게 되었습니다.

그런데 저는 최근에 그분이 미국에 가서 말씀을 전한 동영상을 유투브(YouTube)에서 봤습니다. 그 선교사는 십자가 보혈을 강조하면서, 질질 짜는 음조로 20여 년 전과 똑같은 스타일로 설교를 했습니다. 그것은 결국 자기의 감정을 청중들에게 이입(移入)시키는 설교였습니다. "나는 이렇게 예수를 만났고, 나는 이렇게 자녀들을 하나님께 드렸다. 주님은 이론이 아니고 나의 실재다"라는 내용의 설교인데, 이런 설교는 자기의 신앙 경험담과 예화를 들면서 감정을 쥐어짜서 청중의 감정이 끓어넘치게 하는 것입니다.

사람이 거듭나는 것은 **"혈통으로나 육정으로나 사람의 뜻으로"** 되는 것이 아닙니다(요 1:13). 감정이 충만해지는 것을 체험했다고 거듭나는 것이 아니며, 내 아버지가 잘 믿었기 때문에 가족의 신앙적 혈통으로 인해서 저절로 거듭나는 것도 아닙니다. 사람은 오직 진리의 말씀을 믿음으로 거듭나는 것입니다. 누구든지 **물과 피의 복음**을 신사적으로 그리고 이성적으로 **믿어서** 거듭나는 것입니다.

그런데 오늘날의 기독교인들은 진리의 복음을 믿음으로 구원의 확신을 얻고 하나님 보좌 앞, 즉 하늘 성소에 들어갈 담력을 얻으려 하지 않고, 어떤 개인적 체험이나 감정의 충만, "죽으면 죽으리라" 하는 식의 절대적인 자기 희생 등을 통해서 "야! 진짜 하나님께서 계시는구나!" 하는 믿음과 담력을 갖는다는 것입니다. 이런 자들은 자기도 구원의 확신을 갖기 위해서, **"내게 있는 모든 것으로 구제하고 또 내 몸을 불사르게 내어"**(고전 13:3) 주는 식의 열심한 행위로 나아갑니다. 그들은 그렇게 해서 자기 행위에 자기가 스스로 감동을 받습니다. 그리고 "내가 이렇게 변한 것을 보니까, 나는 구원받은 것이 확실하다" 하고 자기의 의를 쌓아서 스스로 구원의 확신을 갖는 것입니다.

이런 믿음은 **가인의 신앙**입니다. 가인은 **땅의 소산**으로 제물을 삼아 하나님께 예배를 드렸습니다. 성경에서 "땅"은 인간의 육체를 가리키는데, 자기 육체의 열심한 행위를 들고 하나님께 인정을 받으려는 것이 바로 종교입니다. 모든 종교는 인간의 노력과 수양과 절제와 희생을 미화하고 지향합니다. 그렇게 **"땅의 소산"**(창 4:3)을 신에게 드려서 인정받으려는 인간의 믿음체계(belief system)가 바로 종교입니다.

저는 기독교 안에서 가인족(族)들을 볼 때마다 안타까운 마음을 금할 길이 없습니다. 우리는 하나님께서 우리에게 베풀어 주신 물과 피의 복음을 마음으로 믿기만 하면 그렇게 요동 방정을 떨지 않아도 마음에 담력을 얻습니다. 왜 그렇습니까? 하나님께서 내 죄를 없애 주신 사실이 성경에 너무나 확실하게 기록되어 있기 때문에 "나는 성소에 들어갈 담력을 얻었다"라고 저는 담대하게 말할 수 있습니다. 여러분도 그런 믿음이 있다면 성소에 들어갈 담력을 얻은 것입니다.

그러나 기독교인들에게, "당신의 마음에 죄가 있다면 성소에 들어갈 담력을 절대로 가질 수 없습니다. 당신은 정말 마음에 죄가 없습니까? 진정 당신의 마음이 흰 눈같이 깨끗하게 죄 사함 받았습니까?"라고 한번 물어보십시오. 자기의 죄가 예수님에게 넘어간 적이 없는데 어떻게 죄가 없겠습니까? 예수님의 피만 믿는 사람은 죄가 마음에 고스란히 남아 있는 것이 당연합니다. 그래서 그 죄가 부끄러우니까, 스스로 열심을 내서 봉사와 희생으로, 즉 무화과 나뭇잎으로 날마다 치마를 해 입는 것입니다. 그리고는 "이 정도면 주님이 내 죄를 용서해 주셨겠지……"하고 자기 최면을 거는 자들이 많습니다.

더러 자기 최면에 **제대로** 걸린 자들은, "나는 죄가 없다! 나는 죄 사함 받았다"라고 간증하는 자들도 있습니다. 그러나 그런 사람의 확신은 진리의 말씀을 믿음으로 된 것이 아니기 때문에, 좌우에 날 선 검과 같은 하나님의 말씀으로 계속해서 마음속을 헤집고 들어가서 점검해 보면, 그런 사람도 끝내는 "나는 죄가 있습니다"라고 고백할 수밖에 없습니다. 자기의 죄가 실제로 예수님께 넘어갔다는 말씀의 증거가 없는데 어떻게 자기의 죄가 없어지겠습니까? 가령 내가 스스로는 도저히 갚을 수 없는 엄청난 빚을 졌는데, 누군가 내 빚을 대신 갚아 주었다는 증거인 영수증이 없는데, 어떻게 자기의 빚이 없어졌다고 확신할 수 있겠습니까? 결코 그럴 수 없습니다.

거듭나지 못한 기독교인들 중에 어떤 이들은, "**그러므로 형제들아 우리가 예수의 피를 힘입어 성소에 들어갈 담력을 얻었나니**"(히 10:19)라고 기록하신 부분을 보고, "여기 좀 봐라! 여기 '예수의 피를 힘입어'라고 하지 않았냐? 성소에 들어갈 담력을 얻는데, 예수님의 세례가 어디에 언급되어 있느냐?"라고 항변을 하는 이들도 있습니다. 그러나 저는 "그러면 우리가 죄 사함 받는 것이 예수님의 피로만이냐?"라고 분명히 되묻습니다. 아닙니다. 바로 그 다음 구절에 성경은, "**그 길은 우리를 위하여 휘장 가운데로 열어놓으신 새롭고 산 길이요 휘장은 곧 저의 육체니라**"(히 10:20)고 분명히 말씀하십니다.

성경에는 예수님께서 **육체를 입고 오셨다**는 말씀을 많이 합니다. 세례를 받아서 인류의 죄를 담당하심으로 하나님의 어린양이 되시고자 예수님께서는 육체로 임하셨습니다. 구약의 대속죄일에 대제사장은 먼저 자기와 자기 식구들을 위해서 수송아지 한 마리로 제사를 드립니다. 그가 그냥 수송아지 한 마리를 끌어다가 목을 확 따고 피를 받아서 그 피를 가지고 성소에 들어갔습니까? 그전에 반드시 무엇을 했습니까? 그는 희생제물의 머리에 반드시 안수를 했습니다. 그래서 자기와 자기 권속의 죄를 수송아지에게 넘긴 후에야 그 수송아지를 잡아서 그 피를 가지고 성소에 들어갔습니다. 그 피는 사람의 죄를 안수로 넘겨받은 제물의 필연적 결과입니다. 피는 내 죄를 안수로 다 넘겨서 받은 제물이 심판을 받은 결과물이지, 안수를 하지 않고 잡은 수송아지의 피를 가지고 성소에 들어가면, 그는 불법의 제사를 드리는 자이기에 그 자리에서 죽임을 당합니다.

지금 기독교인들이 믿는 십자가의 피도 예수님이 우리 죄를 넘겨받지도 않고 돌아가신 피입니다. 그 피를 들고 하나님 보좌 앞에 나아가면 반드시 죽임을 당합니다. 그런 믿음은, **"내가 너희를 도무지 알지 못하니 불법을 행하는 자들아 내게서 떠나가라"** (마 7:23)는 하나님의 준엄한 판결을 받을 불법의 믿음입니다. 그러므로 **"휘장은 곧 저의 육체니라"**고 말씀하신 것은 "예수님이 인류의 죄를 단번에 넘겨받기 위하여 인류의 대표자인 세례 요한에게 세례를 받았다"는 뜻입니다.

"물"은 우리를 구원하는 표인 곧 세례

"또 하나님의 집 다스리는 큰 제사장이 계시매 우리가 마음에 뿌림을 받아 양심의 악을 깨닫고 몸을 맑은 물로 씻었으니 참 마음과 온전한 믿음으로 하나님께 나아가자"(히 10:21-22)

오직 예수님의 피만으로 우리가 성소에 들어갈 담력을 얻을 수 있습니까? 성경은 "아니다"라고 말씀을 하십니다. 성소에 들어갈 담력은 우리 마음에 흰 눈같이 깨끗하게 죄 사함을 받아야 얻어집니다.

"하나님의 집 다스리는 큰 제사장"(히 10:21)은 예수님입니다. 우주를 다스리는 주인, 즉 하늘의 대제사장은 예수님입니다. 그 예수님께서 하늘의 대제사장으로 오셔서 우리의 모든 죄를 다 없애 주셨습니다. 또 **"우리가 마음에 뿌림을 받아 양심에 악을 깨닫고 몸을 맑은 물로 씻었으니"**(히 10:22)라고 말씀하셨는데, 하늘의 대제사장이 우리에게 이루어준 일은 바로 "물과 피의 복음으로 우리 마음의 죄를 깨끗이 씻어 주신 일"입니다.

마음에 뿌림을 받는 것도 **맑은 물**이고, 몸을 씻어준 것도 **맑은**

물입니다. 우리는 살아가면서, 우리 마음속에서는 계속해서 악한 생각이 올라옵니다. 그것이 죄입니다. 우리는 태어날 때부터 죽을 때까지 죄가 마음에서 올라오고 그 죄들(sins)이 몸을 통해서 밖으로 표출된 것이 허물(transgressions)입니다. 그래서 우리는 **"허물과 죄로 죽었던"**(엡 2:1) 자들입니다. 그런데 이 모든 죄와 허물을 주님께서 **맑은 물**로 씻어 주셨습니다. 예수님의 세례를 믿는 믿음이 우리의 허물과 죄를 깨끗이 씻어 주었습니다. 이 **"맑은 물"**은 **"예수님의 세례"**를 의미합니다. 맑은 물은 즉 "순수한 물"(the pure water)인데, 성경에서 "물"은 보편적으로 "궁창 위의 물"인 하나님의 말씀을 지칭하지만, 구체적으로는 예수님의 세례를 가리킵니다.

"**물은 예수 그리스도의 부활하심으로 말미암아 이제 너희를 구원하는 표니 곧 세례라 육체의 더러운 것을 제하여 버림이 아니요 오직 선한 양심이 하나님을 향하여 찾아가는 것이라**"(벧전 3:21).

이 말씀에서 **"물은 ...... 너희를 구원하는 표니 곧 세례라"**고 하셨습니다. 예수님의 세례를 믿는 믿음이 우리의 **구원의 표**입니다. 물론 여기에서 "표"라고 말씀하신 것은 **"예표"**(豫表, antitype)을 말하지만, 그냥 기차표나 비행기표라고 이해해도 크게 잘못된 것은 아닙니다. 기차를 타고 비행기를 타려면 표가 있어야지요? 우리가 구원받았다는 하나님의 증표가 바로 예수님의 세례를 믿는 우리의 믿음입니다. 예수님의 세례를 믿는 믿음이 있는 자는 구원받았다는 확증이 있는 것이지만, 이 믿음이 없는 자들은 구원을 아직 못 받았습니다. 예수님 세례가 우리의 모든 죄를 그분의 육체 위에 단번에 넘겨받으신 사건이기 때문에, 우리 구원에 절대 불가결한 사역이 **예수님의 세례**입니다.

　예수님은 인류의 대표자인 세례 요한에게 세례를 받아서 우리의 죄를 다 넘겨받고, 그 죄를 대속하기 위하여 십자가에서 돌아가셨다가 사흘 만에 부활하셨습니다. 이렇게 예수님께서는 세례를 받으시고 십자가에서 돌아가셨다가 부활 승천하심으로 우리의 구원을 완성하셨습니다. 그래서 우리의 구원사역의 출발점은 분명히 "예수님의 세례"이고 완성점은 예수님의 부활입니다. 그래서 **"물은 예수 그리스도의 부활하심으로 말미암아 우리를 구원하는 표니 곧 세례라"**고 말씀하신 것입니다. 이 **물(예수님의 세례)**을 믿는 자는 구원을 받은 것이고, 이 물을 믿지 않는 자는 절대로 구원을 받지 못합니다.

　이 말씀의 바로 앞에는, 노아가 경고한 **"홍수의 물"**을 믿은 자는 구원을 받았고 그렇지 않은 자는 다 멸망을 받았다는 말씀이 기록되어 있습니다. 노아는 "앞으로 반드시 온 땅이 물로 다 뒤덮일 것이다"라고 큰 홍수에 대한 하나님의 말씀을 전파하고 경고했습니다. 그 경고의 말씀을 믿은 노아의 가족들은 노아와 함께 배를 만들어서 전 세계적인 멸망으로부터 구원을 받았습니다.

　그런데 믿지 않은 자들은 어떻게 되었습니까? **"홍수의 물"**을 믿지 않은 자들은 다 멸망을 받았습니다. 노아의 때에 **"물"을 믿은 자와 "물"을 믿지 않은 자**의 운명이 구원과 멸망으로 갈라졌듯이, "이 물은 바로 예수 그리스도의 부활하심으로 말미암아 이제 우리를 구원하는 표인데, 그 물은 바로 **예수님이 받으신 세례**를 예표한다. 지금 세례의 물을 믿는 자는 구원을 받는 것이고 세례의 물을 믿지 않는 자는 멸망을 받는다"라고 하나님께서 말씀하십니다.

말씀을 믿지 않으려고 작정한 사람들은 여기 "구원의 표"라고 기록된 "세례"를 "교인들이 받는 세례"라고 해석합니다. 그들은 마음을 강퍅하게 해서 하나님의 말씀을 믿지 않으려고 용을 쓰는 것입니다. 오늘 본문에서 **"맑은 물"**은 예수님께서 받으신 세례를 가리킵니다. 그 세례는 우리가 받는 세례가 아니고, 분명히 예수님께서 세례 요한에게 받으신 세례입니다.

"육체의 더러운 것을 제하여 버림이 아니요"(벧전 3:21) 하신 말씀에 우리는 유념해야 합니다. 예수님의 세례를 믿는다고 해서 우리 육체의 더러운 것, 즉 우리의 육체에서 계속해서 일어나는 악한 생각과 행위로 짓는 허물들이 온전히 그치지는 않습니다. 육체는 죽을 때까지 여전히 육체입니다. 죄 사함을 받았어도 육체에서는 악한 생각도 올라오고 죄도 짓습니다. 예수님의 세례를 믿는다고 해서 우리 육체가 완전히 거룩해져서 죄를 전혀 짓지 않는 자가 되는 것은 아닙니다. **"육체의 더러운 것을 제하여 버림이 아니요 오직 선한 양심이 하나님을 향하여 찾아가는 것이라"**—이 말씀은 "우리의 육체는 여전히 죄를 짓는 연약한 육체이지만, 예수님의 세례를 믿음으로 우리의 모든 죄가 이미 사함을 받았기 때문에, 이제는 마음으로 하나님께 감사하며, 하나님의 선한 뜻이 무엇인지를 분별하고 그 뜻을 향해서 좇아가는 자가 되었다"라는 뜻입니다. 우리는 이제 마음의 죄가 깨끗이 씻겨졌기 때문에 마음이 새롭게 되어 하나님의 은혜에 감사하면서 하나님의 뜻을 따라가는 자가 되었습니다. 따라서 **"우리가 마음에 뿌림을 받아 양심의 악을 깨닫고 몸을 맑은 물로 씻었으니"**(히 10"22)라는 이 말씀은 "우리의 마음이 예수님의 세례를 믿는 믿음으로 깨끗이 씻겨져서 마음에 죄가 없는 거룩한 자가 되었으니"라는 뜻입니다.

　제사장들은 성막에서 주님을 섬기면서 물두멍에 나아가 자주 손과 발을 씻었습니다. 주님께서 자기의 모든 죄와 허물을 영원토록 없애 주신 진리의 말씀을 믿음으로 늘 거룩함을 지켰다는 말씀입니다. 우리 마음에서는 육신의 생각과 악한 동기와 정욕들이 여전히 올라오기 때문에 우리가 조금만 정신줄을 놓고 있으면 여전히 죄를 짓습니다. 우리는 눈으로도 죄를 짓고 행동으로도 죄를 짓고 생각으로도 죄를 짓습니다. 우리는 꿈에서도 죄를 짓습니다. 그렇지만 주님의 세례 안에서 이 모든 죄와 허물은 이미 깨끗이 씻김을 받았습니다. 현재 이것들이 나타났을지라도 이것들은 이미 예수님의 세례로 깨끗이 씻김을 받은 죄입니다. 생각이나 행위로 짓는 모든 죄를 주님이 맑은 물로 이미 깨끗하게 씻어 주셨습니다.

　"몸을 맑은 물로 씻었으니"— 주님께서 받으신 세례로 우리의 모든 죄를 이미 깨끗이 씻어 주신 사실을 믿는 믿음이 우리에게 있습니다. 자, 그러면 여러분들 마음에 아직도 죄가 있습니까, 없습니까? 없습니다! 주님께서 받으신 세례로, 주님 편에서 맑은 물로 우리의 모든 죄를 이미 깨끗이 씻어 주셨습니다.

　그러면 이제 우리가 할 바가 무엇입니까? **"참 마음과 온전한 믿음으로 하나님께 나아가자"**고 말씀하셨습니다. **온전한 믿음**은 "예수님의 세례와 십자가를 믿는 믿음"입니다. 그리고 **참 마음**은 하나님께 진정으로 감사를 드리고 하나님을 경외하는 마음입니다. 죄 사함 받은 의인이 하나님께 나아갈 때에 심판을 받을까 두려워서 벌벌 떨면서 나아갑니까? 그렇지 않습니다. 거듭난 자들은 감사하고 기쁜 마음으로 담대하게 하나님께 나아가는 자들이 되었습니다.

예수님의 피만으로는 절대로 담대히 하나님께 나아갈 수 없습니다

하나님 앞에 나갈 담력은 예수님의 피만으로는 얻지 못합니다. 주님이 세례를 받아서 우리의 모든 죄를 다 담당하시고, 십자가에서 **"다 이루었다"** 하시기까지 우리의 죄를 다 없애 주신 물과 피의 복음을 마음으로 온전히 믿을 때, 우리는 **참 마음과 온전한 믿음으로** 하나님께 담대하게 나아갈 수 있습니다. 그러니 주님의 진리의 사랑이 얼마나 감사합니까?

조금 전에 말씀드린 김OO 선교사는 감정을 쥐어짜는 재주 하나로 사람을 울렸다 웃겼다 합니다. 그는 웃기기도 엄청 웃깁니다. 우리가 실컷 웃고 또 울기도 하면 감정적으로는 카타르시스가 되기도 합니다. 그래서 그런 설교를 듣는 사람들은 실컷 웃다가 울다가 하면서, "오늘 은혜를 많이 받았다"고 설교자를 칭송합니다. 그러나 그런 짓은 백날 해봐도 아무 소용이 없습니다. 왜? 마음에는 여전히 죄가 있으니까요! 물과 피의 원형복음을 믿지 않으면 절대로 마음의 죄가 없어지지 않습니다.

죄 사함 받은 의인들이 지향할 삶

자, 이제 물과 피의 복음을 믿음으로 죄 사함을 받은 자들은 어떤 믿음으로 살아야 합니까? 이제는 죄가 없다고 마음대로 방종하면서 살아도 됩니까? 아닙니다. "**또 약속하신 이는 미쁘시니**

우리가 믿는 도리의 소망을 움직이지 말고 굳게 잡아 서로 돌아보아 사랑과 선행을 격려하며 모이기를 폐하는 어떤 사람들의 습관과 같이 하지 말고 오직 권하여 그날이 가까움을 볼수록 더욱 그리하자"(히 10:23-25)고 성경은 말씀하십니다.

"우리가 믿는 도리"에서 도리(道理)란 **진리의 복음**을 가리킵니다. 우리가 무엇을 진리로 믿습니까? 우리는 **물과 피의 복음**이 진리라고 믿습니다. 이 진리를 믿으면 어떤 소망이 생깁니까? 우리의 소망이 무엇입니까? 천국의 영생입니다. 진리의 복음을 믿는 믿음으로 우리에게는 천국에 넉넉하게 들어갈 소망이 있는데, **천국에 갈 소망을 흔들리지 않고 굳게 잡으라고** 말씀하십니다.

복음의 약속은 천국 영생입니다. 그리고 우리는 천국에 갈 것이 분명합니다. "내가 과연 천국에 갈까? 못 갈까?" 하고 의심하며 갈팡질팡하는 사람은 아직도 물과 피의 원형복음을 분명하게 믿지 않는 사람입니다. 물과 피의 복음으로 죄 사함 받은 우리는 이미 **"사망에서 생명으로"**(요 5:24) 옮겨졌다고 말씀하셨습니다. 그러므로 "너희가 물과 피의 복음을 믿는다면 천국에 가는 것은 분명하니 그 소망을 굳게 지켜라"는 말씀입니다. 천국의 소망을 굳게 가진 자들은 그 소망이 **영혼의 닻**과 같아서 이 땅에서 어떤 어려움이 닥쳐와도 흔들리지 않습니다. 천국에 소망을 둔 자들은 이 땅에서 믿음 때문에 역경을 당하거나 수치와 모멸을 당해도 절대로 자기가 굳게 잡은 소망의 닻줄을 놓지 않습니다.

두 번째로, 죄 사함 받은 의인들은 육체의 남은 때를 "서로 **돌아보아 사랑과 선행을 격려**"하며 살라고 주님은 말씀하십니다. 성경에서 말씀하는 사랑은 인간의 육신적인 사랑을 말하는 것이 아니라 하나님의 사랑 즉, 아가페(agape)의 사랑을 말합니다. 성도들은 하나님께서 우리를 사랑하신 그 사랑으로 서로 사랑할 것을 주님은 권면합니다. 주님이 제자들에게, **"새 계명을 너희에게 주노니 서로 사랑하라 내가 너희를 사랑한 것 같이 너희도 서로 사랑하라"**(요 13:34)고 하셨고, 사도 요한도, **"사랑하는 자들아 하나님이 이같이 우리를 사랑하셨은즉 우리도 서로 사랑하는 것이 마땅하도다"**(요일 4:11)라고 말씀하셨습니다.

하나님의 사랑은 **무조건적인 사랑**이고 **진리의 사랑**입니다. 이 사랑은 육신적인 사랑과는 다른 사랑입니다. 그래서 거듭난 자들도 상대방의 영혼이 잘되고 복되게 하는 사랑을 합니다. "어떻게 하면 그 영혼이 천국에 가게 할까, 또 어떻게 하면 저 사람이 하나님의 귀한 일꾼으로 의의 일을 하게 할까" 하며 영적으로 섬기는 사랑이 **"진리의 사랑"**(살후 2:10)입니다.

진정한 사랑은 진리 안에서 상대방을 위하는 것입니다. 사랑하는 것(love)과 좋아하는 것(like)의 차이가 여기 있습니다. 사랑은 상대방을 위하는 것이고, 좋아하는 것은 나를 위한 것입니다. 예를 들어서, "내가 바둑을 좋아한다, 혹은 낚시를 좋아한다"는 것은 다 나를 위해서 하는 것입니다. "나는 개를 좋아한다"는 것도 내가 즐겁기 위해서 좋아하는 것입니다. 그런데 **사랑**은 상대방을 위하는 것입니다. 진정으로 그가 잘 되도록 자신을 희생하는 것입니다. 그것이 하나님께서 우리에게 보여 주신 **진리의 사랑**입니다. 요한일서는 **"하나님은 사랑이시라"**(요일 4:16)고 말씀하시면서, 하나님의 사랑이 무엇인지를 가르쳐 주십니다. 물과 피의 복음을 믿어서 죄 사함 받은 자의 마음에는 하나님의 사랑이 자리를 잡습니다. 그래서 그 사랑으로 형제와 자매를 사랑합니다. 거듭난 의인들은 **진리의 사랑**이 어떤 것인지를 알기 때문에 그 사랑을 행할 수 있습니다.

또 **"선행을 격려하라"**고 말씀하셨습니다. 선행(善行)은 **"착한 일"**입니다. 성경은 거듭난 자를 **"그리스도 예수 안에서 선한 일을 위하여 지으심을 받은 자"**(엡 2: 10)라고 말씀하셨는데, 하나님이 말씀하시는 **"선한 일"**이 무엇입니까? 착한 일은 **영혼을 구원하는 일**입니다. 영혼들이 죄 사함 받고 천국 가게 해 주는 일, 그 일이 세상에서 가장 착한 일입니다. "아프리카 어린이들에게 빵 나눠 주기 운동"을 하거나 인도 캘거타의 길거리에서 죽어 가는 사람 데려다가 편안한 죽음을 맞게 하는 일도 아름다운 일이기는 합니다. 그러나 그러한 선행은 인간의 윤리와 도덕의 기준으로 착한 일입니다.

물론 하나님께서는 그런 일을 잘못이라고 말씀하시지는 않습니다. 그런 일들도 해야 합니다. 하지만 육신의 선행을 하는 궁극적인 목적은 그들의 영혼이 구원을 받게 하기 위한 것이어야 합니다. 영적으로 선한 일은 알지도 못하고 지향하지도 않으면서 육신의 선한 일만 하는 것은 하나님 앞에서는 별로 의미가 없습니다.

예를 들어 봅시다. 소위 전 세계 기독교인들이 **캘커타의 성녀**라고 칭송하는 마더 테레사의 사역이 하나님의 눈에도 **"착한 일"**이었을까요? 사실 그녀가 한 일은 하나님의 진리의 복음 앞에서는 별로 의미가 없습니다. 하나님은 그가 한 일들을 하나님이 기뻐하는 **선행**이라고 인정하시지 않습니다. 그것은 **자기의 의**를 세우는 사역에 불과합니다. 그가 한 일은 영혼들이 죄 사함 받고 천국 가게 하는 일이 아니었고 다만 거리에서 쓸쓸히 죽어갈 사람들의 육신을 돌봐 주어서 편안하게 죽음을 맞도록 하는 일을 한 것에 불과합니다. 그러므로 그가 한 일은 영적으로는 아무것도 아닙니다. 진리를 모르는 세상 사람들에게 이런 얘기를 하면, 아마 저는 굉장히 비난을 받을 것입니다. 그러나 하나님의 종은 분명히 소리를 내야 합니다.

우리는 참 부족합니다. 죄 사함을 받았어도 우리는 여전히 이기적이고 육신적인 존재들입니다. 그런데 죄 사함을 받아서 성령이 우리 마음에 오시면, 하나님의 사랑과 하나님이 기뻐하시는 선행에 조금씩이나마 자기를 드립니다. 그래서 의인들은 서로 격려를 받습니다. 아주 적은 부분이라도 형제 자매들에게서 나타나는 진리의 사랑과 순수한 선행을 보면서 우리는 서로 위로와 격려를 받습니다. 예를 들어서 어떤 형제가 이제 막 신앙생활을 시작해서 찬양을 잘 모릅니다. 그런데 "어떻게 하면 이 형제가 찬양을 속히 배워서 힘있게 찬양을 부르며 믿음이 자라게 할까?" 하는 마음으로 찬양들을 녹음해서 전해 주었다면, 그것이 착한 일입니까, 아닙니까? 그는 착한 일을 한 것입니다. 그래서 그런 선행으로 서로 사랑하며 위로를 받습니다.

죄 사함 받은 자는 착한 일을 행하며 서로 위로를 받는 삶을 사는 것이 마땅하다는 말씀입니다. 길거리에 나가서 "예수 천당!" 하고 외치라는 것이 아닙니다. 거듭난 의인들이 무엇이 선행이고 무엇이 사랑인지 분명하게 알고, 미력하나마 조금이라도 그렇게 행하는 것이 아름다운 일입니다.

말씀과 믿음으로 무장하려면 더 자주 모여야

마지막으로 주님은 "모이기를 폐하는 어떤 사람들의 습관과 같이 하지 말고 오직 권하여 그날이 가까움을 볼수록 더욱 그리하자"고 말씀하셨습니다. 여기 말씀하신 "그날"은 어떤 날일까요? 그날은 주님께서 다시 오시는 날입니다. 믿음의 선배들은 늘 "그날"을 기다리면서, 그날에 초점을 맞추고 살았습니다. 주님께서 다시 오실 날이 가까이 오고 있습니다. 주님께서 재림(再臨)하실 날이 아주 가까웠습니다. 이천 년 전에 하나님의 사도들이 살았을 때보다 훨씬 더 가까웠죠? 이제는 "그날"이 얼마 안 남았습니다. 지금이 5월 말인데 어제 대구의 기온이 섭씨 37도가 넘었다고 해요. 우리나라 기상대가 생긴 지 109년이 되었는데, 기상대가 생긴 이래로 100년이 넘도록 5월 말의 기온이 그렇게 높았던 적이 없었답니다. 그러니까 올해 최고 기온의 기록을 갱신한 것입니다.

지구가 점점 더 이렇게 뜨거워지고 있습니다. 계시록에 마지막 때에는 "땅의 삼분의 일이 불에 탄다"(계 8:7)고 말씀하셨는데, 주님의 재림의 날이 가까워 오고 있다는 증거입니다. 북극과 남극의 빙하가 빠른 속도로 녹아서 없어지고 있습니다. 극지방의 빙하 덩어리가 다 없어지는 날에는 지구의 기온이 걷잡을 수 없게 올라갈 것입니다. 얼음은 녹으면서 많은 열을 흡수하기 때문에, 지구 양극의 빙하 덩어리가 남아 있는 동안은 그래도 지구의 온도가 조절됩니다. 그러나 현재 이 얼음덩어리가 아주 많이 줄었습니다. 그래서 지구의 온도 조절 기능을 제대로 못하고 있는데, 그 얼음덩어리들이 다 없어지는 날에는 우리가 걷잡을 수 없는 기온 상승을 경험하게 될 것입니다. 그러면 온 세상이 한꺼번에 멸망으로 치닫게 될 것입니다. 기근과 지진이 곳곳에서 일어나고, 물 부족과 식량 부족으로 도처에서 전쟁이 일어날 것입니다. 주님 오시기 직전에 그런 징표들이 있으리라고 성경은 분명히 말씀하시는데, 그날이 멀지 않았습니다.

주님의 재림과 심판의 날이 아주 가까웠습니다. 이 말씀을 믿는 자는 더욱더 정신을 차리고 하나님 복음을 생명처럼 붙들어야 할 것이고, 육체의 남은 때에 마음을 다해서 주님의 뜻을 좇아서 살 것입니다. 그러나 **"그날이 가까웠다"**라는 말씀을 믿지 않으면, 주님의 말씀을 소홀히 여기고 자기 육신의 욕망을 좇아가게 될 것입니다. 우리는 그날이 가까웠다는 말씀을 믿고 깨어 있어야 합니다. 그래야만 우리 마음이 세상에 흘러 떠내려가지 않고, 그날을 기다리면서 우리에게 주신 복음을 생명처럼 믿음으로 지킬 것입니다.

그런데 어떤 자들은 **모이기를 폐하려** 합니다. "뭐 이렇게 자주 모일 필요가 있냐? 우리가 물과 피의 복음을 깨닫고 믿어서 죄 사함을 받았으면 됐지, 뭐 하러 그렇게나 자주 교회에 모이냐? 일주일에 한 번만 모여서 죄 없다는 사실만 확인하면 되지 않겠나? 아니 일주일에 한 번도 많다! 한 달에 한 번 모이자! 한 달에 한 번도 많다! 그냥 불교 신도들이 사월 초파일 석가탄신일에나 한 번 절에 가듯이, 예수님이 세례를 받은 기념 축일에나 한 번 모이면 안 되겠나?" 이렇게 주장하는 자들이 있을 수 있습니다. 사람이 지식으로만 죄 사함을 받으면 그렇게 될 수도 있습니다. 이론적으로는 마음에 죄가 없으니, 이런 사람이 진리의 복음을 믿기 전에 가졌던 열심도 다 사라질 수 있습니다. 그리고 "교회에 나와서 말씀을 들어봐야 늘 예수님의 세례와 십자가의 피를 반복적으로 설교하는 것뿐이니, 이미 다 아는 얘기를 뭐 하러 또 듣냐?"하는 마음이 들 수도 있습니다.

그런데 주님께서는 **"그날이 가까움을 볼수록 더욱 자주 모이라"**고 말씀하십니다. 물과 피의 복음을 믿는 우리들에게 부탁하신 말씀입니다. 자주 모여서 말씀을 나누고, 서로 믿음을 격려하고, 믿음으로 하나님 말씀을 좇아서 의의 복음을 전파하면서 살라고 주님은 권면하십니다.

물과 피의 복음은 하나님의 능력입니다. 우리의 죄를 깨끗이 씻어 줬습니다. 우리는 양심의 악을 깨닫고 몸을 맑은 물로 씻었습니다. **"몸을 맑은 물로 씻었다"**는 말씀은 "주님의 세례와 십자가의 복음을 믿어서 마음의 죄와 허물이 깨끗이 씻겨졌다"는 뜻입니다. 우리는 아무것도 주님께 해드린 것이 없는데 주님은 이처럼 우리를 온전히 구원해 주셨기에 그 은혜에 감사해서, 우리는 남은 때에 우리 주님이 우리를 이같이 깨끗이 구원했다는 진리의 복음을 전파합니다. 복음을 전파하는 일이 선한 일이고 하나님의 사랑인데, 의인들은 이 "선한 일"을 위해서 삽니다. .

죄 사함 받은 의인들은 성소에 들어갈 담력을 얻었습니다. 당신은 진정 성소에 들어갈 담력을 얻었습니까? 네! 거듭난 자들은 마음에 죄가 전혀 없기에 담대하게 성소에 들어갈 수 있습니다. 우리는 그렇게 부족하고 악하고 자기만을 위하는 자들이지만 우리 주님은 우리의 악함과 부족을 문제 삼지 아니하시고, "내가 너희 죄를 다 없애 놓았다"는 물과 피의 복음으로 우리를 만나 주셨습니다. 우리가 바랄 수 없는 중에 그 진리의 복음을 바라고 믿었더니, 진실로 우리의 모든 죄가 깨끗이 씻어졌습니다.

　이제 믿는 우리는 하나님 보좌 앞에, 그 하늘의 지성소에 담대히 들어갈 용기를 얻었습니다. 여러분 모두가 이 믿음을 마음에 굳게 붙들고 하나님께 나아가는 자들이 되기를 바랍니다.

　말씀을 마쳤습니다.

(2014년 6월 1일 주일예배 말씀)

성령을 훼방하는 죄

"우리가 진리를 아는 지식을 받은 후 짐짓 죄를 범한즉 다시 속죄하는 제사가 없고

오직 무서운 마음으로 심판을 기다리는 것과 대적하는 자를 소멸할 맹렬한 불만 있으리라

모세의 법을 폐한 자도 두 세 증인을 인하여 불쌍히 여김을 받지 못하고 죽었거든

하물며 하나님 아들을 밟고 자기를 거룩하게 한 언약의 피를 부정한 것으로 여기고 은혜의 성령을 욕되게 하는 자의 당연히 받을 형벌이 얼마나 더 중하겠느냐 너희는 생각하라

원수 갚는 것이 내게 있으니 내가 갚으리라 하시고 또 다시 주께서 그의 백성을 심판하리라 말씀하신 것을 우리가 아노니

살아계신 하나님의 손에 빠져 들어가는 것이 무서울진저"(히 10:26-31)

주님은 오늘 읽은 본문의 말씀을 통해서 "성령을 훼방하는 죄에는 절대로 빠지지 말라"고 엄하게 경고하십니다. 우리가 이 죄를 짓게 되면 다시는 죄를 사함 받을 수 없고 영원한 심판에 처하게 됩니다. 그러므로 "너희는 성령을 모독하는 죄에는 결코 빠지지 말라"고 주님께서는 엄히 경고하십니다.

성령을 훼방하는 죄란?

성령 훼방 죄는 결코 사함을 받지 못한다고 성경에 기록되어 있습니다.

"내가 진실로 너희에게 이르노니 사람의 모든 죄와 무릇 훼방하는 훼방은 사하심을 얻되 누구든지 성령을 훼방하는 자는 사하심을 영원히 얻지 못하고 영원한 죄에 처하느니라 하시니"(막 3:28-29)

"사람의 모든 죄와 무릇 훼방하는 훼방은 사하심을 얻되"라는 말씀에서, **"훼방"**(blasphemies)은 사전적으로 "하나님이나 성물(聖物)에 대한 불경한 말이나 행동"(impious utterance or action concerning God or sacred things)을 뜻합니다. 사람이 부족하고 연약해서 지은 죄와 허물은, 예수님께서 이미 요단강에서 세례로 다 담당하시고 그 죄와 허물을 십자가에서 다 갚아 주셨기 때문에, 주님께서 완성해 주신 **물과 피의 복음** 안에서 우리의 모든 죄와 허물은 이미 사하심을 받았습니다. 그런데 **"성령을 훼방하는 자"**, 또는 **"성령을 모독하는 자"**(눅 12:10)는 절대로 사하심을 받지 못하고 영원한 지옥 불에 떨어진다고 주님은 말씀합니다. 그러니 **성령을 훼방한 죄** 혹은 **성령을 모독한 죄**가 무엇인지 우리는 분명히 알아야 합니다. 그리고 이 엄중한 죄를 범해서는 절대로 안 될 것입니다.

성령 훼방 죄란?

"성령을 훼방(모독)하는 죄란 무엇인가?" 하는 질문에 대해서 제대로 답하는 이들이 많지 않습니다. "장님이 코끼리 만지듯 한다"라는 속담대로, 거듭나지 못한 영적 소경들에게서 영적인 질문의 정답을 구하는 것 자체가 무리입니다. 그들은 기껏해야 "성령의 역사를 부인하는 죄가 성령을 모독하는 죄다"라고 주장합니다.

예컨대, 어떤 목사는 교인들에게 소위 **"방언 연습"**이라는 것을 시킵니다. 그는 마이크를 입에 대고 바람 소리를 내면서 분위기를 띄웁니다. "여러분, 지금 이 성전 안에는 오순절 마가의 다락방처럼 성령님이 충만하게 역사하십니다. 마음을 성령님께 활짝 열고, 혀는 성령님에게 드리고, 나를 따라서 '랄라라~랄라라'를 해 보시기 바랍니다." 그러면 순진한 교인들은 그 인도자를 좇아서 그렇게 "랄라라~랄라라"하고 따라 합니다. 인도하던 목사는 한껏 휠(feel)을 받습니다. 그는 더 큰 목소리로, 그리고 더 다양하고 현란한 혀 놀림으로 소위 "방언" 실력을 마음껏 발휘합니다. 그리고는 교인들 사이를 헤집고 다니면서 그들의 머리에 안수를 합니다. 이렇게 해서 교인들을 **"집단 최면"**의 상태로 이끌고 갑니다.

그러면 교인들의 혀가 완전히 꼬이고, 여기저기서 괴성이 터지면서 스스로 통제하지 못할 **"집단 최면"** 현상을 체험하게 됩니다. 어떤 이들은 눈을 뒤집고 쓰러지기도 합니다. 그들은 한동안 열광의 도가니를 경험합니다. 그렇게 한참 동안 광란의 시간을 보낸 후에, 그들을 인도했던 목사는, "오늘 우리 교회에 오순절 성령의 역사가 임했습니다! 할렐루야!"하고 의기양양하게 선포합니다.

그 목사는 자기가 안수를 하고 인도를 한 집회에서 교인들에게 성령이 임했고 방언이 터졌다는 것입니다. 그런데 어떤 사람이 그런 현상을 보고, "그것은 성령의 역사가 아니다. 그런 것은 개(犬) 방언이었고 마귀의 역사였다"라고 비난했다고 가정해 봅시다. 그러면 그 집회를 인도했던 목사는 발끈해서, "당신은 지금 **성령을 훼방한 죄**를 지은 것이다. 성경 말씀대로 당신은 금세에서나 내세에서나 결단코 사함을 받지 못하고 지옥에 갈 것이다!" 하고 그를 단죄할 것입니다. 이렇게 영적 소경들은 **"성령을 훼방한 죄"**를 **"자기들이 보기에 성령의 역사인 것을 인정하지 않는 죄"**라고 정의하는 것이 보통입니다.

방언이란 무엇인가?

우리는 먼저 "과연 방언이란 무엇인가?"에 관해서 하나님의 말씀을 자세히 배울 필요가 있습니다. 주님께서 승천하시기 전에 당신의 제자들이 **"새 방언"**을 말하게 될 것이라는 약속을 하셨습니다.

"너희는 온 천하에 다니며 만민에게 복음을 전파하라 믿고 세례를 받는 사람은 구원을 얻을 것이요 믿지 않는 사람은 정죄를 받으리라 믿는 자들에게는 이런 표적이 따르리니 곧 저희가 내 이름으로 귀신을 쫓아내며 새 방언을 말하며 뱀을 집으며 무슨 독을 마실찌라도 해를 받지 아니하며 병든 사람에게 손을 얹은즉 나으리라"(막 16:15-18).

하나님의 말씀은 **"영이요 생명"**(요 6:63)입니다. 문자적으로 해석하면 큰 오류에 빠집니다. 위의 성경 말씀에서도 **"뱀을 집으며 무슨 독을 마실찌라도 해를 받지 아니하며"**라고 기록된 부분을 문자적으로 믿어서 독사를 손으로 잡고 독을 마셨다가 죽은 자들이 있었습니다. 참으로 그런 웃지 못할 사건이 십수 년 전에 미국에서 발생했었습니다.

"**새 방언**"은 믿는 자들에게 따르는 **표적**이라고 예수님께서 말씀하셨습니다. 실제로 이 표적은 예수님께서 승천하신 후 첫 오순절에 제자들에게 나타났습니다. 부활하신 주님은 제자들에게, "**예루살렘을 떠나지 말고 내게 들은바 아버지의 약속하신 것을 기다리라 요한은 물로 세례를 베풀었으나 너희는 몇 날이 못되어 성령으로 세례를 받으리라**"(행 1:4-5)고 약속하셨습니다. 또 주님은 "**오직 성령이 너희에게 임하시면 너희가 권능을 받고 예루살렘과 온 유대와 사마리아와 땅 끝까지 이르러 내 증인이 되리라**"(행 1:8)고 말씀하신 후 제자들이 보는 앞에서 구름을 타고 승천(昇天)하셨습니다. 제자들은 주님의 약속을 믿고 한곳에 모여 열흘 동안 전심으로 기도하고 있었습니다. 그런데 오순절 날에 드디어 제자들은 **성령 세례의 역사**를 체험하게 됩니다.

"오순절날이 이미 이르매 저희가 다 같이 한곳에 모였더니 홀연히 하늘로부터 급하고 강한 바람 같은 소리가 있어 저희 앉은 온 집에 가득하며 불의 혀 같이 갈라지는 것이 저희에게 보여 각 사람 위에 임하여 있더니 저희가 다 성령의 충만함을 받고 성령이 말하게 하심을 따라 다른 방언으로 말하기를 시작하니라

그 때에 경건한 유대인이 천하 각국으로부터 와서 예루살렘에 우거하더니 이 소리가 나매 큰 무리가 모여 각각 자기의 방언으로 제자들의 말하는 것을 듣고 소동하여 다 놀라 기이히 여겨 이르되 보라 이 말하는 사람이 다 갈릴리 사람이 아니냐 우리가 우리 각 사람의 난 곳 방언으로 듣게 되는 것이 어쩜이뇨 우리는 바대인과

메대인과 엘림인과 또 메소보다미아, 유대와 가바도기아, 본도와 아시아, 브루기아와 밤빌리아, 애굽과 및 구레네에 가까운 리비야 여러 지방에 사는 사람들과 로마로부터 온 나그네 곧 유대인과 유대교에 들어 온 사람들과 그레데인과 아라비아인들이라 우리가 다 우리의 각 방언으로 하나님의 큰 일을 말함을 듣는도다 하고"(행 2:1-11).

이것이 믿는 자들에게 표적으로 나타난 **첫 번째 "방언의 역사"**입니다. 예수님께서 유월절 후 첫날에 부활하신 후에 40일간 제자들에게 당신의 부활을 증거하시고 승천하셨습니다. 제자들은 "마가의 다락방"이라 불리는 은밀한 처소에 모여서 주님의 약속을 기다리며 기도하고 있었습니다. 그런데 한 열흘쯤 되어서, 즉 오순절에 성령님이 그들의 마음에 충만하게 임하셨습니다. 그래서 그들은 거리로 뛰쳐나가서 자기 의지와는 상관없이 **"다른 방언"**으로 **"하나님의 큰 일 행하심"**에 대해 말하기를 시작하였습니다.

여기서 제자들이 말한 **"다른 방언(方言)"**은 분명히 **"다른 지방의 언어"**였습니다. 그 당시에 지중해 연안의 각 나라에 흩어져 살던 유대인들이 유대인의 3대 명절 중의 하나인 오순절을 지내러 예루살렘에 왔다가 이 놀라운 광경을 목격했습니다. 우리나라 해외 동포들도 교민 3세만 되면 모국어를 잃어버리는 자들이 많은 것처럼, 몇 대에 걸쳐서 타국에 살았던 유대인 중에는 "히브리어"를 잃어버린 자들도 많았습니다. 그런데 하나님께서는 히브리인이라는 파이프라인(Pipeline)을 통해서 "하나님의 구원의 복음"을 속히 전 세계에 전파하기를 원하셨습니다. 그래서 주로 갈릴리 지방 출신의 촌놈 제자들에게 놀라운 하나님의 능력을 입혀 주셨던 것입니다. 그들의 입에서 전혀 배운 적이 없는 외국어들이 유창하게 쏟아져 나왔습니다. 그리고 그들이 선포했던 내용은 **"하나님께서 행하신 큰 일"**이었습니다.

이 광경을 보고, 각국에서 온 히브리인들은 **"우리가 다 우리의 각 방언으로 하나님의 큰 일을 말함을 듣는도다"** 하고 기이하게 여겼습니다. **"하나님의 큰 일"**이 무엇입니까? **"하나님의 큰 일"**은 하나님의 구원의 역사입니다. 즉 하나님께서 우리에게 베푸신 가장 큰 일은 당신의 외아들을 육체로 이 땅에 보내 주셔서, 우리의 모든 죄를 단번에 없애 주신 일입니다. 제자들이 오순절에 외쳤던 **물과 피의 복음**이 하나님께서 행하신 큰 일의 내용입니다. 세상에서 이보다 더 큰 일은 없습니다.

그러므로 오순절에 하나님께서 제자들에게 성령님을 충만하게 부어 주셔서 성령으로 말미암아 말하게 하신 **"새 방언"**은 각기 다른 나라에서 온 유대인들이 알아들을 수 있었던 **"외국어"**였고, 그 내용은 **"구원의 복음"**이었습니다.

그런데 초대교회가 확장되는 과정에서 이 **"방언"**은 타인이 알아들을 수 없는 "영적 언어"로 변한 것을 볼 수 있습니다: **"방언을 말하는 자는 사람에게 하지 아니하고 하나님께 하나니 이는 알아 듣는 자가 없고 그 영으로 비밀을 말함이니라"**(고전 14:2). 그래서, 사도 바울은 당시 고린도 교회에 만연했던 영적 문제점들을 지적하면서, 사실상 교회에서는 방언을 하지 말 것을 고린도 교인들에게 권면했습니다(고전 14:19, 30). 그리고 더 나아가서, 장차 "온전한 것이 올 때에는 예언이나 방언은 폐해질 것"이라고 사도 바울은 선언했습니다.

"사랑은 언제까지든지 떨어지지 아니하나 예언도 폐하고

방언도 그치고 지식도 폐하리라 우리가 부분적으로 알고 부분적으로 예언하니 온전한 것이 올 때에는 부분적으로 하던 것이 폐하리라"(고전 13:8-10)

이 말씀은 "온전한 것이 올 때에는 예언이나 방언은 폐해질 것이다"라는 말씀입니다. 그러면 **"온전한 것"**은 무엇입니까? **"온전한 것"**은 **기록된 하나님의 말씀**(the Written Word of God)입니다. 초대교회 시절, 사도 바울이 복음의 사역을 하던 때에는 아직 **기록된 하나님의 말씀**(the Written Word of God)이 온전하게 주어지지 않았습니다. 복음서 중에서 가장 먼저 기록된 것으로 여겨지는 마가복음은 로마 황제 네로의 박해가 절정에 달했던 A.D. 66-70년경에 씌어졌다고 합니다. 그렇다면, A.D. 50-58년에 기록된 바울 서신들은 모든 복음서들보다 먼저 기록된 하나님의 말씀입니다. 좀 더 구체적으로 말씀드리자면, 위의 고린도전서 말씀을 기록할 당시에는 아직 복음서들이 기록되지 않았습니다.

기록된 하나님의 말씀(the Written Word of God)이 구약 39권 신약 27권으로 온전히 주어지기 전에는, 하나님께서는 하나님의 종들의 입을 통해 **"하나님의 큰 일"**을 전하게 하셨고, 그들이 전하는 복음이 참되다는 것을 입증하는 표적으로 예언이나 방언, 병 고침의 은사 같은 특별한 능력들이 그들을 통해 나타나게 하셨습니다.

그러나 하나님의 종 사도 바울의 예언대로 **"온전한 것이 온 후"**, 즉 **기록된 하나님의 말씀**(the Written Word of God)이 완성되어 주어진 후에는 이런 것들은 다 폐하여지는 것이 마땅합니다. 주님은 **"기록한 말씀 밖에 넘어가지 말라"**(고전

4:6)고 경고하셨는데, 기록된 말씀에서 폐하신 것을 굳이 다시 세우려 하는 자들이 바로 오늘날의 기독교를 "개독교"로 격하시키고 있는 장본인들입니다.

요즘 반(反)기독교인(the Anti-Christians)들은 기독교를 개(犬)독교라고 비하하고 있는데, 일부 기독교인들은 개독교인이라고 불리는 것이 합당합니다. 진리의 말씀을 좇지 않는 기독교인들이 모여서 개 짖는 소리를 하고 있으니 개독교인이라고 비난을 받아도 쌉니다. 성경에서는 거짓 선지자를 개(犬)라고 부릅니다(빌 3:2). 오늘날 진리의 복음을 좇지 않고 자기 욕망을 채우려고 거짓말을 밥 먹듯 하는 거짓 선지자들이 기독교 안에 가득합니다. 그들은 진리의 복음으로 거듭난 자들이 아니기에 사실은 하나님의 종이 아닙니다. 하나님 종들은 영혼들을 바르게 이끌어서, 그들이 죄 사함을 받고 천국 영생을 얻도록 인도합니다. 그런데 거짓 선지자들은 진리의 복음을 알지 못하기 때문에 자기 생각에서 나오는 대로 지껄이기 때문에 그들은 개나 다름없습니다.

"똥개도 자기 집 앞에서는 50점 먹고 들어간다"라는 우스갯소리가 있습니다. 동네 골목길에서 만나면 꼬리를 감추고 끼깅거리면서 도망가는 똥개도 자기 집 앞에서는 제법 이를 드러내며 으르렁거립니다. 오늘날의 많은 기독교 목사들이 그런 꼴입니다. 어쩌다 그들이 올려놓은 동영상들을 보고 있노라면 "저런 개놈의 XX들!" 하는 욕이 저절로 나옵니다. 그들은 하나님의 말씀을 빙자해서 자기의 욕망을 채우고자 하는 설교를 거침없이 합니다. 초대형 예배당을 지어서 자기의 왕국을 건설하고 그것을 자기 자식에게 물려주는 일이 오늘날의 기독교 안에 비일비재합니다. 목사가 여신도를 성폭행하고 엄청난 헌금을 자기

주머닛돈으로 여기고 횡령하고 배임하는 사건들은 이제 더 이상 놀랄 일도 아닙니다.

저는 그런 자들을 "개"라고 부르는 것이 마땅하다고 생각합니다. 그런 사기꾼들 백만 명이 달라붙어서 저에게 항의를 해도, 저는 "너희들은 개다. 너희들을 개독교인이라고 부르는 것이 합당하다"라고 분명히 말할 수 있습니다. 그런 놈들 때문에 오늘날 예수님의 이름이 세상 사람들에게 능욕을 당하는 것입니다. 예수님을 빙자해서 돈을 뜯어내고, 예배당을 크게 지어서 자기의 왕국을 건설하고, 자기의 지위를 이용해서 부녀자들을 성폭행하고 유린하는 놈들이 아무 제제도 받지 않는 기독교는 "개독교"라고 욕을 먹어도 쌉니다.

소위 개독교 안에서는 **성령을 모독하는 죄**를 어떻게 정의합니까? 자기들이 방언도 하고 입신도 하면서 성령의 역사를 일으키고 있는데, 누가 "그것은 성령의 역사가 아니다"라고 말한다면, 그것이 바로 **성령을 모독하는 죄**라고 그들은 가르칩니다.

한동안 소위 부흥대성회를 하면, 거듭나지 못한 목사가 교인들의 머리에 안수를 하고서 방언을 연습시키는 웃지도 못할 광경들이 흔했습니다. 자기가 "랄랄랄랄~ 룰룰룰룰~" 하고 "개방언"을 하면서 교인들에게 따라서 하라고 합니다. 교인들이 그 소리를 따라 하다 보면 혀가 확 꼬이면서 희한한 소리를 지껄여댑니다. 마귀가 역사하면 희한한 일들이 일어나기도 합니다. 여기저기서 정신을 잃고 눈을 획 뒤집으면서 쓰러지고, 어떤 이는 몸을 심하게 떨기도 하고, 괴성을 지르기도 합니다. 그러면 〇〇〇집사님이 입신(入神)했노라고 목사는 할렐루야를 외칩니다. 여기저기서 방언이 터졌다고 난리를 떠는데, 어떤 사람은 방언이랍시고 "음메~" 하고 염소 우는 소리도 냅니다. 믿지 않는 이들이 볼까 봐 염려되고, 정말 창피스러운 일입니다.

사실은 저도 거듭나기 전에 그들과 똑같은 짓을 했었습니다. 그래서 지금도 거듭나기 전에 제가 했던 짓을 생각하면 얼굴이 화끈화끈하고 부끄럽습니다. 사람이 진리의 원형복음을 알지도 못하면서, 자기 욕망을 따라 열심을 내서 예수님을 믿으면 반드시 악령이 그에게 역사합니다. 사실 거듭나지 않은 자들의 마음은 악한 영이 지배하고 있다고 성경은 말씀합니다: **"너희의 허물과 죄로 죽었던 너희를 살리셨도다 그 때에 너희가 그 가운데서 행하여 이 세상 풍속을 좇고 공중의 권세 잡은 자를 따랐으니 곧 지금 불순종의 아들들 가운데서 역사하는 영이라"**(엡 2:1-2)고 하셨습니다. 거듭나기 전까지는 사람의 마음속에 공중 권세 잡은 자, 즉 사단 마귀가 들어가 있습니다. 성령님께서 오시기 전까지는 모든 사람의 마음은 악한 영이 지배합니다. 이것은 하나님 말씀이 증거하는 진리입니다.

공중 권세 잡은 자가 누구입니까? 바로 사단 마귀입니다. 그러니까 자기가 총회장이든, 신학 박사든, 목사든, 장로든, 집사든 관계없이 아직 물과 성령으로 거듭나지 못했다면, 그들의 마음은 사단 마귀가 지배하고 있습니다. 그들의 마음은 마귀가 들어가 차지하고 있습니다. 그들의 마음을 차지한 마귀가 천사를 가장해서 일을 하게 합니다. **"이것이 이상한 일이 아니라 사단도 자기를 광명의 천사로 가장하나니"**(고후 11:14)라는 말씀이 그런 뜻입니다. 그래서 거듭나지 못한 기독교인들이 선한 척은 얼마나 잘하는지 모릅니다. 그들은 광명의 천사로 가장을 해서 늘 환하게 웃으면서 봉사 활동이나 선행을 너무나 잘합니다. 그래서 사람들이 광명의 천사로 가장한 사단 마귀의 거짓 선행에 다 속습니다.

그래서 그들은 별 희한한 짓을 다 합니다. 그들은 "내가 기도를 했더니 짧았던 다리가 늘어났다" 하는 류(類)의 거짓 신화를 끊임없이 만들어 냅니다. 마귀도 실제로 그들을 통해서 역사를 하기 때문에 더러는 기이한 일이 일어나기도 합니다. 사단 마귀는 사람들이 헛것을 보게 하기도 합니다. 어떤 사람은 자기가 입신(入神)을 해서 천국에 다녀왔다고도 간증합니다. 요즈음에 어떤 네 살짜리 어린아이가 천국에 가서 별 별것을 다 보고 왔다고 간증을 했다는데, 그 간증이 "천국에 다녀온 소년"(Heaven Is for Real)이라는 영화로 제작되어서 상영되고 있습니다. 그러나 그런 간증은 다 거짓말입니다.

물과 피의 복음을 믿는 **의인들은 기록된 말씀 밖으로 넘어가지 않습니다**. 거듭난 성도들은 베뢰아 성도들처럼 말씀을 신사적으로 믿는데, 복음의 진리를 알지 못하는 영적 소경들은 신비주의나 기적과 방언 같은 마귀의 역사에 매료되어 이단에 빠집니다. 한동안 『내가 본 천국』이라는 책이 얼마나 기독교인들 사이에서 히트를 쳤습니까? 펄시 콜레란 선교사가 5일간 천국을 보고 와서 자기가 본 환상을 기록한 책이라고 하는데, 수많은 사람들이 그 책을 끼고 다니면서, "보라! 하나님 종이 천국을 보고 왔는데, 천국이 없겠냐?" 하고 사람들에게 천국이 분명히 있다고 전도했습니다.

저도 그 책을 읽어 보았습니다. 그 책의 일부를 인용해 보겠습니다. 내가 본 천국의 83쪽에 있는 내용입니다. "또한 지상에 축복을 내려 주는 거대한 창문들이 천국 밖으로 열을 지어 나 있었습니다. **십일조를 하면 축복을 내려 주는 창문, 희생적인**

헌금과 봉사를 하면 축복을 내려 주는 창문, 자발적인 사랑의 마음으로 헌금을 하면 축복을 내려 주는 창문, 신유의 축복을 내려 주는 창문, 영원무궁한 복음의 전파를 위해 축복을 내려 주는 창문 등등이 수없이 많이 있어 그 창문들을 통하여 천사들이 축복을 지상에 내리는 것이었습니다." 뭔가 구린내가 나지 않습니까? 헌금 많이 하라는 얘기가 주를 이루고 있으니 목회자들이 교인들에게 많이 읽으라고 적극 추천했을 것입니다. 아니, 그런 헛된 것을 읽고서야 당신은 천국이 있다고 믿습니까? 그런 믿음은 쓰레기만도 못한 믿음입니다. 주님께서 천국과 영생에 대해서 이미 성경에 다 기록해 주셨는데, 뭐가 더 필요합니까?

성경이 말씀하는 "성령 훼방 죄"

특히 오순절 계통의 기독교에서는 **"성령을 모독하는 죄"**에 대해서 자기들이 "성령의 역사라고 주장하는 것을 인정하지 않는 죄가 성령을 모독하는 죄다"라고 정의를 합니다. 그러나 성경은 그렇게 말씀하지 않습니다. 따라서 우리는 "성령을 모독하는 죄"란 무엇이며 또 성령을 모독하는 죄를 범하면 어떤 형벌이 따르는가에 대해서 하나님의 말씀을 통해서 정확히 알아야 하겠습니다. 또 마지막으로, "사람이 어떻게 하면 성령을 모독하는 죄에 빠지게 되는가?" 하는 부분도 우리는 한번 짚어 봐야 합니다.

성경은 "우리가 진리를 아는 지식을 받은 후 짐짓 죄를 범한 즉 다시 속죄하는 제사가 없고"(히 10:26)라고 말씀하시면서, 진리를 아는 지식을 받은 후 짐짓 죄를 범하는 것이 바로 "하나님 아들을 밟고 자기를 거룩하게 한 언약의 피를 부정한 것으로 여기고 은혜의 성령을 욕되게 하는"(히 10:29) 죄라고 말씀합니다. 사람이 "진리를 아는 지식을 받은 후 짐짓 죄"를 범하면, 하나님은 그 죄를 다음과 같이 판결하십니다.

첫째, 그 죄는 "하나님 아들을 밟은 죄"입니다. 하나님 아들은 예수님입니다. 그러니 그 죄는 예수님을 짓밟은 죄입니다. 우리들이 누구인데 감히 예수님을 짓밟겠습니까? 예수님을 짓밟은 죄가 얼마나 큽니까? 예를 들어서 아버지가 누워 있는데, 아들이 아버지를 짓밟았다고 가정해 봅시다. 그런 죄는 패륜죄입니다. 우리사회는 그런 자를 절대로 용서하지 않습니다. 그런데, 하물며 쓰레기만도 못한 피조물이 자신을 모든 죄에서 구원해 주시기 위해서, 이 땅에 육신을 입고 오셔서 온전히 희생해 주신 예수님을 발로 막 짓밟았다면 그 죄가 얼마나 크겠습니까? 성령을 모독하는 죄는 하나님의 아들이 행한 일을 짓밟는 죄입니다. 그러니 하나님께서 그런 죄를 지은 자를 용서해 주시겠습니까?

둘째로, "진리를 아는 지식을 받은 후 짐짓 죄를 범한 죄"는 "자기를 거룩하게 한 언약의 피를 부정한 것으로 여기는" 죄입니다. "자기를 거룩하게 한 언약의 피"라고 말씀하시니까, 십자가의 피만 말씀하는 것 같지만, 사실은 예수님께서 세례를 받으셔서 세상 죄를 담당하셨기 때문에 십자가의 피가 효력이 있는 것입니다. 따라서 그 죄는 "예수님이 세례를 받으심으로 우리 죄를 담당하고 피 흘려 갚아 주신 주님의 의로우신 구원의 사역을 부정한 것으로 여기는 죄"입니다. 즉, 성령을 모독한 죄는 "주님이 이 땅에 오셔서 행하신 모든 사역은 아무 효험이 없는 것이며, 우리의 죄를 없애 주신 사역이 아니다"라고 주장하는 죄입니다.

예수님의 피는 거룩하고 정결한 보혈입니다. 그래서 우리의 모든 죄를 대속할 수 있었습니다. 만일 주님의 보혈이 부정(不淨)하였다면 우리의 죄는 사함을 받지 못했을 것입니다. 그래서 이 죄는 예수님께서 완성하신 구원사역을 정면적으로 부인하는 죄입니다.

끝으로 "진리를 아는 지식을 받은 후 짐짓 죄를 범한" 자는 "은혜의 성령을 욕되게 하는 자"라고 했습니다. 이 말씀이 "성령을 모독한 죄"가 무엇인지를 분명히 밝혀 줍니다. 복음서에서는 "성령을 훼방한 죄"가 얼마나 위중한가에 대해서 말씀하시는데, 히브리서는 그 죄가 구체적으로 무엇인지를 분명히 밝혀 주고 있습니다. 성령을 모독한 죄 또는 성령 훼방 죄는 바로 "진리를 아는 지식을 받은 후 짐짓 죄를 범한 것"입니다.

진리를 아는 지식이란?

그러면, 진리를 아는 지식은 무엇인가? 또 진리를 아는 지식을 받은 후 짐짓 죄를 범하는 것은 무슨 뜻인가? 이 두 가지 질문의 답을 우리는 성경 말씀 안에서 얻어야 합니다.

진리를 아는 지식은 물과 피의 원형복음입니다. 주님은 "내 백성이 지식이 없으므로 망하는도다"(호 4:6)라고 말씀하셨습니다. 누구든지 물과 피의 복음을 마음으로 믿지 않으면 영원히 망합니다. 물과 피의 복음이 바로 성경이 말씀하는 참된 지식입니다. 그러면 진리는 무엇입니까? 예수 그리스도입니다. 예수님은, "내가 곧 길이요 진리요 생명이니 나로 말미암지 않고는 아버지께로 올 자가 없느니라"(요 14:6)고 말씀하셨습니다. 그리고 예수님을 아는 지식은 물과 피의 복음입니다. 우리는 물과 피의 복음을 통해서 예수님이 누구신지, 그분이 우리에게 무엇을 해 주셨는지를 알 수 있습니다.

예수님께서 잡히시던 날 밤에, 제자들을 위해서 **"저희를 진리로 거룩하게 하옵소서 아버지의 말씀이 진리이니이다"**(요 17:17)라고 하나님 아버지께 기도하셨습니다. 우리는 진리의 원형복음으로 죄 사함을 받아야 거룩하게 됩니다. 그리고 그 진리는 바로 **물과 피의 복음**입니다. 우리는 물과 피의 복음으로 **"죄 없이 함"**(행 3:19)을 받고 거룩한 자 곧 의인이 되었습니다. **"하나님 뜻은 이것이니 너희의 거룩함이라"**(살전 4:3)고 말씀하셨습니다. 하나님의 뜻은 우리를 진리의 복음으로 거룩하게 해서 하나님의 자녀로 삼아 주는 것입니다.

그러므로 **진리를 아는 지식**은 **물과 피의 원형복음**인데, 어떤 사람이 이 복음을 듣고 일단 진리의 복음을 감사하게 마음에 받아들인 후에, 이것이 진리의 복음인 줄을 알면서도 복음을 부인했다면, 그 죄가 바로 **"진리를 아는 지식을 받은 후 범한 짐짓 죄"**입니다. 그런 죄를 짓는 자는 다시는 사함을 받지 못하고 영원한 지옥의 형벌을 면할 길이 없습니다. 그러므로 **"성령을 모독하는 죄"**는 가장 무서운 형벌이 따르는 죄입니다.

차라리 물과 피의 복음을 안 들었으면, 앞으로 언젠가 듣고 구원받을 기회가 있습니다. 언젠가 하나님이 긍휼을 베풀어서 복음을 듣고 마음으로 믿어서 죄 사함을 받을 기회가 있습니다. 그런데 복음의 진리를 다 알고 믿는다고 고백했다가 세상의 배척이 두려워서 "물과 피의 복음은 진리가 아니고 이단이다"라고 비난하면서 하나님께로부터 돌아선다면 그 사람은 다시는 죄 사함을 받지 못합니다. 그런 자는 영원토록 불과 유황으로 타는 못에 떨어져서 세세토록 이를 갈며 절규할 것입니다. 그런 자는 예수님께서 가룟 유다에 대해 말씀하신 것처럼 차라리 태어나지 않았으면 더 좋았을 것입니다.

우리 중에는 제발 아무에게도 그런 비극적인 일이 일어나지 않기를 바랍니다. 진리를 아는 지식을 받은 후 짐짓 죄를 범하는 것이 무엇인지에 대해서 저는 분명히 말씀을 드렸습니다. 물과 피의 복음을 다 이해하고 믿는다고 고백했다가 "이것은 진리가 아니다"라고 부인하는 죄가 바로 **진리를 아는 지식을 받은 후 짐짓 죄를 범하는 것**입니다.

오늘 본문 말씀 중에서 **"모세의 법을 폐한 자도 두세 증인을 인하여 불쌍히 여김을 받지 못하고 죽었거든"**(히 10:28) 하고 말씀하신 부분은 민수기 15장에 기록된 사건을 가리킵니다. 그 사건은 이스라엘 백성이 모세의 인도로 애굽의 종살이에서 탈출한 후, 광야에서 헤매고 있을 때에 일어난 일입니다. 안식일에 어떤 자가 사람들이 다 보는 앞에서 나무를 했습니다. 이스라엘 백성들은 **"안식일에 일하는 자는 그 백성 중에서 그 생명이 끊쳐지리라"** 하신 규례를 다 알고 있었습니다. 그 사람도 안식일 규례를 모를 리 없었습니다. 그런데 안식일 규례를 뻔히 다 알면서도 어떤 자가 사람들이 보는 앞에서 버젓이 나무를 했습니다. 그래서 모세 앞에 끌려왔고 그의 행위를 목격한 두세 증인이 그에 대한 참소가 맞다고 증언했습니다.

"모세님, 이자가 안식일에 다 쉬어야 하는 것을 뻔히 알면서도 나무를 했습니다." 모세는 그런 일을 처음 당해서 어찌할 바를 몰랐습니다. 그래서 모세는 "그냥 거기다 묶어 놔라" 하고 하나님께 기도를 드렸습니다. 하나님은, "그런 놈은 돌로 쳐

죽여라. 저런 죄는 사람이 부족해서 짓는 죄가 아니다. 그는 나를 무시해서 노골적으로 나를 대적했다. 그러니 그런 죄는 결코 용서를 받지 못한다"라고 응답하셨습니다. 사람이 부족하고 연약해서 짓는 죄는 **"그릇 범죄"**(민 15:24)라고 하시고 그런 범죄는 어떤 죄든지 다 사함을 받을 길을 열어 주셨습니다. 그러나 의도적으로 하나님을 대적하는 죄를 성경은 **"짐짓 죄"**(민 15:30)라고 말씀합니다.

안식일은 영적으로 예수님께서 우리의 모든 죄를 다 없애 주셔서 우리 영혼이 오직 믿음으로 안식을 누리게 하신 **하나님의 구원**을 의미합니다. 안식일 규례는 예수님의 생명의 복음 안에 거하는 자는 더 이상 율법을 지켜서 구원을 받고자 노력할 필요가 없다고 말씀하시는데, 이런 자는 주님의 은혜의 법을 알면서도 부인한 셈입니다.

민수기 15장에 기록된 어떤 자가 범한 죄처럼, 짐짓 죄란 하나님의 뜻을 다 알면서도 **고의적으로, 악의적으로** 그 뜻을 거슬려 대적하는 죄를 말합니다. 그런 죄는 하나님 앞에서 다시는 사함을 받지 못합니다. 물과 피의 복음을 다 알아듣고 믿었다가, "나는 이제 물과 피의 복음을 믿지 않아! 물과 피의 복음은 거짓이야. 이단이야. 나는 내 마음대로 살 거야!" 하고 복음을 부인한다면 그런 자는 더 이상 구원받을 길이 없고, 영원한 불 못인 지옥의 형벌만 그를 기다리고 있습니다.

진리의 복음을 처음부터 안 믿었다면 아직 구원받을 기회라도 있습니다. "나도 믿고는 싶은데 이것이 잘 안 믿어진다"고 고백하는 자는 아직 하나님께로부터 불쌍히 여김을 받을 수 있습니다. 그러나 복음을 다 듣고 받아들였다가, "난 안 믿겠다.

믿기 싫다. 예수님이 우리를 물과 피의 복음으로 구원했다는 것은 이단이다" 하고 의도적으로 부인하는 죄가 바로 **짐짓 죄**입니다. 그런 죄는 다시는 사함을 받지 못합니다.

짐짓 죄를 범하게 되는 동기

저는 오늘 성령을 모독하는 죄가 무엇인지, 이 죄를 범하면 어떤 하나님의 심판이 있는지에 대해서 말씀을 드렸습니다. 그러면 이제, "우리도 이런 죄에 빠질 수 있나?" 하는 생각을 해 봐야 합니다. "아니, 물과 피의 복음이 분명한 진리인데, 그 진리를 믿었다가 왜 그 진리를 부인하지? 어떻게 그것을 부인할 수 있지? 그래서 결국은 예수 그리스도를 짓밟는 자가 되고, 우리를 거룩하게 한 은혜의 거룩한 피를 부정한 것으로 여기고, 성령을 모독하는 죄에 빠질 수 있지?" 하고 여러분은 자신만만할 수 있습니다. 그러나 저는 물과 피의 복음을 믿었다가 부인하고 떠난 많은 사람을 보았습니다. 그들도 한때는 뜨겁고 분명하게 그리고 감사함으로 진리의 복음을 믿는다고 고백했던 사람들입니다.

예수님을 밟는 죄나, 우리를 거룩하게 한 언약의 피를 부정한 것으로 여기는 죄나, 성령을 모독하는 죄가 다 "**진리를 아는 지식을 받은 후 범한 짐짓 죄**"를 가리킵니다. 이 죄는 도저히 하나님의 용서를 받지 못할 죄이며, 이 죄가 바로 지옥으로 직행하고 싶은 자들이 범하는 죄입니다. 우리는 이런 끔찍한 죄에 절대 빠지고 싶지 않습니다. 그러나 우리들도 이 죄에 얼마든지 빠질 수 있습니다.

그러면 복음을 믿던 자가 어떻게 하다가 이 죄에 빠지느냐?

성령을 훼방하는 죄   149

사람이 물과 피의 복음을 가장 귀하게 여기지 않으면 결국 그런 죄에 빠지게 되어 있습니다. 물과 피의 원형복음을 자기의 목숨처럼 귀하게 여기지 않으면 자칫 이 죄에 빠집니다. 자기는 "짐짓 죄"에 빠지고 싶지 않아도 마귀가 그 죄에 빠뜨립니다. 사단 마귀는 우는 사자처럼 두루 다니며 어떻게 하든지 택한 자라도 쓰러뜨리려고 합니다. 그러니 "나는 절대로 이 복음만은 부인하지 않을 것이다"라고 자만하지 마십시오. 그럴 가능성이 여러분들에게도 얼마든지 있습니다. 그래서 내가 아주 엄하게 경고합니다. 여러분도 물과 피의 복음을 자기의 목숨처럼 귀하게 여기지 않으면 끝내 **"짐짓 죄"**를 범하게 됩니다.

마귀는 인내를 가지고 아주 오랫동안 작업을 합니다. 사단 마귀는 영물이고 아주 간교합니다. 사단 마귀는 마음에 파고들어서 철저하게 공작을 합니다. 당신이 물과 피의 복음을 들었고 이것이 진리라고 알고 믿었어도, 이 진리의 복음을 목숨처럼 귀하게 여기지 않으면 그것을 마귀에게 빼앗깁니다. 마귀가 우리 마음에 오래도록 작업을 해서 그 보물을 빼앗아 갑니다.

요즘 역사드라마 "정도전"을 방영하고 있는데, 제가 즐겨 보고 있습니다. 그 드라마에 하륜이라는 모사꾼이 나오는데, 그는 고려 말에 권력의 중심에 있다가 조선왕조가 들어서면서 그 권력의 끈을 잃었습니다. 그래서 그는 기회를 노리다가 이성계의 다섯째 아들인 방원을 주군으로 모시게 됩니다. 그리고 그는 오랫동안 은밀하게 계략을 펴서 끝내 정권을 잡습니다. 그는 대단한 모사꾼이었지만, 그런 간계를 꾸미는 일에는 사단 마귀를 당할 사람이 없습니다.

"천국은 마치 밭에 감추인 보화와 같으니 사람이 이를 발견한 후 숨겨 두고 기뻐하여 돌아가서 자기의 소유를 다 팔아 그 밭을 샀느니라"(마 13:44)고 주님은 말씀합니다. 천국에 들어가게 하는 복음, 즉 **물과 피의 복음**을 발견하고서는 그것이 얼마나 귀한 것인지를 아는 사람은 모든 것을 희생해서라도 그 복음을 믿고 그 복음을 마음에 소중히 간직합니다. 그래서 천국 영생의 열매를 맺습니다.

그러나 천국 복음을 발견하기는 했는데, 세상을 더 사랑하는 사람은 그 귀한 복음을 소홀히 여기게 됩니다. 남들은 이 복음을 보화라고 하는데, 그런 사람에게는 진리의 복음이 결코 보화가 아닙니다. 아무리 "물과 피의 복음은 너무나 귀한 것이다"라고 가르쳐 줘도, 그런 사람은 오히려 점점 더 복음을 좇는 것을 부담스러워합니다. 그러면 그런 사람은 어떻게 하겠습니까? 이 보화를 마음속 깊은 곳에 간직하기 보다는 문간이나 헛간에 던져 놓습니다. "하나님의 말씀에 그런 것도 있구나! 예수님이 내 죄를 다 없애 놓았다고 하니 고맙긴 하네!" 하는 정도로 복음을 대합니다. 그런 사람들은 결국 복음을 자기의 목숨처럼 귀하게 여기지 않습니다. **"사람이 만일 온 천하를 얻고도 제 목숨을 잃으면 무엇이 유익하리요 사람이 무엇을 주고 제 목숨을 바꾸겠느냐"**(마 16:26)라고 주님이 말씀하셨습니다. 그러므로 천국 영생을 얻게 하는 진리의 복음보다 귀한 것은 없습니다.

하륜이 오랫동안 계략을 꾸미며서 이방원의 마음을 사고 권력을 잡은 후에 정적들은 다 죽였듯이, 마귀도 오랫동안 서서히 일을 합니다. 그래서 어떤 영혼들은 계속해서 복음의 말씀을 듣지만, 끝내는 온전한 믿음에 이르지 못하게 합니다. 여러분에게도 제가 예배 때마다 얼마나 자주 복음을 전합니까? 그렇지만 어떤 이는

성령을 훼방하는 죄   151

예배 때만 "그렇구나! 아멘!" 하고, 돌아서서 일상생활로 돌아가면 복음의 소중함을 까맣게 잊어버리고 맙니다. 그런 사람은 마음이 온통 세상의 염려와 육신의 향락에 **빠져** 있기 때문입니다. 그런 사람은 심지어 예배를 드리는 시간에도 딴 생각을 합니다. 그런 사람은 **물과 피의 복음**을 가장 귀한 보화라고 여기지 않기 때문에 복음을 들으면서도, "나한테 믿음을 강요하지 마십시오! 나는 물과 피의 복음을 보화로 여기지 않습니다" 하고 마음속으로 대적합니다. 복음을 계속 가르쳐 주니까 그냥 받아다가 마음의 문간에 던져 놓습니다. 그래서 끝내 그 알량했던 믿음조차 잃어버리는 것입니다. 그리고 결국 성령을 모독하는 죄에 **빠져서** 끝내 지옥에 가는 것입니다.

저는 저 자신도 얼마든지 **"짐짓 죄"**를 지을 수 있다는 것을 잘 압니다. 저와 함께 물과 피의 복음을 믿고 섬기다가 "이것은 진리가 아니다" 하면서 부인하고 떠난 자들이 많이 있습니다. 어떤 이는 자기 육신의 생각을 꺾지 못하고 교회의 인도에 순종하지 못해서 하나님의 교회를 떠날 수도 있습니다. 그처럼 비록 복음과 함께 하지 않고 교회를 떠났더라도, "물과 피의 복음이 진리가 아니다"라고 **짐짓 죄**만 짓지 않으면, 하나님께 다시 돌아올 기회가 항상 열려 있습니다. 그런데 교회를 떠나가면서, "물과 피의 복음은 이단의 가르침이다" 하고 부인했다면 그것은 **"성령을 훼방하는 죄"**이며 그런 자는 다시는 죄 사함을 받을 길이 없습니다. 우리는 마음의 귀를 열고 하나님의 경고를 엄중히 들어야 합니다. 우리들도 얼마든지 이런 죄에 **빠질** 수 있습니다.

복음을 들어서 마음이 깨끗해졌다가 예수 그리스도를 왕으로 모시지 않으면 마귀가 더 많이 들어앉게 됩니다. 지금 믿음으로 마음을 돌이키지 않으면 세월이 가면 갈수록 마음은 더 강퍅해지고 마귀는 더 많이 일을 합니다: "**더러운 귀신이 사람에게서 나갔을 때에 물 없는 곳으로 다니며 쉬기를 구하되 얻지 못하고 이에 이르되 내가 나온 내 집으로 돌아가리라 하고 가서 보니 그 집이 청소되고 수리되었거늘 이에 가서 저보다 더 악한 귀신 일곱을 데리고 들어가서 거하니 그 사람의 나중 형편이 전보다 더 심하게 되느니라**"(눅 11:24-26).

우리 마음에 예수 그리스도가 왕으로 계시지 않으면, 마귀는 우리의 마음을 온갖 세상 것들에 쏠리게 해서, 그것이 우리의 마음을 지배하게 합니다. 마음밭이 너무 황폐하게 되면, 그때부터는 아무리 말씀을 들어도 아무 소용이 없습니다. 마귀는 우리의 마음에 잡초와 가시나무가 우거지게 해서 생명의 복음이 아무리 뿌려져도 결실하지 못하게 합니다.

저는 지난 봄에 황금목이란 남미 원산의 나무를 사다가 화분에 심어 놓고 잘 키웠습니다. 그런데 얼마 전부터 이 나무가 이상하게 죽어 가고 있었습니다. 물도 자주 주고 잘 돌봤건만 잎들이 시들시들 고스러지는 것이었습니다. 그래서 하루는 자세히 살펴보았더니, 눈에 잘 보이지도 않는 거미 종류의 벌레들이 잎마다 앞뒤로 잔뜩 붙어 있는 것입니다. 그래서 잎새마다 물수건으로 닦아내서 그 벌레들을 다 없애 주었습니다. 그런데 그 다음날에 다시 살펴보았더니 몇 잎에 그 벌레들이 다시 번지고 있었습니다. 그놈들이 얼마나 번식력이 좋은지 모르겠습니다. 그래서 지금은 그 화분을 눈에 잘 띄는 곳으로 옮겨서 매일 아침마다 벌레들을 잡아 주고 있습니다. 그랬더니 지금은 싹들이 새로 나고, 나무가 다시 살아나고 있습니다.

"아론과 그 아들들로 회막안 증거궤 앞 휘장 밖에서 저녁부터 아침까지 항상 여호와 앞에 그 등불을 간검하게 하라 이는 이스라엘 자손의 대대로 영원한 규례니라"(출 27:21)고 말씀했습니다. 등불은 우리의 영혼입니다. 우리는 우리의 영혼을 잘 살펴보아야 합니다. 아주 자세히 살펴야 그 황금목이 죽어 가던 원인을 밝혀서 살릴 수 있었듯이, 마귀가 하는 일을 자세히 살피지 않으면 우리의 영혼도 그렇게 죽습니다. 우리도 자기의 영혼을 자세히 간검(看檢)해야 합니다. 우리는 자기 영혼을 잘 살펴보아서, 마음이 육신을 생각을 좇고 있으면 육신의 생각을 부인하고 영의 생각을 좇아야 합니다. 그리고 하나님께서 경고하신 말씀을 경히 여기지 말아야 합니다.

사람은 반드시 죽습니다. 우리의 수명은 기껏 해봐야 칠, 팔십 년입니다. 그나마 얼마나 빨리 지납니까? 2014년의 새해를 맞아 명절을 지내고 한 해를 시작한 것이 엊그제 같은데, 올해도 벌써 반이 지나갔습니다. 인생은 그렇게 빨리 지나갑니다. 인생은 다해 봐야 아무것도 아닙니다. "♬세월이 살같이 빠르게 지나 쾌락이 끝이 나고 사망의 그늘이 너와 내 앞에 둘리며 가리우네~♪" 하는 찬송가 가사가 생각납니다. 그렇지 않습니까? 그렇게 우리의 일생이 살같이 지나가고 나면, 우리는 죽음의 문턱에 서게 되고, 한 번 죽은 다음에는 반드시 하나님의 심판이 있습니다. 그리고 하나님의 심판 너머에는 영원한 세상 곧 천국과 지옥이 있습니다.

따라서 우리는 생명의 원형복음인 물과 피의 복음을 자기 육신의 생명과도 바꿀 수 없는 귀한 보화로 여겨야 합니다. 지금 그렇게 여기지 않으면, 끝내는 **짐짓 죄**, 즉 **성령을 모독하는 죄**를 짓게 되고 영원한 지옥에 떨어질 것입니다. 그래서 저는 분명히 말씀을 드립니다. 오늘이라고 하는 이때에 여러분은 마음을 돌이켜서 믿음으로 나오길 바랍니다. 우리에게 믿음이 왜 없습니까? 구하지 않기 때문에 없는 것입니다. 진정 자기가 영생을 얻고자 한다면 온전한 믿음을 갖게 해달라고 하나님께 간절히 구해야 할 것입니다. 여러분이 하나님께 진솔한 마음으로 믿음을 구하면 하나님께서는 믿음을 넉넉하게 더하여 주십니다.

"**주님 저는 믿음이 없습니다. 제게 믿음을 주옵소서. 이 진리의 복음을 듣긴 들었지만,** 저는 믿음이 없어서 너무나 쉽게 세상에 마음을 빼앗깁니다. 하나님, 믿음을 주옵소서. 비늘과 지느러미가 있는 물고기는 거센 조류를 거슬러 상류로 올라가듯이, 저도 세상의 조류에 휩쓸려 떠내려가지 않고, 믿음으로 주님을 좇게 해주십시오" – 이렇게 진솔한 마음으로 기도하고 하나님 앞에 그 뜻을 따르기로 마음을 정하면 하나님께서 믿음을 넉넉하게 주십니다. 믿음이 없으면서 믿음을 구하는 마음조차도 없다면 그런 마음은 짐짓 죄를 범할 가능성이 많습니다. 하나님께서 모든 것을 다 주셨지만, 하나님께서 주신 영적인 축복들을 쓰레기처럼 값없이 여기는 자들은 반드시 **짐짓 죄**에 빠지게 됩니다. 그리고 그런 자들은 영원한 지옥의 형벌을 받게 된다는 하나님의 엄중한 경고를 여러분은 깊이 새겨들으시기를 바랍니다.

말씀을 마쳤습니다.

(2014년 6월 8일 주일예배 말씀)

영생을 얻은 증거는 우리의 믿음입니다

"믿음은 바라는 것들의 실상이요 보지 못하는 것들의 증거니 선진들이 이로써 증거를 얻었느니라

믿음으로 모든 세계가 하나님의 말씀으로 지어진 줄을 우리가 아나니 보이는 것은 나타난 것으로 말미암아 된 것이 아니니라

믿음으로 아벨은 가인보다 더 나은 제사를 하나님께 드림으로 의로운 자라 하시는 증거를 얻었으니 하나님이 그 예물에 대하여 증거하심이라 저가 죽었으나 그 믿음으로써 오히려 말하느니라

믿음으로 에녹은 죽음을 보지 않고 옮기웠으니 하나님이 저를 옮기심으로 다시 보이지 아니하니라 저는 옮기우기 전에 하나님을 기쁘시게 하는 자라 하는 증거를 받았느니라

믿음이 없이는 기쁘시게 못하나니 하나님께 나아가는 자는 반드시 그가 계신 것과 또한 그가 자기를 찾는 자들에게 상 주시는 이심을 믿어야 할찌니라"(히 11:1-6)

오늘은 히브리서 11장 1절부터 6절까지의 말씀을 통해서, "믿음이란 과연 무엇인가?"에 대해서 은혜를 나누고자 합니다. 믿음은 하나님의 모든 축복과 영원한 생명을 얻는 통로입니다. 또한 하나님께서는 우리의 믿음을 가장 기뻐하십니다. 헌금 많이 드리는 것, 예배당을 크게 지어서 하나님께 바치는 것, 남을 위해서 불 속에 뛰어드는 것—하나님은 이런 것들보다 하나님을 믿음으로 하나님의 뜻을 순종하는 것을 기뻐하십니다. 주님은

"순종이 제사보다 낫고 듣는 것이 수양의 기름보다 낫다"(삼상 15:22)고 말씀하셨습니다.

하나님께서는 오직 우리의 마음 안에서 온전한 믿음을 발견하시면, 그 믿음을 보시고 기뻐하십니다. 그래서 저는 오늘 "하나님께서 기뻐하시는 믿음은 어떤 믿음인가?" 또 "우리에게 있어서 하나님을 믿는 믿음이 얼마나 귀한 것인가?" 하는 부분에 말씀을 드리려고 합니다.

믿음이란 무엇인가?

기독교인들은 히브리서 11장을 〈믿음 장(章)〉이라고 부릅니다. 히브리서 11장 1절에서, **"믿음은 바라는 것들의 실상이요 보이지 않는 것들의 증거니"**라고 말씀을 하셨습니다. 그렇다면, "믿음"이란 무엇인가?

첫째로, 믿음은 **하나님의 말씀을 믿는 것**입니다. 믿음이란, 하나님 말씀이 완전해서 조금도 오류가 없는 참(진리)이며 모든 하나님의 말씀은 반드시 이루어진다고 믿는 것입니다.

따라서 하나님의 말씀을 믿지 않으면서, "나는 믿음이 있다"고 주장하는 것은 맹신(盲信)입니다. 맹신이란 하나님의 말씀과 상관없이 믿는 것을 말합니다. 오늘날 기독교 안에는 맹신이 팽배합니다. 그들의 믿음은 거의 다 **맹신의 믿음**이라 단정해도 지나치지 않습니다. 왜냐하면 오늘날의 기독교인들은 하나님 말씀은 딱 덮어놓고, 부흥강사나 자기들의 담임 목사가 전하는 사람의 말을 믿기 때문입니다. 하나님의 말씀은 덮어놓고, 사람의 말을 믿는 것이 맹신입니다. 맹신(盲信)은 자기 영혼을 망하게 합니다. 그리고 영적인 멸망은 지옥입니다. 누구든지 맹신적으로 하나님을 믿으면 지옥에 갑니다. 평생 하나님을 믿고도 지옥에 가는 사람이 99% 이상입니다. 그들이 하나님의 말씀을 믿지 않고, 사람의 말을 믿었기 때문입니다.

맹신의 맹(盲)자는 죽음을 뜻하는 '망(亡)'자 밑에다 눈 '목(目)'자를 씁니다. 그러니 맹신이란 눈을 감고 믿는 것을 말합니다. 우리는 뜬 눈으로 성경의 말씀을 확인하고 믿어야 합니다. 성경 말씀이 무엇을 말씀하는가를 깨닫고 믿는 것이 참된 믿음입니다. 베뢰아 사람들이 가졌던 믿음이 신사적이고 바른 믿음입니다.

"베뢰아 사람은 데살로니가에 있는 사람보다 더 신사적이어서 간절한 마음으로 말씀을 받고 이것이 그러한가 하여 날마다 성경을 상고하므로 그 중에 믿는 사람이 많고 또 헬라의 귀부인과 남자가 적지 아니하나"(행 17:11-12)

참된 믿음은 신사적입니다. 우리 하나님도 신사적인 하나님입니다. 하나님은 우리에게 무조건 믿으라고 강요하지 않습니다. 하나님은 **"오라 우리가 서로 변론하자 너희 죄가 주홍 같을찌라도 눈과 같이 희어질 것이요 진홍 같이 붉을찌라도 양털 같이 되리라"**(사 1:18)고 말씀하십니다. "내가 너희의 죄악을 다 없애 놓았는지, 못 없앴는지 와서 말씀으로 한번 변론하자"고 신사적으로 나오시는 분이 하나님입니다.

히브리서 11장에서 말씀하는 믿음은 하나님의 말씀을 믿는 것입니다. 이 점을 우리는 분명히 알아야 합니다. 하나님 말씀은 **영이요 생명(요 6:63)**입니다. 하나님 말씀은 진리입니다. 그리고 하나님 말씀은 반드시 이루어집니다. 이렇게 믿는 것이 믿음입니다.

이런 믿음이 있는 사람은 이 땅에서도 큰 축복을 받고 내세에서도 영원한 생명의 축복을 누립니다.

믿음의 지향점

히브리서 11장 1절에 "**믿음은 바라는 것들의 실상이요 보지 못하는 것들의 증거니**"라고 말씀했는데, "**바라는 것이나 보지 못하는 것**"은 무엇을 의미합니까? 우리가 지금 무엇을 바랍니까? 여러분은 지금 마음에서 가장 바라는 것이 무엇입니까? 솔직히 말하자면 이 세상에서 잘 먹고 잘 사는 것을 여러분은 제일 바라지 않습니까? "한 달에 천만 원씩만 벌었으면 소원이 없겠다" "좋은 빌딩 한 채 사서 매달 월세만 받아도 넉넉하게 살 수 있으면 더 바랄 것이 없겠다"고 생각하지 않습니까?

그런데 진정 우리가 **바라야 할 것**은 **천국의 영생**입니다. 그런데 천국이 눈에 보입니까? 안 보입니까? 안 보입니다. 그래서 **보지 못하는 것**이라고 말씀한 것은 바로 천국을 의미합니다. 우리는 이 점을 분명히 하고 오늘의 말씀을 들어야 합니다.

믿음은 **바라는 것** 또는 **보지 못하는 것**인 천국과 영생의 **실상**(實相, substance)이고 **증거**(證據, evidence)입니다. 믿음이 있으면 천국 영생을 실제로 가진 것이고, 또 자기에게 있는 믿음이 바로 천국이 있다는 증거입니다. 저는 천국에서 하나님 아버지와 영원히 복락을 누리게 될 것을 확실히 믿습니다. 하나님의 말씀에 천국이 실재한다고 기록되어 있고, 또 예수 그리스도의 구원 사역을 마음으로 믿는 자들은 천국의 영생에 넉넉히 들어간다고 성경에 기록되어 있기 때문입니다.

히브리서 11장 1절의 말씀은 **"우리의 믿음이 무엇을 지향하고 있느냐?"**라는 질문을 우리 각자에게 던지고 있습니다. 우리는 하나님을 믿습니다. 많은 사람들도 하나님을 믿습니다. 제가 오늘 아침에 창문으로 밖을 내다보았더니, 건너편 노형 성당에 사람들이 벌떼같이 들어가고 있었습니다. 곱게 한복을 차려입고 성모상 앞에 서서 성호를 긋고 그 상에다 절을 하는 부인도 있고, 문 앞에 삼삼오오 모여서 왁자지껄하며 환담을 나누는 사람들도 있었습니다. 아무튼 저는 그 사람들에게, "당신은 왜 하나님을 믿습니까?"라고 물어보고 싶은 마음이 들었습니다.

우리는 왜 하나님을 믿습니까? 우리는 **천국 영생을 얻기 위해서** 하나님을 믿는 것입니다. 물론 오늘날의 기독교인들도 대답은 그렇게 할 지 모르지만, 실제 마음속으로는 이 땅에서 "잘 먹고 잘 살고, 건강하게 장수하고, 슬픈 일 겪지 않고, 자식들 잘 되게 하기 위해서" 하나님을 믿는 사람이 99%입니다. 대부분의 기독교인들이 현세의 축복을 받기 위해서 하나님을 믿습니다.

오늘날 교회들이 가장 활기찬 때가 언제인지 아십니까? 고등학교 3학년생들이 수능시험 보기 직전입니다. 이런 왜곡된 현상을 지적한 어떤 이의 글을 읽은 적이 있습니다. "세계에서 제일 크다는 교회에서 입시철을 맞아 예배 시간에 대학 입시생을 둔 **교인(부모)의 등에다 입시생 이름을 써 붙이고** 그 학생의 대학 입학시험을 위해 **미친 듯이 기도하는 광경**을 보았습니다. 그런 파행적인 모습이 대한민국에서 어디 그 교회뿐이겠습니까?"(출처: 교회들이 벌이는 2013년 수능기도회 | 작성자 박동일)

"학부모 등에다 입시생의 이름을 써 붙이고…미친 듯이 기도하는 광경"을 연상해 보면서 저는 실소(失笑)를 금할 길이 없었습니다. 예수님을 믿지 않는 사람들이 이런 광경을 볼까 봐 부끄럽습니다. 저들은 예수님을 부처나 성황당의 산신령과 같은 수준으로 끌어내리고 있습니다. 그들의 믿음은 근본 하나님께서 기뻐하시는 믿음이 아닙니다. 출세욕과 탐욕으로 가득 찬 그들의 믿음은 믿음의 지향 자체가 잘못된 것입니다. 오늘 히브리서 11장 1절은 **우리의 믿음이 무엇을 지향해야 하는가**에 대해서 분명히 말씀합니다. 우리가 왜 하나님을 믿느냐? 우리가 바라는 영원한 생명, 또 보지 못하는 천국을 얻기 위해서 하나님을 믿는 것이 믿음의 바른 지향입니다.

"선진들이 이로써 증거를 얻었느니라"(히 11:2)고 말씀하십니다. 믿음의 선배들은 믿음으로 천국 영생의 증거를 얻었습니다. 성경에는 믿음의 선배들이 많이 등장합니다. 우리에게 믿음이 좋은 선배들이 있다는 것은 큰 축복입니다. 믿음 좋은 선배들로부터 좋은 믿음을 물려받을 수 있기 때문입니다. 히브리서에서 말씀하는 믿음의 선배들은 주로 구약에 등장하는 믿음의 사람들입니다. 아벨에서부터 시작해서 에녹, 노아, 아브라함, 사라, 이삭, 야곱 등이 등장하는데, 이들은 구약시대의 믿음의 선진들입니다. 이들은 하나님의 말씀을 믿어서 자기들이 지향했던 천국의 증거를 가졌던 분들입니다.

말씀의 능력

히브리서 11장 3절에, "**믿음으로 모든 세계가 하나님의 말씀으로 지어진 줄을 우리가 아나니 보이는 것은 나타난 것으로 말미암아 된 것이 아니니라**"고 말씀합니다. 하나님 말씀을 믿는 것이 믿음이라고 처음에 말씀을 드렸는데, 이 구절은 **하나님 말씀은 얼마나 큰 능력이 있는지**를 우리에게 알려 줍니다. 하나님 말씀은 능력이 있습니다. 우리가 하나님 말씀을 너무 가볍게 여겨서는 안됩니다. 하나님께서 말씀하시면 그대로 이루어집니다. 그것이 하나님 말씀의 능력입니다. 그래서 하나님의 말씀을 "**그의 능력의 말씀**"(히 1:3)이라고 표현합니다.

하나님 말씀은 엄청난 능력이 있습니다. 하나님께서 "**있으라**"고 말씀하시면 무엇이든지 생겨났습니다. "**빛이 있으라**" 하시면 빛이 있었고, 하나님이 "**하늘에 큰 광명과 작은 광명이 있으라**" 하시면 태양과 달과 별들이 좍~ 생겨났습니다. 사람이 감히 상상할 수 없는 어마어마한 능력이 하나님 말씀 안에 있습니다. 그 능력의 말씀으로 만물을 창조하셨고, 그 능력의 말씀으로 모든 만물을 지금도 붙들고 계십니다. 무엇보다도 **그의 능력의 말씀**으로 우리의 모든 죄를 정결케 하는 일을 하셨습니다. 그리고 그 능력의 말씀을 믿는 것이 우리의 믿음입니다.

우리는 하나님 말씀을 가볍게 여겨서는 절대로 안됩니다. 하나님께서 말씀하시면 어떤 것이든 바로 존재(存在)하게 됩니다. "**없는 것을 있는 것같이 부르시는 이**"(롬 4:17)가 바로 하나님입니다. 아무것도 없는 데서 **우주와 그 안에 있는 만물**(the Universe and everything in it)을 불러내신 분이 바로 창조주 하나님입니다. 히브리서에서도 "**보이는 것은 나타난 것으로 말미암아 된 것이 아니니라**"(히 11:3)고 말씀하셨습니다. 지금 우리 눈에 보이는 모든 세계는 이왕에 있었던 것들이 변해서 된 것이 아니라는 말씀입니다. 하나님은 이미 있었던 어떤 것을 변화시켜서 현재의 것들을 만들어 내지 않았습니다. 아예 없었던

데서 **"있으라"**는 말씀 한마디로 온 우주와 그 안의 모든 것들을 불러내신 분이 하나님입니다.

사단 마귀는 사람들의 마음에 **진화론(進化論)**이라는 **가설(假說)**을 심어 놓았습니다. 그 결과 대부분의 사람들은 진화론을 진리로 생각하고 있습니다. 진화론이란, 우주와 만물은 저절로 생겨나서 오랜 시간 동안 점차 고등하고 복잡한 생명체로 진화해 왔다는 주장입니다. 사단 마귀는 이 가설로 사람들이 하나님의 말씀을 첫 구절에서부터 부인하게 함으로써 하나님의 말씀을 믿지 못하게 하는 계략을 성공시켰습니다. 그러나 진화론은 새빨간 거짓말입니다.

진화론이란 "현존하는 모든 사물들은 진화에 의해서 존재하게 되었다"는 주장입니다. 많은 사람들이 그렇게 믿고, 학교에서도 그렇게 가르치기 때문에, 하나님을 믿는 믿음은 학교 교육을 통해서 와르르 무너지고 맙니다. 신학자들조차도 진화론을 믿습니다. 그래서 가톨릭교회의 어떤 신학자들은 진화론과 타협을 해서 "창조적 진화론"(creative evolutionism)이라는 주장까지 합니다. 한마디로 "진화가 맞긴 맞지만 하나님이 그 진화를 주관했다"는 말인데, 절대로 그렇지 않습니다.

진화론자들은 생명의 기원에 대해서 이런 주장을 합니다: 오랜 옛날, 지구는 흙과 물이 뒤섞인 곤죽(emulsion) 상태였는데, 이것에 천둥 번개가 치면서 전기의 작용으로 우연히 하나의 DNA가 생성되었고 거기서 생명이 시작되었다는 주장입니다. 생명체의 기초 단위는 세포이고, 세포의 생명 현상은 그 중심에 있는 세포핵이 주관합니다. 그리고 세포핵은 많은 DNA로 구성되어 있습니다. 또한 이 DNA는 여러 가지 핵산들이 사다리꼴 모양으로, 즉 나선 구조로 결합되어 있습니다. 그런데 하나의 생명체는 **증식(增殖)**과 **생식(生殖)**을 해야 합니다. 쉽게 말해서, 자기도 자라야 하고 새끼도 낳아야 하나의 생명체가 되는 것입니다. 증식과 생식 기능이 없는 것은 무생물이지 생명체가 아닙니다. 생명체라면 자기도 커야 하고 새끼도 낳아야 하는데, 이 사다리 모양의 DNA 구조에서 가운데가 풀리고 다시 결합되는 과정에서 두 개의 DNA로 복제됨으로 **생식과 증식 현상**이 일어나게 됩니다.

진화론자들은 이런 DNA가 우연히 생겨났고, 그 다음에 단세포 생물에서 다세포 생물로 점진적으로 발전했다고 주장합니다. 그러나 노벨상을 받을 만한 수준의 과학자들은 대부분 "DNA와 같은 경이로운 구조의 생명체가 절대로 우연히 생겨날 수 없다"고 주장합니다. 자연계의 원소들이 **우연히 결합해서** 그렇게 놀랍도록 신비한 구조를 가진 생명체가 나타날 확률은 **절대로 없다**는 것이 수준 높은 과학자들의 일치된 견해입니다.

하나님은 분명히 **"보이는 것은 나타난 것으로 말미암아 된 것이 아니니라"**(히 11:3)고 말씀하셨습니다. 따라서 "보이는 것은 나타난 것들이 변화해서 된 것이다"라는 진화론은 거짓입니다. 그러나 사단 마귀가 사람들의 마음에 하나님을 대적하는 진화론이라는 가설을 불어넣어서, 사람들은 근본 하나님 말씀을 믿기 보다는 사람들의 주장을 더 신봉하게 되었습니다. 그 결과 기독교인들조차 진화론을 인정하는 사람들이 많습니다. 최근에 코리아리서치라는 조사기관에서 19세 이상의 남녀 500명에게 설문 조사를 한 결과, 40%에 달하는 기독교인들이 진화론을 믿는다고 응답했고, 더 놀라운 사실은 천주교인들은 무려 83%가 진화론을 믿는다고 응답했답니다. (출처: EBS 다큐프라임 "신과 다윈의 시대")

아니, 백번 양보해서 "무생물에서 일단 생명체가 생겨났고 그것이 환경에 적응해서 오랫동안 변화되어서 생물이 되었다"고 가정해 봅시다. 그러면, 무생물의 세계, 즉 우주 자체는 어떻게 존재하게 되었답니까? 이 우주는 어떻게 존재하게 되었느냐는 질문에 진화론자들은 전혀 답을 하지 못합니다. 진화론자들은 "그것은 처음부터 있었다"고 대답할 수밖에 없는데, 그러면 무엇이 변해서 "그 처음부터 있는 것"으로 진화했습니까? 어떤 이들은 "빅뱅이론"을 주장합니다. 그들은 태초에 큰 폭발이 일어나서 우주가 생겨났다고 주장합니다. 그러면 최초에 무언가 있어야 그것이 터지지 않겠습니까? 그것은 말도 안 되는 대답입니다. 이 우주는 아무것도 없는 것에서 **"없는 것을 있는 것처럼 부르시는 이"** 곧 하나님이 창조하셨습니다. 하나님께서 **"있으라"** 하시니 있게 된 것이 우주와 그 안의 모든 세계들입니다.

하나님의 섭리(God's Providence)

유일한 참 신(神)이신 하나님이, **"우리의 형상을 따라 우리의 모양대로 우리가 사람을 만들고 그로 바다의 고기와 공중의 새와 육축과 온 땅과 땅에 기는 모든 것을 다스리게 하자"**(창 1:26) 하시고, 우리 인간을 당신과 같이 영적이고 영원한 존재로 만드셨습니다. 사실 하나님은 궁극적으로 사람을 만들기 위해서, 온 우주와 그 안에 있는 모든 것들을 만드신 것입니다. 하나님과 한 가족이 되어서 하나님과 영원토록 복락을 누릴 하나님의 자녀들을 만들기 위해서, 하나님께서는 이 우주와 그 안에 있는 모든 것들을 창조하신 것입니다.

하나님께서는 "있으라" 하신 **능력의 말씀**으로 우주와 그 안에 모든 피조물들을 만드셨습니다. 하늘과 땅, 풀과 나무, 바다의 물고기도 만드시고, 하늘에 나는 새도 "있으라" 하시니 창공을 날아다녔습니다. 주먹 두 개만한 인간의 두뇌로는 하나님이 하신 역사를 다 이해할 수 없지만, 분명한 것은 하나님이 때를 따라 온 우주와 그 안에 있는 모든 것을 만드셨다는 사실입니다.

그리고 하나님께서는 창조의 여섯째 날에, 창조 역사의 제일 끝으로 사람을 만드시고 이 모든 것들을 다스리게 하셨습니다. 하나님께서는 그 창조 과정을 통해서 육신의 사람들이 하나님의 영적인 자녀가 되어서 천국에 들어갈 비밀을 섭리해 놓으셨습니다. 하늘과 땅 만드신 하나님께서는 영의 세계에는 영원한 천국과 영원한 지옥을 만드시고 약속의 말씀대로 우리를 구원하셔서 천국에 들어가 영원토록 하나님과 함께 살게 하셨다는 것입니다.

이것이 **하나님의 섭리(God's Providence)**입니다. 하나님께서는 당신의 섭리 안에서 천지를 창조하시고 마지막에 당신의 형상을 따라 우리 인간을 창조하셔서 우리들을 당신의 자녀로 삼고자 하셨습니다. 이 **하나님의 섭리**를 "**기록된 말씀을 통해서 어린아이처럼 순수하게 믿는 것**"이 **믿음**입니다. 하나님의 섭리를 믿는 자는 하나님께서 우리를 지으신 궁극적인 목적이 우리가 천국의 영생을 얻게 하는 것임을 알고 천국 영생을 지향하는 믿음을 갖고 삽니다.

"믿음으로 모든 세계가 하나님의 말씀으로 지어진 줄을 우리가 아나니 보이는 것은 나타난 것으로 말미암아 된 것이 아니니라"(히

11:3)는 이 한 절의 말씀으로, 모든 세계는 하나님이 창조하셨고 진화에 의해서 된 것이 절대로 아니라는 사실을 우리는 분명히 확인합니다. 보이는 것은 나타난 것으로 말미암아 된 것이 아닙니다. 이미 있었던 것이 진화해서 이렇게 현재의 존재들이 된 것은 절대로 아닙니다. 이 한 절의 말씀으로 진화론은 박살이 났습니다. 하나님께서는 언젠가 사단 마귀가 진화론을 가지고 사람들을 미혹해서 지옥으로 끌고 갈 것을 아시고 여기 히브리서 11장 3절의 말씀으로 진화론에 관한 모든 변론에 종지부를 찍어놓으신 것입니다.

믿음의 선진들은 어떤 믿음으로 그들의 믿음의 지향을 얻었는가?

믿음의 선진들은 어떤 믿음으로 하나님의 섭리인 천국 영생을 얻었는지에 대해 히브리서 11장 4절부터 하나하나 말씀합니다. 우리는 믿음의 선배들을 존경해야 합니다. 믿음의 선배로 아벨이 제일 처음 등장합니다. 아벨은 우리가 실로 존경할 만한 믿음의 선배입니다.

"아담이 그 아내 하와와 동침하매 하와가 잉태하여 가인을 낳고 이르되 내가 여호와로 말미암아 득남하였다 하니라 그가 또 가인의 아우 아벨을 낳았는데 아벨은 양 치는 자이었고 가인은 농사하는 자이었더라

세월이 지난 후에 가인은 땅의 소산으로 제물을 삼아 여호와께 드렸고

아벨은 자기도 양의 첫 새끼와 그 기름으로 드렸더니

여호와께서 아벨과 그 제물은 열납하셨으나 가인과 그 제물은 열납하지 아니하신지라 가인이 심히 분하여 안색이 변하니"(창 4:1-5).

가인과 아벨의 부모는 아담과 하와입니다. 그런데 아담이 하나님 앞에서 범죄함으로 에덴 동산에서 내쫓겼습니다. 그들의 범죄로 인해 사단 마귀의 죄의 독성이 첫 사람들에게 들어와서 아담과 하와가 죄 덩어리가 되었고, 그 둘 사이에서 태어난 가인과 아벨도 근본 죄 덩어리로 태어났습니다.

우리도 아담의 후손이기 때문에 태어날 때부터 죄 덩어리로 태어납니다. 이것은 **하나님의 섭리**입니다. "처음부터 죄가 없는 자로 태어나서 곱게 살다가 바로 천국에 골인하게 해 주시지! 왜 우리를 죄 덩어리로 태어나게 하셨나?" 하고 하나님께 불만을 가질 수도 있습니다만, 우리를 죄 아래 갇히게 하신 것이 하나님의 섭리라고 로마서에서 말씀하십니다. 우리를 **죄 덩어리로 태어나게 하신 것**은 예수 그리스도 안에서 죄 사함을 받음으로 **하나님의 자녀가 되게** 하시려는 **하나님의 섭리**입니다. 죄가 없는 피조물로 태어나서, 살다 죽으면 그냥 피조물로 죽는 것인데, 죄 덩어리로 태어나서 예수님으로 말미암아 죄 사함을 받으면 하나님의 자녀가 될 수 있습니다. 이것이 바로 우리를 하나님의 자녀로 만들어 주시기 위한 하나님의 섭리입니다.

아담이 그 아내 하와와 동침해서 첫 아들을 낳았는데, **가인**이라고 이름을 붙였습니다. 가인이라는 이름의 뜻은 "얻었다"라는 뜻입니다. 이름의 뜻으로 볼 때 가인은 굉장히 튼실했습니다. 그리고 또 둘째 아들을 낳았는데, 그 아기에게는 **아벨**이라고 이름을 붙였습니다. 아벨은 **"허무, 공허"**라는 뜻입니다.

하와가 둘째를 낳긴 낳았는데, 너무 부실해서 이놈이 사람이 될까 싶을 정도로 약했던 것 같습니다.

시간이 지나고 가인과 아벨이 어느 정도 자라나서 하나님께 예배를 드릴 나이가 되었습니다. 가인은 농사짓는 자이었기에 땅의 소산으로 제물을 삼아서 하나님께 예물을 드렸습니다. 가인은 부지런히 농사를 지어서 얻은 열매, 곡식, 또 땅속에 맺히는 근채류(根菜類) 등을 하나님께 예물로 드렸습니다. 그러나 아벨은 양의 첫 새끼와 그 기름으로 예물을 드렸습니다. 가인과 아벨은 근본적으로 다른 예물을 들고 하나님께 나아갔습니다. 그들의 제물이 전혀 달랐고 그런 제물을 드린 믿음도 달랐습니다. 그랬더니 하나님이 아벨의 제사는 받으시고 가인의 제사는 받지 않았습니다. 그로 말미암아 가인이 화가 나서 하나님께도 불평하고 끝내는 자기 동생을 쳐죽였습니다. 인류의 첫 번째 살인 사건이 일어났습니다.

그러면 하나님께서 왜 가인의 제물은 받지 않으시고 아벨의 제물은 열납(悅納-기뻐 받음)하셨습니까? 오늘 읽은 히브리서 11장 4절에, **"하나님이 그 예물에 대하여 증거하심이라"**고 말씀하셨습니다. 아벨이 드린 예물이 **의의 예물**이었다고 하나님께서 증거하셨다는 말씀입니다.

가인이 드린 제물, 즉 **"땅의 소산"**은 **자기의 의**를 뜻합니다. 가인은 하나님 앞에 자기의 의를 들고 나갔습니다. 땅은 사람의 육체를 가리키는데, 가인은 자기가 육체를 쳐서 수련을 하고 노력하고 희생해서 쌓은 **자기의 의와 공로**를 들고 하나님께 나아가서, "하나님! 내가 이렇게 하나님 앞에서 의롭게 살았습니다! 이만하면 나는 의로운 자가 아닙니까?"하고 당당하게 자랑했다는 말입니다.

　그런데 아벨은 **"양의 첫 새끼와 그 기름으로"** 예물을 삼아 하나님께 나아갔습니다. 양의 첫 새끼는 예수 그리스도를 가리킵니다. 사실 가인과 아벨의 아버지인 아담이 범죄하여 죄 덩어리가 되었을 때에, 하나님께서는 그들에게 이미 구원의 법을 주셨습니다. "너희들이 죄로부터 구원을 받고 내 앞에 나올 수 있는 길은 오직 대속의 어린양을 믿는 길밖에 없다"고 말씀하셨습니다. 그래서 하나님께서는 무화과 나뭇잎으로 해 입었던 아담과 하와의 옷을 벗기시고, 어린양이 희생됨으로 만들어진 가죽옷을 그들에게 입혀 주셨습니다.

　어린양이 희생되어서 만들어진 옷은 **하나님의 의**를 뜻합니다. 하나님 아버지께서 어린양이신 예수님을 대속의 제물로 우리에게 보내 주셨습니다. 하나님의 어린양으로 오신 예수님은 인류의 대표자인 세례 요한에게 세례(안수)를 받음으로 세상 죄를 다 넘겨받았습니다. 그 제물이 죽임을 당함으로 만들어진 옷은 바로 **하나님의 의**입니다. 우리가 오직 하나님의 의를 옷 입을 때에만 하나님 앞에서 모든 죄의 가리움을 받고 구원을 얻는다는 이 **원형의 복음**을 아담은 자기의 아들들에게 분명히 전해 주었습니다.

　이 진리의 복음을 가인과 아벨은 자주 들었습니다. 그런데 가인은 자기의 옳음이 너무 많아서 **하나님의 의**를 의지하지 않았습니다. "아닙니다. 나는 나의 노력으로도 하나님 앞에서 얼마든지 의롭다고 인정을 받을 수 있습니다. 내게는 그런 가죽옷이 필요 없습니다. 나는 양의 첫 새끼 같은 것이 필요 없습니다. 내가 아벨보다 훨씬 낫지 않습니까? 내가 멧돼지도 맨손으로 때려잡아서 아버지께 효도도 했으며, 나는 얼마든지 바르게 살 수 있습니다!"-가인은 그런 자였습니다. 그래서 땅의 소산, 즉 **자기의 의**를 들고 하나님께 나온 것입니다.

가인과 같은 사람은 하나님 앞에서 구원을 받지 못합니다. **사람의 의**는 다 헌 옷과 같이 더럽습니다. 그래서 하나님은 인간의 의를 제물로 받지 않습니다. **사람의 의**가 자기의 눈에는 좋아 보여도, 하나님의 눈에는 개자리에 불과합니다. **개자리**가 무엇인지 아십니까? 개를 키울 때, 겨울이면 그놈이 추울까 봐 개집에 헌 옷들을 넣어 줍니다. 그러면 개가 그 옷 속에서 자고 뒹굴고 거기에 오줌도 싸고 똥도 싸고 해서 나중에 그 개자리를 갈아주려고 꺼내 보면 구역질이 날 정도로 더럽습니다. 개가 깔고 뭉갰던 옷이나 천 쪼가리를 **개자리**라고 부릅니다. 그런데, 하나님은 "너희의 의는 개자리만도 못하다"고 말씀하십니다: **"무릇 우리는 다 부정한 자 같아서 우리의 의는 다 더러운 옷 같으며 우리는 다 잎사귀 같이 시들므로 우리의 죄악이 바람 같이 우리를 몰아가나이다"**(사 64:6)

개자리보다도 더러운 인간의 의

첫 사람 아담과 하와가 범죄한 다음에 자기의 수치를 가리려고 무화과 나뭇잎으로 옷을 해 입었는데, 그 무화과 나뭇잎으로 만든 옷도 **인간의 의**를 상징합니다. 사람은 **자기의 의**로써 자기의 수치를 가리려고 합니다. 그런데 하나님은 그런 옷을 확 벗기시고 가죽옷을 입혀 주셨습니다. 하나님께서는 "그것으로는 네 수치를 가릴 수 없다. 너의 의로는 네 죄를 가릴 수 없다"고 말씀하십니다. 무화과 나뭇잎은 손처럼 생겼습니다. 그런 무화과 나뭇잎으로 옷을 해 입으면 치부가 다 가리어집니까? 설사, 가린다고 해도 하루만 지나면 옷이 다 부스러지고 해집니다.

그러나 가죽옷은 어떻습니까? 모든 수치가 완벽하게 가려집니다. 그리고 가죽옷은 한 번 해 입으면 영원토록 가지 않습니까? 가죽옷은 그 옷을 입은 자가 죽을 때까지 해지지 않습니다. 하나님의 의는 모든 죄와 허물을 완벽하게 없애 주고, 그 의를 한 번 얻으면 영원까지 지속됩니다. 그러나 인간의 의로 만든 옷은 방금 해 입었을 때, 잠깐 동안만 반짝합니다. 무화과 나뭇잎 옷은 하루만 지나서 자고 일어나면 다 말라서 바스러지고 떨어집니다.

모든 종교는 무화과 나뭇잎 옷과 같은 땅의 소산으로 예물을 삼습니다. 새벽 기도도 무화과 나뭇잎 옷을 짜는 시간입니다. 주님께서 **"쉬지 말고 기도하라"** 고 하셨으니, 새벽 기도를 드리는 것 자체가 나쁘다는 것이 아닙니다. 믿음으로 하면 새벽 기도도 아름다운 것이지만, 오늘날의 기독교인들은 가인의 제물처럼 땅의 소산으로 새벽 기도를 드리는 것이기 때문에 하나님께서 열납하지 않습니다. 그들이 "용서하여 주옵소서" 하면서 회개 기도를 드리는 것은 새벽마다 무화과 나뭇잎 옷을 짜서 자기 수치를 가리려는 것과 같습니다. 이렇게 **자기의 의를** 들고 하나님 앞에 나가서 "나를 인정해 주십시오" 하는 것은 절대로 하나님께 인정을 받지 못합니다. 왜냐하면 인간의 의는 자기 눈에나 깨끗해 보이지 정말 더럽기 때문입니다. 인간의 의 안에는 모든 더러운 동기가 다 숨어 있습니다.

하나님께로부터 가죽옷을 얻어 입은 아담은 두 자식들에게 "구원을 받으려면 하나님의 의를 옷 입어야만 한다"고 가르쳐 주었습니다. "얘들아, 가인과 아벨아! 너희들이나 나나 다 죄 덩어리들이다. 우리는 이렇게 죄 덩어리로 태어났단다. 너희들에게는 미안하지만 어쩔 수 없는 일이다. 우리는 근본 죄 덩어리이기 때문에 죽을 때까지 죄만 짓는 자들이다. 그러니 우리가 구원받을 길은 오직 우리의 모든 죄를 단번에 안수로 넘김 받아서 대속의 피로 갚아 주실 메시아, 장차 어린양으로 오실 구세주를 믿는 길밖에 없단다. 장차 그분께서 오셔서 우리의 모든 죄를 다 담당해서 온전히 갚아 주실 것이다. 장차 어린양으로 오실 그분을 믿음으로 죄 사함 받고 그 믿음으로 하나님께 나아가거라"-이렇게 아담은 자식들에게 복음을 전해 주었습니다.

아벨은 자기 아버지 아담이 전해준 복음의 말씀을 어린아이 같은 마음으로 순수하게 믿었습니다. 그런데 가인은 이 말씀을 믿지 않았습니다. 하나님 말씀을 믿는 것이 믿음입니다. 아벨은 믿음으로 양의 첫 새끼를 끌어다가 그 머리에 안수를 해서 자기의 모든 죄를 다 넘기고, 그 양을 잡아서 그 피를 뿌리고 그 가죽을 벗기고 각을 떠서 제단 위에 올려놓고 불살라서 하나님께 드렸습니다.

"하나님, 감사합니다! 저는 죄 덩어리로 태어나서 평생에 죄만 짓다가 지옥에 가야 마땅한 자인데, 하나님께서 저를 불쌍히 여기셔서 장차 이 어린양 같은 구원자를 우리에게 보내셔서 우리를 모든 죄에서 온전히 구원해 주실 것을 제가 믿습니다"-그렇게 아벨은 믿음의 예물을 드렸습니다. 그래서 아벨의 제물을 하나님은 기뻐 받으셨습니다. "네가 나의 의를 들고 나오는구나! 내가 내 아들 예수 그리스도를 보내서 너희들에게 선물할 나의 의를 네가 믿음으로 들고 나오는구나! 네 믿음이 옳도다!" 하시고 **하나님의 의**를 들고 나온 아벨의 믿음을 받으셨습니다.

그러나 **자기의 의**를 들고 나온 가인에게는, "이놈의 XX야! 네가 그렇게 잘났냐? 내가 완전한 의를 입혀 주겠다는데, 그것을 거부하고 네 의를 들고 나오냐?" 하시고, 하나님은 가인의 제물은 받지 않으셨습니다.

아벨은 "의롭다"는 하나님의 인정을 받았습니다만, 아벨이 자기를 희생하거나 자기의 재물을 팔아 하나님께 드린 것이 하나도 없습니다. 아벨은 단지 어린아이같이 순수하게 하나님의 말씀을 믿고 그대로 순종했습니다. 고생은 가인이 더 했습니다. 땅의 소산으로 제물을 드리려면 일 년 내내 고생을 해야 합니다. 하루도 빠짐없이 땡볕에 나가서 밭도 매야 하고 농작물에서 벌레도 잡아 줘야 했습니다. 농사짓는 것이 보통 힘든 일이 아닙니다. 혀가 만발이 빠지게 고생을 해야 제대로 된 땅의 소산을 얻는데, 그것으로는 하나님께로부터 "의롭다"는 인정을 받지 못합니다.

인간이 **자기의 의**를 들고 신 앞에 나가는 것을 **종교**(宗敎)라고 합니다. 모든 종교인은 자기의 의를 들고 각각 자기의 신 앞에 나갑니다. 불교의 경우를 예로 들어 봅시다. 불교의 수도승들이 수도를 할 때에, 108번뇌를 일으키는 욕망의 불을 끄려고 얼마나 수련을 하고 자기를 쳐서 복종시키는 줄 압니까? 성철 스님이라는 분은 단칸방에 들어가서 수도를 했습니다. 조그만 구멍 문만 하나 내서 그리로 밥을 들여보내고 요강도 나오고, 그 방 안에 벽을 바라보고 앉아서 면벽대좌(面壁對座)의 수도 생활을 십 년 동안 했다고 합니다. 십 년 중에 삼 년은 불와(不臥) 즉, 눕지를 않는 고행의 수도를 했답니다. 그것이 얼마나 힘든 일입니까? 그런데 그 성철 스님의 똥을 치우는 사람은 무슨 고생입니까? 자기는 그렇게 해서 성불(成佛)을 했다 하더라도, 그 사람의 수행을 위해서 10년 동안 밥상을 차려 넣어 주고 똥 오줌 받아서 요강까지 씻어 주며 수발드는 사람은 무슨 죄로 그렇게 수고를 해야 하는지 저는 도무지 모르겠습니다.

아무튼, 자기들의 신 앞에 땅의 소산을 들고 나가는 것이 **종교**입니다. 자기의 의를 세우고자 죄를 안 지으려고 노력하는 노선이 바로 **종교**입니다. 기독교도 마찬가지입니다. 기독교도 성화(聖化)하겠다고 얼마나 새벽 기도를 열심히 하고, 죄를 안 지으려고 용을 쓰고 금식을 하고 난리를 떱니까? 자기들의 선행을 얼마나 자랑합니까? 그래서 자기의 공로를 들고 하나님께 인정받으려고 하는 기독교는 하나의 종교에 불과합니다. 조○○ 목사님을 기독교에서 성자(聖者)라고 부릅니다. 그는 한국전쟁 중에 자기 아들을 공산당이라고 몰아서 죽인 사람을 양자로 삼아서 돌봐 주었습니다. 그 목사님이 참으로 훌륭한 분인 것은 맞습니다. 그러나 인간의 의는 다 개자리만도 못한 것입니다. 그런 **사람의 의**로는 천국의 영생을 얻지 못합니다. 인간의 의를 들고 하나님 앞에 나가려고 하는 자는 가인의 후예들입니다. 그런 자의 믿음은 절대로 하나님 앞에 열납(悅納)되지 못합니다.

사도 바울은 "나는 죄인 중에도 괴수이며 하나님 앞에 아무것도 자랑할 것이 없다"고 고백했습니다. 자기에게 자랑할 것이 있다면, 오직 예수 그리스도와 그분이 십자가에 못 박힌 것밖에는 자랑할 것이 없다고 그는 선언했습니다. 그런 믿음이 참된 믿음입니다. 우리는 하나님 앞에 자랑할 것이 아무것도 없습니다. 나에게 자랑할 것이 있겠습니까? 헌 옷과 같고 개자리 같은 나의 의가 무슨 자랑거리가 되겠습니까?

아벨은 자기의 죄악된 모습을 아는 자였기에 하나님의 의를 믿음으로 하나님께 나아갔습니다. 그래서 하나님께 **"의로운 자"**라는 증거를 받았습니다. 하나님은 아벨의 예물을 보시고 "너는 의롭다"라고 인정하셨습니다. **"하나님이 그 예물에 대하여 증거하시니라"**(히 11:4) 하신 뜻이 그것입니다.

아벨이 드린 예물이 무엇입니까? **양의 첫 새끼와 그 기름**입니다. 이는 예수님께서 우리에게 주신 **물과 피의 복음**을 상징합니다. 기름은 성령을, 양의 첫 새끼는 예수님을 지칭하는 말씀입니다. 예수님은 거룩한 영의 하나님인데, 육체를 입고 오셔서 인간의 대표자인 세례 요한에게 안수의 형식으로 세례를 받아서 우리의 모든 죄를 다 담당하셨습니다. 그리고 예수님은 십자가에서 **"다 이루었다!"** 하고 죽으시기까지 우리의 죄를 없애 주셨습니다. 이와 같이 **"물과 피로 임하신"**(요일 5:6) 예수님의 구원의 역사를 믿는 믿음이 하나님께서 기뻐 받으시는 예물입니다. 하나님께서 지금 우리에게, "너희도 아벨처럼 돌로 단을 쌓고, 실제로 양의 첫 새끼와 그 기름으로 나에게 제사를 드려라. 그러면 내가 그 제사를 받아 주겠다"는 얘기가 아닙니다. 우리도 아벨처럼 **하나님의 의를 믿으라**는 말씀입니다.

하나님은 우리의 순전한 믿음을 기뻐하신다

"믿음으로 에녹은 죽음을 보지 않고 옮기웠으니 하나님이 저를 옮기심으로 다시 보이지 아니하니라 저는 옮기우기 전에 하나님을

기쁘시게 하는 자라 하는 증거를 받았느니라

믿음이 없이는 기쁘시게 못하나니 하나님께 나아가는 자는 반드시 그가 계신 것과 또한 그가 자기를 찾는 자들에게 상 주시는 이심을 믿어야 할찌니라"(히 11:5-6)

에녹은 믿음의 선진 중에서도 특이한 분입니다. 이분은 죽음을 보지 않고 들림(휴거)을 받아서 하나님께로 갔습니다. 그러니 대단한 분이지요! 이 사건을 통해서 하나님은 장차 휴거(携擧, rapture)가 있을 것을 미리 말씀하신 것입니다. 하나님은 "이 땅에 너를 더 이상 둘 수 없구나!" 하시고 에녹을 천국으로 데리고 가셨습니다. 에녹은 죽음을 맛보지 않고 천국으로 옮겨진 첫 번째 의인입니다. 우리도 에녹같이 정말 온전한 믿음으로 하나님 앞에서 행하면, 예수 그리스도께서 재림하실 때에 에녹처럼 들림을 받아 주님께로 올라갑니다. 그것을 휴거(携擧, rapture)라고 합니다. 주님의 날에 의인들은 죽음을 맛보지 않고 홀연히 변화되어서 공중으로 끌려 올려가서 주님께서 베푸시는 공중 혼인잔치에 들어갈 것입니다.

에녹은 하나님 말씀을 어린아이같이 순수하게 믿었던 믿음의 선배입니다. 하나님의 말씀이 에녹에게는 오직 "예"만 되었습니다. 하나님이 말씀하시면 에녹은 "예" 하고 그대로 믿고 순종했습니다. 그래서 하나님이 에녹을 너무나 예뻐하시고 기뻐하셔서 죽기도 전에 미리 데려가셨습니다. "내가 너를 이 험한 세상에 더 이상 놓아둘 수가 없구나!" 어떤 사람이 너무 좋으면 같이 살려고 데려가지 않습니까? 결혼이란 신부를 너무 좋아해서 신랑이 자기의 집으로 데려오는 거잖아요? 따로 떨어져 살기가 너무 힘들다고 같이 살려고 데려가는 것이 결혼입니다.

하나님께서 에녹을 너무 사랑하셔서 하나님의 집으로 데려가셨습니다. "눈에 넣어도 아프지 않다"라는 말이 있잖아요? 하나님 보시기에 에녹은 당신의 눈에 넣어도 아프지 않아서 데려가신 것입니다. 에녹의 믿음은 하나님을 기쁘시게 하는 믿음이라고 했습니다. 에녹은 하나님에게 큰 기쁨이었습니다. 에녹이 어떠했길래 하나님이 그를 그토록 사랑하고 기뻐하셨습니까? 에녹은 하나님 말씀을 그대로 믿었습니다. 그런 에녹의 믿음이 하나님을 기쁘시게 했습니다.

히브리서 11장 6절에, **"믿음이 없이는 기쁘시게 못하나니"**라고 말씀하셨는데, 하나님이 기뻐하시는 것은 우리의 순전한 믿음입니다. 하나님은 황금이나 다이아몬드를 바치면 기뻐하고, 우리의 희생과 봉사를 더 기뻐하는 분이 아닙니다. 하나님이 가장 기뻐하는 것은 **우리의 믿음**입니다. 우리가 마음으로 하나님을 믿는 것을 하나님은 가장 기뻐합니다. 우주와 그 안의 모든 것을 창조하신 그 크신 분, 우리의 모든 생살여탈권(生殺與奪權)을 쥐고 있는 그분이 무엇을 좋아하시는지만 알면, 우리는 가장 복된 길을 알게 된 것입니다.

하나님의 가장 기뻐하시는 것은 우리의 믿음입니다. 하나님께서 기뻐하시는 믿음을 가진 자는 모든 축복을 보장받습니다. 믿음의 지향점은 천국 영생인데, 순전한 믿음의 소유자는 천국 영생을 얻을 뿐만 아니라 이 땅에서도 하나님의 축복을 풍성하게 누리며 삽니다. 그러니 하나님께서 기뻐하시는 믿음이 얼마나 중요합니까? 그래서 오늘 이 말씀을 여러분의 마음에 새기기를 바랍니다. 믿음이 있는 자는 하나님의 기뻐하심을 입고 모든 축복을 다 받습니다. **"믿음이 없이는 기쁘시게 못하나니"**라고 말씀하셨는데,

이와 반대로 믿음이 없는 자는 하나님과 원수가 되기로 작정한 자입니다.

믿음의 내용

"하나님께 나아가는 자는 반드시 그가 계신 것과 또한 그가 자기를 찾는 자에게 상 주시는 이심을 믿어야 할지니라"(히 11:6).

우리는 과연 무엇을 믿는 것인가 하는 질문에 이 말씀은 답을 주고 있습니다. 첫째, 믿음은 **하나님이 반드시 계시다**는 것을 믿는 것입니다. 이것이 믿음의 기초입니다. 그런데 이 기초적인 믿음조차 없는 사람이 많습니다. "하나님이 있긴 어데 있어? 하나님이 눈에 보이냐? 하나님을 믿느니 내 주먹을 믿겠다" 하는 무신론자들이 참으로 많은 세상입니다. 그러나 우리는, "하나님이 반드시 계시다! 선하고 참되고 인자하신 창조주 하나님, 우리의 구원자이신 하나님이 반드시 계시다!"라고 믿습니다.

둘째로는, "그 하나님은 구원을 바라는 자들에게 **반드시 구원의 상을 주시는 하나님**이시다"라는 사실을 믿는 것이 믿음입니다. "그가 자기를 찾는 자에게 상주시는 **이심을 믿어야 할지니라**"(히 11:6)고 말씀하셨는데, 여기 말씀하신 상(賞)은 밥상(床)이 아니라 구원의 상(賞)입니다. "하나님, 저는 지옥에 가야 할 죄인입니다. 저를 불쌍히 여기셔서 구원해 주십시오" 하고 하나님께 나오는 자에게 하나님께서는 반드시 천국 영생을 얻도록 구원의 상을 베푸시는 하나님입니다. "하나님은 아무도 차별하시지 않고 구원을 베푸시는 하나님이시다"라는 믿음을 가지고 나아오는 자를 하나님은 기뻐하시고 그런 자에게 반드시 구원의 은혜를 베풀어 주십니다.

　오늘 우리는 히브리서 11장 1절부터 6절까지의 말씀을 통해서, 믿음이 무엇인지, 믿음은 무엇을 지향해야 되는지, 하나님은 우리의 믿음을 어떻게 여기시고 어떻게 축복하시는지에 대해서 말씀을 나눴습니다. 하나님께서는 살아 계시고, 그 하나님은 믿음으로 나오는 자들에게 천국 영생을 상으로 주시길 원합니다. 그래서 보이지 않는 하나님을 눈으로 보는 것같이 믿고 하나님께서 약속하신 천국 영생을 바라는 자에게 하나님께서는 반드시 구원의 상을 베푸십니다.

　구원의 상을 받지 못한 사람은 그것을 간절히 원하지 않기 때문입니다. 여러분 중에 그 상을 받기 원하지만 아직 받지 못한 분이 있다면, 그런 분은 먼저 천국 영생을 가장 귀하게 여기는 마음이 있어야겠고, 그 상을 간절히 구하는 마음이 있어야 하겠습니다. 하나님께 구원의 상을 넉넉하게 받는 믿음이 여러분 모두에게 있기를 바랍니다.

　말씀을 마쳤습니다.

(2014년 6월 15일 주일예배 말씀)

더 나은 본향을 찾아가는 순례자

"믿음이 없이는 기쁘시게 못하나니 하나님께 나아가는 자는 반드시 그가 계신 것과 또한 그가 자기를 찾는 자들에게 상 주시는 이심을 믿어야 할찌니라

믿음으로 노아는 아직 보지 못하는 일에 경고하심을 받아 경외함으로 방주를 예비하여 그 집을 구원하였으니 이로 말미암아 세상을 정죄하고 믿음을 좇는 의의 후사가 되었느니라

믿음으로 아브라함은 부르심을 받았을 때에 순종하여 장래 기업으로 받을 땅에 나갈째 갈 바를 알지 못하고 나갔으며

믿음으로 저가 외방에 있는것 같이 약속하신 땅에 우거하여 동일한 약속을 유업으로 함께 받은 이삭과 야곱으로 더불어 장막에 거하였으니

이는 하나님의 경영하시고 지으실 터가 있는 성을 바랐음이니라

믿음으로 사라 자신도 나이 늙어 단산하였으나 잉태하는 힘을 얻었으니 이는 약속하신 이를 미쁘신줄 앎이라

이러므로 죽은 자와 방불한 한 사람으로 말미암아 하늘에 허다한 별과 또 해변의 무수한 모래와 같이 많이 생육하였느니라

이 사람들은 다 믿음을 따라 죽었으며 약속을 받지 못하였으되 그것들을 멀리서 보고 환영하며 또 땅에서는 외국인과 나그네로라 증거하였으니

이같이 말하는 자들은 본향 찾는 것을 나타냄이라

저희가 나온바 본향을 생각하였더면 돌아갈 기회가 있었으려니와

저희가 이제는 더 나은 본향을 사모하니 곧 하늘에 있는 것이라 그러므로 하나님이 저희 하나님이라 일컬음 받으심을 **부끄러워 아니하시고** 저희를 위하여 한 성을 예비하셨느니라"(히 11:6-16)

오늘은 히브리서 11장 6절부터 16절까지의 말씀을 통해서 "믿음의 선배들은 더 나은 본향을 향해서 나아간 순례자들이었다"는 말씀을 드리고자 합니다.

하나님의 말씀을 믿는 것이 믿음입니다

히브리서 11장은 우리에게 믿음이 무엇인지에 대해서 말씀해 주십니다. 그래서 히브리서 11장을 "성경의 믿음 장"(章)이라고 부르기도 합니다. 하나님의 말씀을 믿는 것이 믿음입니다. 다시 말하자면, **믿음이란 기록된 하나님의 말씀을 믿는 것입니다.**

그러면 "하나님의 말씀을 믿지 않는 믿음도 있느냐?"라는 반문이 있을 수 있습니다. 그런 믿음도 많습니다. "진리가 아닌 것을 **덮어놓고 믿는 것**"을 **맹신**(盲信)이라고 합니다. 기독교인들 중에는 하나님의 말씀은 딱 덮어놓고 사람의 가르침을 듣고 믿는 사람들이 많습니다. 거듭나지 못한 사람은 영적인 소경입니다. "장님이 코끼리 만지듯 한다"는 속담처럼, 영적으로 소경인 사람이 어찌 **"영이요 생명"**(요 6:63)인 하나님의 말씀을 이해하겠습니까? 예수님께서 당시의 선생들이었던 서기관과 바리새인들에게, **"너희는 너희 아비 마귀에게서 났다"**(요 8:44)라고 말씀하신 대로 거듭나지 못한 자들의 가르침은 그들의 아비인 사단 마귀로부터 온 거짓말입니다. 그래서 영적 소경들의 가르침을 믿는다는 것은 결국은 사단 마귀의 말을 맹신하는 것입니다.

물과 성령으로 거듭난 하나님의 종들은 하나님의 진리의 말씀을 전합니다. 그러나 영적으로 소경인 인도자는 **"주 여호와의 말씀에 본 것이 없이 자기 심령을 따라 예언하는 우매한 선지자"**(겔 13:3)이기 때문에 그런 자의 거짓말을 믿으면 맹신(盲信)에 빠질 수밖에 없습니다. 그런데 사실 목회자들 중에는 물과 성령으로 거듭나지 못한 설교자들이 99% 이상입니다. 거듭나지 못한 설교자가 전하는 거짓말을 기독교인들이 덮어놓고 믿기 때문에 오늘날의 기독교인들이 다 맹신(盲信)에 빠지게 된 것입니다.

거듭난 하나님의 종들이 하나님의 말씀을 영적으로 바르게 해석하고 전해줄 때, 그 말씀은 하나님의 뜻에 부합하기 때문에 듣는 이들이 **신사적인 믿음**을 갖게 됩니다. 사도행전에는 베레아 사람들이 **신사적인 믿음**을 가졌다고 칭찬을 받았습니다. **"베뢰아 사람은 데살로니가에 있는 사람보다 더 신사적이어서 간절한 마음으로 말씀을 받고 이것이 그러한가 하여 날마다 성경을 상고하므로 그 중에 믿는 사람이 많고 또 헬라의 귀부인과 남자가 적지 아니하나"**(행 17:11-12) 하신 말씀을 우리가 유의해 볼 필요가 있습니다. **베뢰아 사람들**(Bereans)은 신사적인 믿음을 가졌다고 인정을 받았는데, **"신사적"**(noble)이라는 말이 얼마나 좋은 말입니까? 신사적이란 말은 "고상하다"는 뜻입니다. 베뢰아인들은 거듭난 하나님의 종들이 전해 주는 하나님의 말씀을 간절한 마음으로 받았고, 그 말씀이 진정 그러한가를 깊이 생각하고 믿었습니다. 그래서 베뢰아 사람들 중에는 바른 믿음으로 말미암아 하나님의 구원을 얻은 자들이 많았다는 말입니다.

그러나 오늘날의 기독교인들은 성경이 그러한가 혹은 그러하지 아니한가를 따져 보지도 않고 거듭나지도 못한 설교자들의 말을 무조건 믿기 때문에 맹신자들이 많습니다. 그래서 대다수의 기독교인들이 예수님을 죽도록 믿고도 결국은 죄 사함을 받지 못해서 영원한 지옥의 멸망에 떨어지는 것입니다. 그러므로 아직 거듭나지 못한 기독교인들은 히브리서 11장의 말씀을 통해서 맹신의 믿음이 아닌 바른 믿음을 가져야 하겠습니다.

바랄 수 없는 중에 바라고 믿는 것이 믿음입니다

아브라함은 하나님의 약속을 바랄 수 없는 중에 바라고 믿었습니다. 우리가 하나님의 말씀을 인간의 머리로 헤아려 보면, "과연 그렇게 될까?" 하는 의구심이 들 때가 많습니다. 그런데 이러한 의구심은 사단 마귀가 우리의 마음에 주입해 놓은 악한 생각입니다. 그래서 내 생각에는 "과연 말씀대로 그렇게 될까?" 하는 의심이 들지라도, 그것이 분명 하나님의 말씀이기 때문에 자기 생각을 부인하고 그 **말씀을 믿는 것이 믿음**입니다.

"**아브라함이 바랄 수 없는 중에 바라고 믿었으니 이는 네 후손이 이 같으리라 하신 말씀대로 많은 민족의 조상이 되게 하려 하심을 인함이라**"(롬 4:18)고 로마서에 말씀합니다. 이러한 믿음이 바로 아브라함의 믿음이고, 믿음의 표본입니다. "**바랄 수 없는 중에 바라고 믿었다**"는 말씀이 무슨 뜻일까요? 하나님의 약속이 너무 엄청난 것이어서 과연 그 약속대로 이루어질 것을 기대하기 힘든 상태가 바로 "**바랄 수 없는 중에**"라는 말씀의 의미입니다.

하나님은 아브라함에게 "내년 이맘때쯤, 너와 네 부인 사라 사이에 아들이 있을 것이다, 그리고 그 아들로 말미암아 네 후손이 바다의 모래와 같이, 하늘의 별과 같이 많아질 것이다"라고 약속하셨습니다.

그때 아브라함의 나이가 90살이었고 사라도 80세였습니다. 아브라함도 이미 늙고 쇠해서 그의 몸이 죽은 것 같았고, 사라도 달거리가 끊어진 지가 아주 오래되었습니다. 그러니 어떻게 둘 사이에서 애를 낳겠습니까? 그것은 바랄 수 있는 일입니까, 바랄 수 없는 일입니까? 제주도 말로, 늙어 꼬부라진 아브라함 하루방과 사라 할망 사이에 내년 이맘때 자식이 있을 것이라고 하나님께서 말씀하셨는데, 도대체 이 말씀이 바랄 수 있는 일입니까, 없는 일입니까? 도저히 바랄 수 없는 일입니다.

그러나 아브라함은 바랄 수 없는 그 **약속의 말씀을 바라고 믿었습니다**. "내 생각에는 도저히 있을 수 없는 일이지만, 하나님이 그렇게 하시겠다니 분명 그리 될 것이다" 하고 아브라함은 하나님의 말씀을 믿었습니다. 그것이 믿음입니다. 사라도 하나님의 약속의 말씀을 듣고서 처음에는 "아이고! 하나님도 참! 나 같은 쪼그랑 망태 할망이 아기를 잉태한다고? 웃긴다 웃겨!" 하고 자기 장막 안에서 킥킥거리며 웃었습니다. 그러나 하나님께서 책망하시니까, 마음을 돌이켜서 믿었습니다. 그런 믿음으로 말미암아 이 두 사람이 실제로 아들을 낳았습니다. 그 아들이 바로 이삭입니다.

"바랄 수 없는 중에 바라고 믿는 것이 믿음이다"라고 성경은 말씀하는데, 히브리서 11장에 이런 믿음을 지녔던 믿음의 선배들이 한 명씩 한 명씩 소개됩니다. 이분들은 믿음의 세계에 있어서 스타들입니다. 프로 야구나 프로 농구 경기를 보면, "올스타전"(All Stars Match)이라는 것이 있습니다. 팬들을 위해서 소속 팀에 관계없이 제일 잘하는 선수들만 모아서 두 팀을 만들고 경기를 합니다. 즉 올스타전은 팬들을 위한 축제인 셈입니다. 농구의 경우에 올스타전이 열리면, 뽑힌 선수들의 이름을 한 명씩 호명합니다. 그러면 그 선수가 코트에 등장하고 관중들은 열광적으로 박수를 보냅니다.

히브리서 11장에도 이처럼 믿음의 올스타들이 등장합니다. 대단한 믿음의 선배들이 하나하나 등장하면서 우리에게 믿음이 무엇인지를 가르쳐 주고 있습니다. "믿음이란 하나님의 말씀을 믿는 것이다". 그리고 "하나님의 말씀이 비록 우리 생각에는 도저히 바랄 수 없는 것이지만, 이것이 하나님의 말씀이기 때문에 반드시 이루어진다고 믿는 것이 믿음이다"라고 그들은 우리에게 가르쳐 줍니다.

믿음의 지향점

그러면, 우리의 믿음은 무엇을 지향해야 합니까? 우리의 믿음의 목표는 무엇입니까? 우리는 무엇을 위해서 하나님을 믿는 것입니까? 다시 말하자면, 믿음이란 하나님의 말씀을 믿는 것인데, 그 믿음의 목적이 무엇이냐는 것입니다. 성경은 **"믿음의 결국"**은 **"곧 영혼의 구원"** (벧전 1:9)이라고 말씀합니다. 우리가 하나님을 믿는 목적은 하나님께서 우리에게 주시고자 하는 **천국 영생**을 얻기 위함입니다. 그리고 누구든지 올바른 믿음을 갖는다고 하면 반드시 천국 영생을 상(賞)으로 받습니다.

히브리서 11장 6절에 "**믿음이 없이는 기쁘시게 못하나니 하나님께 나아가는 자는 반드시 그가 계신 것과 또한 그가 자기를 찾는 자들에게 상 주시는 이심을 믿어야 할찌니라**"고 말씀하셨습니다. 하나님께서 가장 기뻐하시는 것은 우리의 믿음입니다. 하나님은 우리의 헌신적인 희생이나 일천 번제의 제사를 기뻐하시는 분이 아니라, 진리의 말씀을 믿는 믿음을 더 기뻐하십니다. 그리고 그 믿음은 하나님이 반드시 계시다는 사실과 그 하나님은 당신을 찾아 나오는 자들에게 반드시 영생의 구원을 선물로 주신다는 사실을 믿는 것입니다.

첫째, **하나님께서 반드시 계시다는 사실을 믿는 것이** 믿음입니다. 하나님께서 살아 계시다는 사실을 믿지 않는 사람이 참 많습니다. 특히 하나님의 실재하심을 믿지 않는 사람은 소위 고학력자 중에 더 많습니다. 그런 자들은 자기들이 유식하다고 생각하지만 사실은 멍청이들이고 가똑똑이들입니다.

"창세로부터 그의 보이지 아니하는 것들 곧 그의 영원하신 능력과 신성이 그 만드신 만물에 분명히 보여 알게 되나니 그러므로 저희가 핑계치 못할찌니라"(롬 1:20) - 이 말씀은, "하나님이 반드시 계시다"는 사실을 부인하지 못하도록, 하나님은 당신의 실재(實在)하심과 신성(神性)을 우주 만물 안에 수없이 계시해 놓았다는 뜻입니다. 그래서 "하나님이 없다"고 말한 자들이 죽은 후에 하나님의 준엄한 심판을 받더라도 핑계치 못하게 해놓았습니다.

조금이라도 생각이 있는 사람은 우주와 자연계를 보고라도 하나님께서 살아 계신 것을 인정합니다. 정말 그렇습니다. 우주 만물을 보면, 참으로 경이롭습니다. 하나님께서 창조하시고 운행하지 않는다면, 도대체 이런 경이로운 자연의 질서와 생명 현상을 어떻게 설명할 수 있겠습니까? 한 예로, 태양과 지구, 이 둘만 놓고 봅시다. 지구가 태양 주위를 돌면서 태양으로부터 에너지를 받기 때문에, 이 지구의 생명체들이 살아갑니다. 그런데, 과학자들은 이 지구의 궤도와 속도가 너무 신묘막측(神妙莫測)하다고 주장합니다. 어떤 사람이 운동장을 한 바퀴 도는데, 0.0000001초도 안 틀리고 똑같은 속도로, 자기가 밟았던 발자국을 고대로 밟으면서 돌 수 있겠습니까? 자기가 시계를 보면서, "내가 15초36에 한 바퀴를 돌았다, 그러니 둘째 바퀴도 15초 36에 돌아야지!" 하고 각오를 한다고 그렇게 돌 수 있습니까? 그것은 절대로 불가능합니다.

또 그토록 어마어마한 불덩어리가 꺼지지도 않고 백억 년이 넘도록 계속해서 탈 수 있겠습니까? 사실 태양계는 전체 우주에 비교해 볼 때에 먼지보다도 작은 것입니다. 우주 공간에는 은하계만 해도 6천억 개인지가 존재한다고 하니, 온 우주와 그 안에 있는 모든 만물을 "있으라" 하신 한마디 말씀으로 창조하신 하나님의 능력과 신성이 얼마나 광대하고 영원한지를 알 수 있습니다.

이 지구뿐만 아니라 태양계의 다른 행성들과 위성들이 얼마나 질서 있게 태양 주위를 돌아갑니까? 지구는 태양 주위를 타원 궤도로 도는데, 그 궤적이 지금의 궤도에서 1m만 태양 쪽으로 가까웠다면 지금 지구는 불덩어리가 됐을 것이라고 과학자들이 말합니다. 지금의 궤적은 너무 신묘막측한 거리를 유지하고 있답니다. 지금의 거리는 태양으로부터 지구로 들어오는 에너지와 지구로부터 발산되는 에너지가 딱 맞아떨어지는 최적점이어서 지구가 항상성(恒常性, Homeostasis)을 유지할 수 있다는 말입니다. 하나님께서 그렇게 설계하고 창조하셔서 지금도 온 우주를 운행하고 계십니다. 이 아름다운 생명의 행성, 지구에서 사람들이 번성하면서 하나님을 인정하고 하나님의 구원의 말씀을 믿음으로 죄 사함을 받고 영원한 천국에서 하나님과 더불어 살 수 있게 하신 것이 하나님의 섭리입니다.

사람이 하나님께서 주신 지혜로 조금만 생각을 해 보면서 자연만물의 조화를 바라보면, "정말 하나님께서 계시는구나!" 하고 시인하게 됩니다. 자기가 하나님의 존재를 인정하지 않으려고 발악을 하니까 하나님의 실재하심을 부인하는 것입니다. 어저께 자기는 불가지론자(不可知論者)라고 밝힌 어떤 사람이 내 블로그에 들어와서 글을 남겼습니다. "불가지론자"란 하나님의 실재 여부는 알 수 없다고 주장하는 사람들입니다. 그런 사람들은, "하나님의 실재(實在)를 어떻게 증명할 수 있느냐? 하나님이 눈에 보이냐? 그러니 사실을 보여 증명할 수 없기 때문에, 하나님이 있는지 없는지는 알 수 없다!" 이렇게 주장하는 자들이고, 한마디로 하나님의 실재를 믿지 않는 자들입니다.

하나님은 영(靈)이기 때문에, 우리의 눈에는 보이지 않습니다. 그러나 마음이 가난하고 순수한 사람은 자연만물을 보고도 하나님을 느낍니다. 그래서 대자연을 통해서 하나님께서 자신의 존재를 알리시는 것을 "일반적 계시"(General Revelation)라고 말합니다. "내가 분명히 살아서 존재한다. 모든 것을 창조한 이가 바로 나, 스스로 있는 하나님이다"라고 하나님은 우주 만물의 조화를 통해서 말씀하십니다.

그런데 제 블로그에 들어왔던 자칭 "불가지론자"라는 분은 제

설교를 읽고 많은 도움이 됐다고 댓글을 적어 놓았습니다. 이 사람은 아마 무슨 검색어를 쳤다가 우연히 제 블로그에 들어온 것 같습니다. 그분이 읽은 설교에는 종교개혁과 자본주의의 출현에 대해 언급한 부분이 있었습니다. 그러니 자기에게 그런 세상적인 지식이 도움이 되었다는 말이겠지요. 저는 그분에게 "반드시 하나님께서 살아 계신 것과 하나님이 우리에게 영생의 선물을 주고자 하신다는 사실을 믿게 되기를 바랍니다. 제 블로그에 자주 들르십시오"라고 답글을 써 주었습니다.

믿음의 첫걸음은 하나님이 계신 것을 믿는 것

믿음의 첫걸음이 무엇이냐? 아주 기초적인 질문이지만, 그것은 하나님께서 살아 계시다고 믿는 것입니다. 하나님의 실재(實在)를 인정하는 것이 믿음의 첫 단추입니다. 하나님께서 계신다고 믿지도 않는 마음에 무슨 믿음이 시작되겠습니까?

일단 하나님께서 살아 계시다고 믿는 사람은 이제 그 하나님은 전능한 창조주 하나님이고 구원의 하나님이심을 믿어야 합니다. 하나님은 선하고 인자하신 하나님이어서 우리를 하나님 형상대로 만들어서 영생의 천국에 들어가게 하시는 사랑의 하나님입니다. 그래서 히브리서 11장 6절 후반부에, **"또한 그가 자기를 찾는 자들에게 상 주시는 이임을 믿어야 할지니라"**고 말씀하신 것입니다. 즉 **믿음의 두 번째 내용**은, "하나님은 하나님의 긍휼을 바라고 찾아 나오는 자들에게 구원의 상(賞)을 주시는 하나님이다"라는 것입니다.

여러분, 상(賞) 받는 것을 다 좋아하시죠? 초등학교 때 상장을 많이 받지 않았습니까? 한 학기가 끝나면, 몇 등 안에 든 사람은 우등상장을 받았습니다. 하다 못해 개근상이라도 받으면 그 상장을 부모님께 보이면서 자랑하곤 했던 기억이 납니다. 그런데 하나님께서 말씀하시는 상(賞)은 천국 영생입니다. 하나님께서는 누구든지 자기를 찾는 자들에게는 모두 이 천국 영생의 상을 주십니다.

하나님은 가장 귀한 천국 영생의 상을 주시기를 원하는데 사람들은 멍청하고 미련해서 이 귀한 천국 영생에는 관심이 없습니다. 기껏해야 이 땅에서 자기가 육신적으로 잘되고 자식들이 잘 되는 것을 가장 바랍니다. 그래서 그런 것들을 달라고 간절히 기도하며 신앙생활을 합니다. 그러니 하나님께서는 너무나 안타까우시겠죠? 진짜 하나님은 우리에게 가장 귀한 것을 상으로 주시기를 원하는데, 사람들은 썩어 없어질 것들에만 마음을 두고 그것들에 목을 매고 있으니 말입니다.

오늘날의 대부분의 기독교인들이 바라는 것은 이 땅에서 부자가 되고 출세하는 것입니다. 목사님들조차도 육신적인 기준으로 성공하기 위해서 목회를 합니다. 그들은 목회의 성공 여부를 무엇으로 판단합니까? 목회에 성공했다는 것은 교인이 많은 큰 교회를 개척해서 큰 예배당을 짓고 자기의 왕국을 건설하는 것입니다. 어떤 목사님은 "세계 최대의 단일 교회"를 개척해서 하나님께 드렸노라고 자랑합니다. 그러나 그런 교회는 자기의 왕국에 불과합니다. 한 주간에 수십억 원씩 들어오는 엄청난 헌금으로 형성한 교회 재산을 자기 마음대로 횡령하고 자기 자식들에게 물려주고 온갖 악행을 다 저지르지 않았습니까? 그런 자는 하나님의 종이 아닙니다. 하나님하고 전혀 상관이 없는 일을 하고 있는 것입니다. 사실은 그런 자를 추종하는 교인들도 마음이 한통속이기 때문에 세상에서 잘 되기 위해서 신앙생활을 하면서, 자기들의 믿음이 좋은 줄 압니다. 그들은 천국 영생에는 관심이 없고 거듭나는 것이 무엇인지도 모르는 자들이며, 믿음의 사람들은 아닙니다.

천국 영생의 상(賞)을 바라본 믿음의 선배들

믿음은 **하나님이 계시다는** 것과 그 하나님이 자기를 찾는 자들에게 가장 귀한 상(賞)인 **천국 영생의 상을 주신다는** 것을 믿는 것입니다. 올바른 믿음의 선배들은 영생을 사모하는 믿음으로 살았습니다.

"**믿음으로 노아는 아직 보지 못하는 일에 경고하심을 받아 경외함으로 방주를 예비하여 그 집을 구원하였으니 이로 말미암아 세상을 정죄하고 믿음을 좇는 의의 후사가 되었느니라**"(히 11:7)

노아의 시대에 사람들은 하나님을 떠나서 방종하였고 죄악이 이 세상에 가득했습니다. 그래서 하나님은 사람을 창조하신 것을 한탄하시고 이 세상을 물로 심판하시기로 작정하셨습니다. 그러나 노아는 믿음으로 죄 사함 받은 **의인**(義人)이었고 그 시대에 **완전한 자**였습니다(창 6:9). 그래서 하나님은 노아에게 희망을 두시고, 새로운 세상을 그와 그의 가족에게 열어 주려고 하셨습니다.

노아는 500세 된 후에 셈과 함과 야벳을 낳았고, 그즈음에 하나님께서는 노아에게 말씀하셨습니다 – "노아야, 이 세상의 모든 인간들이 너무 악해서 죄악이 온 세상에 가득 찼다. 내가 더 이상 이들의 방종함을 용납할 수 없구나! 그래서 이 세상을 물로 완전히 쓸어버릴 것이다. 그러니 너와 네 가족들은 방주(方舟)를 만들어라. 누구든지 그 방주에 올라타는 자는 다 구원을 받을 것이다."

그런데 생각해 보십시오. 아무리 엄청난 홍수가 나도 제일 높은 산까지 물이 가득 차겠습니까? 노아가 하나님께로부터 이런 경고의 말씀을 들었는데, 노아는 자기 생각을 부인하고 하나님의 말씀을 믿었습니다. 실제로 대홍수는 100년 후에나 일어났습니다. 그런데 노아는 먼 훗날의 일이지만 하나님이 반드시 그 일을 이루실 것이라고 믿었습니다. 그래서 방주를 만들기 시작했습니다. 그리고 노아는 백 년 동안 방주를 만들었습니다. 그렇게 하는 것이 결코 쉬운 일이 아닙니다. 하나님의 말씀을 온전히 믿지 않았다면 그것은 불가능한 일입니다.

믿음이 강건하지 않으면 사람은 늘 상황과 형편에 따라 마음을 바꿉니다. 노아처럼 한결같이 하나님을 경외하는 믿음을 갖는다는 것이 어렵습니다. 산 중턱에 그렇게 어마어마한 큰 배를 만든다는 것이 얼마나 힘든 일입니까? 인부나 많습니까? 아들 세 명과 부인들까지 달랑 8명입니다. 아마 저 같으면 조금 하다가 포기했을 것입니다. 처음엔 조금 하는 척하다가 너무 힘들면 믿음을 버리는 것이 사람입니다. 너무 힘들면 믿기 싫어지고, 알량한 믿음이라도 있었던 그 마음자리에 대신 의심의 잡초가 번집니다. 그리고 그 의심이 자라납니다. "에이, 하늘이 이토록 푸르른데 무슨 홍수가 날까? 물론 홍수가 날 수도 있겠지만, 그런다고 저렇게 높은 산꼭대기까지 물이 찰까?"

그러나 노아는 믿음이 흔들리지 않고 꿋꿋이 하나님의 말씀을 준행했습니다. 그러면서 기회 있는 대로 사람들한테 늘 경고를 했습니다: "하나님은 한 번 말씀하시면 반드시 그대로 이루시는 하나님이다. 너희도 하나님의 말씀을 믿고 나와 함께 방주를 만들어서 반드시 임할 하나님의 심판에서 구원을 받아라!"고 경고를 했습니다. 그런데 당시의 사람들이 믿었습니까, 안 믿었습니까? 한 놈도 안 믿었습니다. "에이, 그런 일이 어떻게 있을 수 있겠나! 웃기고 있네! 너나 그렇게 믿어라! 그런 말을 믿는 네가 바보다."

그런데 노아는 하나님이 명하신 것을 믿음으로 다 준행하였습니다. 하나님께서는 노아가 하나님 말씀을 경외함으로 방주를 예비한 것을 보시고, 노아가 육백세 되던 해에 엄청난 홍수를 내렸습니다. 땅의 깊은 샘물들이 다 터지고 하늘의 창들이 다 열려서 폭포수처럼 들어부었습니다. 순식간에 물이 차올라서 사람들이 높은 곳으로 미처 피하지도 못했습니다. 조금 높은 뒷산으로 올라간 자들도 곧 그 산을 뒤덮은 대홍수의 물에 허우적거리기 시작했습니다. 그리고 모든 숨 쉬는 생물들은 다 죽었습니다. 하나님은 말씀하신 그대로 실행하셨습니다. 한 점 한 획도 떨어지지 않고 다 이루어지는 것이 하나님 말씀입니다.

한편, 노아와 그의 가족들과 하나님께서 인도하신 짐승들이 방주에 다 올라타자 하나님이 방주의 문을 밖에서 꽝하고 닫았습니다. 순식간에 산 중턱까지 물이 차올랐고 방주는 물 위에 두둥실 떠올랐습니다. 사람들은 다 죽었습니다. 새나 짐승이나 배로 기어 다니는 동물들이나, 아무튼 이 땅 위에서 숨 쉬는 것들은 다 죽었습니다. 물고기들은 살판났겠지요! 온 세상이 물로 덮였으니 못 갈 곳이 없었겠지요! 남미대륙의 안데스 산맥에 산정호수(山頂 湖水)가 있는데, 세상에서 제일 높은 곳에 위치한 호수랍니다. 그런데 놀랍게도 그 호수에 청어가 산답니다. 어떻게 그 내륙 깊은 곳에 있는 호수에 바다 물고기인 청어가 살 수 있었을까요? 저는 그 청어가 틀림없이 노아의 홍수 때에 그곳에 정착해서 적응한 놈들일 것이라고 봅니다.

그렇게 비가 40일 동안 내렸고 물이 150일 동안 온 땅에 넘쳤습니다. 그리고 또 물이 빠져서 땅이 마르는 데에도 오랜 기간이 필요해서, 홍수가 시작된 지 거의 1년 후에야 노아와 그의 가족들, 그리고 모든 짐승들이 새로워진 땅에 발을 딛습니다. 홍수 이전의 모든 사람들은 다 익사했고, 노아와 그의 가족 8명만 살아남았습니다. 이제 그들에게 새로운 세상이 시작된 것입니다.

노아의 홍수 사건은 하나님께서 장차 이 땅을 불로 한 번 더 심판하시겠다는 약속의 예고편입니다. 하나님께서 노아의 때에 이 땅을 한 번 물로 심판하셨는데, 장차 이 땅을 불로 심판해서 다 없애시고 새로운 세계를 여실 것입니다. 그 새로운 세상이 천년왕국입니다. 이 땅과 만물을 새롭게 해서, 주님과 우리 의인들이 다스리는 천년왕국을 펼쳐 주실 것입니다. 노아의 때에도 하나님이 이 땅을 새롭게 했습니다. 하나님은 모든 더러운 것들을 물로 싹 쓸어버리고 깨끗하게 해서 새로운 세계를 여시고 노아와 그 가족들이 새로운 세상의 조상이 되게 하셨습니다. 노아의 세 아들, 셈과 함과 야벳, 여기서부터 인류의 세 종족이 퍼져 나간 것입니다. 노아의 믿음은 참으로 대단한 것입니다. 우리는 노아와 같은 믿음의 선배들을 존경해야 합니다.

믿음의 조상, 아브라함의 믿음

"믿음으로 아브라함은 부르심을 받았을 때에 순종하여 장래

기업으로 받을 땅에 나갈쌔 갈 바를 알지 못하고 나갔으며"(히 11:8)

아브라함은 하나님의 부르심을 받기 전에 갈대아 땅 우르(Ur)에 있었습니다. 우르는 유프라테스 강 하구의 비옥한 삼각주 지역에 건설된 도시로서 옛 수메르 제국의 수도였습니다. 그곳은 지금 이라크의 영토입니다. 대도시였던 우르(Ur)에서 아브라함의 가족은 우상(偶像) 장사를 해서 큰 부자였답니다. 지금으로 말하자면 아브라함은 재벌 집 아들인 셈입니다. 그러니까 아브라함은 세상적으로는 아쉬울 것이 없는 가문의 아들이었습니다.

그런데 그 아브라함은 자기 가족이 믿는 우상을 믿지 않고 하나님을 믿었습니다. "내가 이 땅에 있는 것을 누리며 살다가 죽으면 어떻게 되지? 아무리 소유가 많고 쾌락을 즐겨도 그것은 한순간일 뿐이고 죽음 앞에서는 다 헛되고 헛된 것인데, 내가 이렇게 잘 먹고 쾌락을 누리며 살다가 죽으면 그다음엔 어떻게 되는 거지?" 아브라함은 눈에 보이지 않는 하나님과 영원한 생명을 사모했다는 것입니다. 그렇게 하나님을 찾는 자를 하나님께서는 반드시 만나 주십니다.

하나님께서는 아브라함을 만나 주시고 그에게, **"너는 네 본토 친척 아비 집을 떠나 내가 네게 지시하는 땅으로 가라"**고 말씀하셨습니다. 그런데 하나님의 말씀을 듣고 순종한 아브라함이 정말 대단한 사람입니다. 그 대도시의 재벌 집 아들, 아브라함은 모든 것을 버리고 하나님의 말씀을 따라갔습니다.

"믿음으로 아브라함은 부르심을 받았을 때에 순종하여 장래 기업으로 받을 땅에 나갈쌔 갈 바를 알지 못하고 나갔으며"(히

11:8)

그는 "내가 너를 약속의 땅으로 인도하겠다. 너는 내가 지시하는 땅으로 가거라" 하신 하나님의 말씀을 들었지만, 사실 어디로 가야 지시하신 땅에 갈 수 있는지도 몰랐습니다. 그러나 아브라함은 하나님의 약속의 말씀을 믿고 담대하게 발을 떼었습니다. 그런데 하나님께서 그를 인도하셔서 젖과 꿀이 흐르는 가나안 땅으로 들어가게 하셨습니다. 그리고 그 약속의 땅 가나안에 장막을 치고 거기서 믿음의 조상이 된 것입니다. 아브라함은 참 대단한 믿음의 사람입니다.

우리가 아브라함의 믿음의 결단을 쉽게 생각하면 안 됩니다. 가령 여러분이 재벌 집 아들인데, 어떻게 하나님을 믿게 되었다고 칩시다. 그런데 하나님이 여러분에게 모든 것을 버리고 하나님이 지시하는 곳으로 떠나라고 명령했다면 여러분은 믿음으로 떠날 수 있겠습니까? 그것이 그렇게 쉬운 일이 아닙니다. 그런데 아브라함은 떠났습니다. 왜? 하나님의 말씀을 따르는 것이 가장 지혜로운 삶이니까! "내가 비록 재벌 집 아들이지만 현세에서 잘 먹고 쾌락을 누리며 살다가 죽으면 지옥인데, 난 그렇게 살 수는 없다! 이 땅의 삶은 내게 아무것도 아니다. 내가 사모하는 것은 하나님께서 예비하신 영생의 천국이다." 아브라함은 천국 영생을 사모하고 그 상을 하나님께서 반드시 주신다고 믿었습니다. 그래서 말씀을 따라간 아브라함이 택한 길이 가장 지혜로운 결단입니다.

더 나은 본향을 사모하는 믿음

아브라함이 지향한 것은 천국의 영생입니다. 그래서 성경은 그의 믿음의 지향에 대해서, "믿음으로 저가 외방에 있는 것 같이 약속하신 땅에 우거하여 동일한 약속을 유업으로 함께 받은 이삭과 야곱으로 더불어 장막에 거하였으니 이는 하나님의 경영하시고 지으실 터가 있는 성을 바랐음이니라"(히 11:9-10)고 말씀합니다.

"하나님의 경영하시고 지으실 터가 있는 성(城)"이 무엇입니까? 천국입니다. 아브라함은 천국에 갈 것을 지향하고 살았기 때문에, 이 땅에는 집을 짓지 않고 장막에서 살았습니다. 터가 좋은 곳에 정착해서 저 푸른 초원 위에 그림 같은 집을 짓고 안락을 누리는 것보다, 천국을 바라보면서 나아가는 순례자로서, 아브라함은 동일한 믿음을 함께 나눈 이삭과 야곱과 더불어 장막을 치고 살았습니다.

"이 사람들은 다 믿음을 따라 죽었으며 약속을 받지 못하였으되 그것들을 멀리서 보고 환영하며 또 땅에서는 외국인과 나그네로라 증거하였으니 이같이 말하는 자들은 본향 찾는 것을 나타냄이라 저희가 나온바 본향을 생각하였더면 돌아갈 기회가 있었으려니와 저희가 이제는 더 나은 본향을 사모하니 곧 하늘에 있는 것이라 그러므로 하나님이 저희 하나님이라 일컬음 받으심을 부끄러워 아니하시고 저희를 위하여 한 성을 예비하셨느니라"(히 11:13-16).

이 성경 구절에 **본향**이라는 말이 나옵니다. 본향(本鄕)은 고향입니다. 오늘 읽은 본문에서 우리는 "**우리의 믿음은 무엇을 지향해야 하나?**" 하는 질문의 답을 구해야 합니다. 그리고 우리의 **믿음의 지향**(指向)은 하나님께서 우리에게 약속하신 **본향**(本鄕)을 찾아가는 것입니다. 하나님께서는, "저희가 나온바 본향을 생각하였더라면 돌아갈 길이 있었으려니와 저희가 이제 더 나은 본향을 사모하니 곧 하늘에 있는 것이라**"고 말씀하셨는데, **"저희가 나온바 본향"**과 **"더 나은 본향"**을 대조시켜서 우리에게 말씀하십니다.

아브리함이 자기 가족을 데리고 **나온바 본향**은 갈대아 땅의 우르(Ur)입니다. 거기서 아브라함의 집안은 부유했습니다. 그런데 지금 아브라함이 사모하고 지향하는 **더 나은 본향**은 자기가 75세 때에 떠나온 본향인 갈대아 땅의 우르가 아니라는 것입니다. 그곳이 자기가 가고자 하는 본향이었다면, "내가 고향으로 돌아가리라" 하고 마음만 먹으면 아브라함은 언제든지 그곳으로 돌아갈 수 있었습니다.

사실 아브라함의 고향 우르(Ur)는 지금 그가 살고 있는 가나안 땅에 비하면 환경적으로는 훨씬 좋은 곳이었습니다. 그곳은 유프라테스강과 티브리스강이 만들어 놓은 삼각주의 비옥한 지역이었고, 대도시의 풍부한 물자와 향락의 문화가 넘치는 곳이었습니다. 아브라함이 자기가 나온바 본향, 즉 자기의 고향인 우르를 사모하였다면 언제든지 본향으로 돌아갈 수 있었습니다. 그런데 아브라함이 사모한 곳은 **"더 나은 본향"**이었고 **"하늘에 있는 것"**이었습니다. 아브라함과 이삭과 야곱은 자기들의 아내들과 함께 하늘 본향을 사모하며 이 땅에서는 나그네와 행인같이 살았습니다. 즉 믿음의 사람들은 천국의 영생을 진정으로 사모했다는 것입니다.

"더 나은 본향"이 참된 믿음의 목적지(destination)입니다. 우리 믿음의 지향점은 분명히 하늘의 본향이어야 합니다. 아브라함도 천국 본향을 사모하고 살았기 때문에 이 땅에서는 나그네와 행인 같은 삶을 살았다고 말씀합니다. 나그네와 행인 같은 삶! 하늘 본향을 사모하는 사람들은 이 땅에서는 나그네와 행인 같은 삶을 삽니다.

나그네! "구름에 달 가듯이 가는 나그네"라는 박목월 시인의 시구(詩句)가 생각납니다. 나그네는 자기가 잠시 머문 곳에 별로 미련을 두지 않습니다. 자기 목적지가 따로 있기 때문에 자기가 하룻밤 머문 곳에 그리 연연하지 않습니다. 한밤을 자고 일어나면 나그네는 그냥 툴툴 털고 목적지를 향해서 다시 길을 떠납니다. 우리가 이 땅에 사는 동안 나그네와 행인같이 살아가는 것이 옳다는 말씀입니다.

주님은 "너희의 마음을 이 땅의 삶에다 다 쏟아부어서는 안 된다. 너희 마음이 하늘 본향을 사모하는 것이 맞다"고 말씀하시지만, 실제적으로 우리는 어떻습니까? 불행하게도 우리는 이 땅에다 마음을 쏟아붓고 있지 않습니까? 여러분의 관심과 염려가 온통 이 땅의 일들에 쏟아져 있지 않습니까? 우리의 마음이 땅의 일에 쏟아져 살아가는 경우가 많습니다. 우리는 그런 잘못된 마음을 돌이켜야 합니다. 우리가 하나님 앞에서 은혜를 입고, 하나님께서 주시고자 하는 영원한 하늘의 축복들을 받으려면, 땅에 쏟아진 우리의 마음을 돌이켜야 합니다. 이런 마음을 돌이키지 않으면 우리는 바른 믿음을 갖지 못하고 엉뚱한 길로 빠져나가서 끝내는 하나님과 헤어집니다. 그러면 하나님께서 약속하신 하늘 본향에는 절대로 들어가지 못하고 오히려 지옥의 불 못에 들어가게 될 것입니다.

더 나은 본향을 사모하십시오

"저희가 이제는 더 나은 본향을 사모하니 곧 하늘에 있는 것이라 그러므로 하나님이 저희 하나님이라 일컬음 받으심을 부끄러워 아니하시고 저희를 위하여 한 성을 예비하셨느니라"(히 11:16).

믿음의 선배들은 이 땅에 살아가는 동안에 장막에 거하면서 나그네와 행인 같은 삶을 살았습니다. 저들이 지향한 것, 즉 저들이 목적지로 삼은 곳은 하늘에 있는 본향이었습니다. 그래서 하나님께서는 그들의 믿음을 기뻐하시고 그들을 위해서 한 성을 예비하셨습니다.

이 "한 성(城)"이 바로 천국 도성(都城)입니다. 계시록 21장과 22장에 이 천국 도성에 대해서 자세하게 기록되어 있습니다. 사도 요한은 하나님의 계시를 보았습니다. 그는 천년왕국이 끝난 후, 하늘로부터 신부처럼 단장한 한 성이 내려오는 것을 보았는데, 그것이 **새 예루살렘 성(계 21:2)**이라고 말씀합니다.

하나님께서는 이 천국 도성을 예비해 놓으셨습니다. 그 성은 너무너무 아름답습니다. 그 성은 장(長)과 광(廣)과 고(高)가 동일하여 반듯하고, 열두 보석으로 기초석을 쌓았는데, 그 성에는 열두 개의 성문이 있고, 문 하나가 한 진주라고 했습니다. 성문이 하나의 진주로 되어 있으려면 그 진주가 얼마나 크겠습니까? 진주는 매우 아름답습니다. 자연산 진주는 더욱더 아름답습니다. 진주에서 발하는 은은한 빛깔의 아름다움은 말로 표현하기 어렵습니다. 제가 한 30년 전에 방글라데시에 선교여행을 갔다가 시장에 들려서 자연산 진주를 몇 개 사온 적이 있었습니다. "핑크 펄"(pink pearl)이라는 분홍색 진주였는데, 방글라데시의 강 하구에는 자연산 진주가 많아서 그곳의 사람들이 자맥질해서 진주조개를 잡아 올립니다. 그런데 그 "핑크 펄"의 영롱함이 너무 아름다웠던 기억이 납니다.

천국의 성문은 그렇게 아름답고 큰 진주 하나로 되어 있다고 하니, 그 문이 얼마나 아름다울까 하고 상상해 봅니다. 또 도성의 안은 정금으로 길이 깔려 있고 생명수 강이 흐르고 강변에는 철마다 생명수 나무들이 서 있어서 계절을 따라 열두 과실이 주렁주렁 달리고, 하나님 자신이 빛이시기 때문에 거기는 태양이 필요 없습니다. 거기에서는 병이나 죽음이나 슬픈 일이 우리에게 다시는 없습니다. 하나님을 아버지로 모시고 경배하면서, 천사들을 종으로 부리면서 영원토록 복락(福樂)을 누리는 곳이 천국 도성입니다. 하나님께서는 우리가 들어가서 안식을 누릴 영원한 천국 도성을 예비해 놓으셨습니다.

그렇다면 믿는 우리가 지금 이 땅의 썩어지고 없어질 것들을 우리의 마음에 가장 귀하게 여기면서 그런 것들을 얻기 위해서 마음을 쏟는 것이 바르겠습니까? 아닙니다. 우리가 장차 들어갈 하늘의 본향을 믿음으로 바라보면서, 이 땅에서는 나그네와 행인 같은 삶을 사는 것이 의인들의 바른 믿음입니다.

하나님께서는 우리에게 아름다운 천국 도성을 하늘에 예비해 놓으셨습니다. 우리는 하나님께서 우리를 모든 죄에서 단번에 구원하시려고 당신의 외아들 예수 그리스도를 이 땅에 육체로 보내신 것을 믿습니다. 하나님이신 예수님은 이 **땅에 물(세례)과 피(십자가)로 임하셔서**(요일 5:6) 우리를 위해 한 영원한 제사를 드려 주셨다는 **물과 피의 복음**을 믿습니다. 그래서 거듭난 우리는,

육신의 남은 때에 이 복음을 믿고 전파하면서 살 것입니다. 그러면 장차 우리는 천년왕국에서 주님과 더불어 왕 노릇을 하게 될 것이고, 또 천 년이 지나면 하나님께서 예비하신 영원한 천국 도성에 들어가서 하나님과 더불어 영원한 복락을 누리면서 살게 될 것입니다.

"**더 나은 본향을 사모하니 곧 하늘에 있는 것이라**"고 말씀하셨습니다. **영생의 천국**—그곳이 우리의 믿음의 목적지라는 사실을 여러분의 마음에 새기기 바랍니다.

말씀을 마쳤습니다.

(2014년 6월 29일 주일예배 말씀)

세상을 이기는 부활의 신앙

"아브라함은 시험을 받을 때에 믿음으로 이삭을 드렸으니 저는 약속을 받은 자로되 그 독생자를 드렸느니라

저에게 이미 말씀하시기를 네 자손이라 칭할 자는 이삭으로 말미암으리라 하셨으니

저가 하나님이 능히 죽은 자 가운데서 다시 살리실 줄로 생각한지라 비유컨대 죽은 자 가운데서 도로 받은 것이니라

믿음으로 이삭은 장차 오는 일에 대하여 야곱과 에서에게 축복하였으며

믿음으로 야곱은 죽을 때에 요셉의 각 아들에게 축복하고 그 지팡이 머리에 의지하여 경배하였으며

믿음으로 요셉은 임종시에 이스라엘 자손들의 떠날 것을 말하고 또 자기 해골을 위하여 명하였으며

믿음으로 모세가 났을 때에 그 부모가 아름다운 아이임을 보고 석달 동안 숨겨 임금의 명령을 무서워 아니하였으며

믿음으로 모세는 장성하여 바로의 공주의 아들이라 칭함을 거절하고

도리어 하나님의 백성과 함께 고난 받기를 잠시 죄악의 낙을 누리는 것보다 더 좋아하고

그리스도를 위하여 받는 능욕을 애굽의 모든 보화보다 더 큰 재물로 여겼으니 이는 상주심을 바라봄이라

믿음으로 애굽을 떠나 임금의 노함을 무서워 아니하고 곧 보이지 아니하는 자를 보는것 같이 하여 참았으며

믿음으로 유월절과 피 뿌리는 예를 정하였으니 이는 장자를

멸하는 자로 저희를 건드리지 않게 하려한 것이며

믿음으로 저희가 홍해를 육지 같이 건넜으나 애굽 사람들은 이것을 시험하다가 빠져 죽었으며

믿음으로 칠일 동안 여리고를 두루 다니매 성이 무너졌으며

믿음으로 기생 라합은 정탐군을 평안히 영접하였으므로 순종치 아니한 자와 함께 멸망치 아니하였도다

내가 무슨 말을 더 하리요 기드온, 바락, 삼손, 입다와 다윗과 사무엘과 및 선지자들의 일을 말하려면 내게 시간이 부족하리로다

저희가 믿음으로 나라들을 이기기도 하며 의를 행하기도 하며 약속을 받기도 하며 사자들의 입을 막기도 하며

불의 세력을 멸하기도 하며 칼날을 피하기도 하며 연약한 가운데서 강하게 되기도 하며 전쟁에 용맹되어 이방 사람들의 진을 물리치기도 하며

여자들은 자기의 죽은 자를 부활로 받기도 하며 또 어떤이들은 더 좋은 부활을 얻고자 하여 악형을 받되 구차히 면하지 아니하였으며

또 어떤이들은 희롱과 채찍질 뿐아니라 결박과 옥에 갇히는 시험도 받았으며

돌로 치는 것과 톱으로 켜는 것과 시험과 칼에 죽는 것을 당하고 양과 염소의 가죽을 입고 유리하여 궁핍과 환난과 학대를 받았으니

(이런 사람은 세상이 감당치 못하도다) 저희가 광야와 산중과 암혈과 토굴에 유리하였느니라

이 사람들이 다 믿음으로 말미암아 증거를 받았으나 약속을 받지 못하였으니

이는 하나님이 우리를 위하여 더 좋은 것을 예비하셨은즉 우리가 아니면 저희로 온전함을 이루지 못하게 하려 하심이니라"(히 11:17-40)

오늘 만나기로 약속한 사람이 있어서 아침 일찍 서귀포에 넘어갔다가 돌아오는 길에 아주 희한한 현상을 보았습니다. 오늘은 태풍 "너구리"가 제주에 가장 근접한 날이어서 서귀포로 넘어가는 동안 어마어마하게 비바람이 쳤습니다. 그런데 돌아오는 길에는 하늘의 반쪽이 아주 청명했습니다. "이상한 일이다! 태풍 때문에 조금 전까지 먹구름이 뒤덮고 바람과 비가 엄청났었는데, 조금 높은 지대에 올라서니 서쪽 하늘에는 해가 쨍쨍하게 비치고 하늘이 청명하네!" 하는 생각이 들었습니다. 물론 평화로에서 볼 때에 동쪽으로 한라산 방향에는 비가 계속 내리고 있었습니다. 그러니 어떻겠어요? 한라산 쪽으로 무지개가 떴는데, 그 무지개가 너무나 선명하고 아름다웠습니다. 그래서 저는 차를 세우고 사진을 몇 장 찍기로 마음을 먹었습니다. 큰 길가에 차를 세워 놓고 있으면 위험하겠다 싶어서 평화로에서 샛길로 빠져나갔습니다. 그리고 넓은 초원으로 들어가서 사진을 몇 장 찍었습니다.

세상을 이기는 부활의 신앙 209

저는 그 아름다운 무지개를 바라보면서 하나님의 약속을 되새겨 보았습니다. 하나님이 노아의 때에 큰 홍수로 타락한 세상을 쓸어버리고 세상을 새롭게 재창조하셔서 노아의 가족에게 주시고 약속을 하셨습니다.

"내가 너희와 언약을 세우리니 다시는 모든 생물을 홍수로 멸하지 아니할 것이라 땅을 침몰할 홍수가 다시 있지 아니하리라 하나님이 가라사대 내가 나와 너희와 및 너희와 함께하는 모든 생물 사이에 영세까지 세우는 언약의 증거는 이것이라 내가 내 무지개를 구름 속에 두었나니 이것이 나의 세상과의 언약의 증거니라"(창 9:11-13)

"하늘의 무지개를 바라볼 때면, 내 마음은 뜁니다" 하고 노래했던 워즈워스(William Wordsworth)의 시가 마음에 떠올랐습니다. 너무나 선명하고 아름다운 무지개였습니다. 그러나 감사와 기쁨으로 내 마음이 뛴 이유는, 무지개의 아름다움뿐만 아니라, 하나님의 약속 때문이었습니다. 저는 무지개를 바라보면서, **다시는 우리 죄로 인해서 우리를 심판하지 않겠다**는 하나님의 약속의 말씀을 다시 한번 마음에 되새겼습니다.

하나님께서는 그 약속을 지키셨습니다. 우리에게 당신의 독생자 예수 그리스도를 보내 주셨습니다. 그리고 예수님께서는 여자가 낳은 자 중에 가장 큰 자, 곧 인류의 대표자인 세례 요한에게 안수의 형식으로 세례를 받으심으로 세상의 모든 죄를 담당하셨습니다. 그래서 예수님께서 세례 받으신 이튿날에 세례 요한에게서, "**보라 세상 죄를 지고 가는 하나님의 어린양이로다**"(요 1:29) 하는 증거를 받으셨습니다. 이와 같이 하여 예수님은 세상의 모든 죄와 허물을 짊어지고 십자가에 오르셨습니다. 십자가에 못 박히신 예수님은 "**다 이루었다!**"(요 19:30) 하시기까지 대속의 피를 흘리시고 당신의 생명으로 전 인류의 죄를 온전히 도말하셨습니다. 그러니 무지개를 바라보면서 제가 어찌 주님의 구원을 찬양하지 않을 수 있겠습니까?

아름다운 삶을 사신 믿음의 선배들

오늘 우리가 히브리서 11장의 마지막 부분을 읽었습니다. 여기에도 많은 믿음의 조상들이 줄지어 나옵니다. 군대에 큰 행사가 있으면, 사열식을 합니다. 저도 군 생활 중에 사열식에 많이 참석했었습니다. 지휘관들은 단상에 서 있고 예하 부대원들이 그 앞을 지나가면서 "우로 봣!" 하는 구령에 따라 지휘관들에게 얼굴을 돌리고 경례를 했던 기억이 납니다.

마치 사열식을 하듯이 믿음의 선배들이 지금 우리 앞에 좍 지나가고 있습니다. 우리가 사열대에 서 있을 계급이 아닌데, 하나님께서 그들의 본을 따르라고 잠시 당신께서 계신 단상에 우리를 앉혀 주신 것입니다. 그러니 몸 둘 바를 모를 지경입니다. 사열대의 단상 앞을 이름만 들어도 쟁쟁한 믿음의 대표 선배들이 하나하나 지나갑니다. 아벨과 노아가 지나갔고, 지금은 아브라함 선배님이 지나갑니다. 그 뒤로 이삭, 야곱, 모세, 기드온, 바락 등의 선배들이 줄지어 오고 있습니다.

"**내가 무슨 말을 더 하리요 기드온, 바락, 삼손, 입다와 다윗과 사무엘과 및 선지자들의 일을 말하려면 내게 시간이 부족하리로다**"(히 11:32)라고 말씀하셨듯이, 성경에 기록된 믿음의 선배들을 다 얘기하려면 끝도 없습니다. 여기 다윗이나 사무엘 같은 하나님의 종들도 이름만 열거하고 슬쩍 지나갔습니다. 또 엘리야나 엘리사 같은 믿음의 종들은 여기 그 이름도 소개되지 않았습니다. 그런 선지자들의 믿음에 대해서도 본받을 일이 얼마나 많습니까?

성경에 기록된 믿음의 사람들을 보면 존경스러워서 그 앞에 머리가 절로 숙여집니다. 그들의 삶은 참으로 아름답습니다. 우리가 이 세상에서 무엇을 아름답다고 하겠습니까? 사람은 **만물보다 거짓되고 더러운 존재**인데, 그 더러운 존재가 하나님 말씀으로 죄 사함 받고 하나님 말씀을 믿음으로 순종하면 가장 아름다운 존재가 됩니다.

안치환이라는 가수의 "사람이 꽃보다 아름다워"라는 노래를 들은 적이 있습니다. 참 아름다운 노랫말로 지은 곡입니다. 그 마지막 부분에 "참사랑"을 담고 있는 사람이 꽃보다 아름답다고 노래합니다만, 사실 사람은 만물 중에서 제일 더럽습니다. **"만물보다 거짓되고 심히 부패한 것은 마음이라"**(렘 17:9)고 말씀하셨습니다. 사람은 거짓됩니다. 말과 행동이 늘 다른 것이 인간입니다. 그렇습니까, 안 그렇습니까? 인간의 마음은 거짓되고 부패합니다. 그래서 가장 추악한 것이 인간입니다.

그런데 이토록 거짓되고 부패한 인간이 주님 말씀으로 죄 사함을 받으면 성령이 그 마음에 임해서 하나님의 말씀에 순종하고 믿음으로 살아가는 주님의 백성이 됩니다. 그런 사람은 아름답습니다. 은혜를 입은 의인들은 하나님께서 주신 "참사랑"이 마음에 담겨 있기 때문에 비로소 꽃보다 더 아름답습니다. 그리고 하나님께서는 거듭난 의인들이 하나님의 뜻을 좇아 진리의 사랑을 나눌 때에 가장 기뻐하십니다. 그래서 그들을 만물 위에 가장 아름답게 하셔서 영생을 누리게 하시는 것입니다.

누가 아름다운 사람입니까? 양귀비나 클레오파트라가 가장 아름다운 미인입니까? 아름다운 사람은 영적인 사람입니다. 그러면, 누가 추악한 사람이냐? 당연히 육신적인 사람이겠죠! 요즘에 국회의원 보궐선거를 한다고 정치권이 어수선합니다. 야당이 표밭에서 야당의 공천을 받겠다고 이전투구의 난장판이 벌어지고 있습니다. "내가 이 지역구의 지구당 위원장으로 오랫동안 텃밭을 관리해 왔는데, 난데없이 낙하산 공천을 하느냐?" 하면서 자기의 지지자들과 함께 당 대표실을 점거하고 입에 거품을 물고 항의하는 장면이 TV 화면에 보였습니다.

그 지역구에 낙하산으로 공천 받은 사람과 공천을 받지 못한 지구당 위원장은 같은 학교 동기 동창으로 20년 지기 친구랍니다.

그런데 이제는 서로 원수가 되어서 사생결단으로 싸우는 것을 보면서, "인간이 참으로 추접하구나!" 하는 생각을 했습니다. 나라와 민족을 위해서 자기 하나를 불태우겠다고 유세를 하던 사람이 사실은 국회의원이라는 권세와 명예를 차지하겠다고 입에 거품을 물고 사생결단으로 싸우는 것입니다.

한편에서는 지금의 여당도 당 대표를 뽑고 있습니다. 그런데 친박이니 비박이니 하면서 파벌이 나뉘어서 서로 인신공격을 하고 싸우는 것을 보면 참 추접합니다. 그러면 정치판의 사람들만 그렇게 추하냐? 우리 모두가 인간은 추합니다. 물과 피의 복음을 믿음으로 죄 사함을 받고 하나님이 인도하시는 영적인 길을, 의의 길을 따라가지 않는 삶은 다 추하고 거짓됩니다. 우리도 마찬가지입니다. 우리는 **물과 피의 복음**을 마음으로 믿어서 죄 사함을 받았습니다만, 그 이후로 하나님의 모든 말씀을 경외함으로 믿고 순종해서 영적인 길을 가지 않는다면, 우리도 추접해질 수밖에 없습니다. 그러므로 "추접한 삶을 살다가 죽어서 영원한 불못에 들어갈 것이냐? 아니면 아름다운 삶을 살다가 주님 앞에 갈 것이냐?"를 우리는 깊이 생각해서 지혜로운 길을 선택해야 할 것입니다.

오늘의 성경 본문에는 아브라함, 이삭, 야곱, 그리고 모세의 이름이 열거되고 있습니다. 이런 믿음의 선배들은 정말 아름다운 분들입니다. 그들에게서는 **그리스도의 향기**가 납니다. 대중가요에 "당신에게선 꽃내음이 나네요, 잠자는 나를 깨우고 가네요"라는 가사가 있는데, 보통 사람에게서는 절대로 "꽃내음"이 나지 않습니다. 난다고 하면 그것은 화장품 냄새이고 향수 냄새일 뿐입니다.

그러나 하나님의 은혜로 죄 사함을 받고서 주님의 말씀을 믿음으로 순종하는 영적인 사람에게서는 "그리스도의 향기"(고후 2:15)가 납니다. 그런 은혜를 입은 사람은 아름답습니다. 그래서 "어떤 사람이 아름답다고 하는 말"은 영적인 사람들에게 붙이는 찬사입니다. "아름답다"는 말이 얼마나 좋습니까? 하나님께서 보시기에, "너는 참 아름답다! 너는 눈에 넣어도 아프지 않을 내가 사랑하는 자녀다!" 하신다면, 그런 사람은 진정 복된 사람입니다. 우리가 지금까지는 추하게 살았을지라도 이제 우리의 남은 때에는 아름답게 살다가 주님 앞에 가야 하겠습니다.

히브리서 11장 23절에, **"믿음으로 모세가 났을 때에 그 부모가 아름다운 아이임을 보고 석 달 동안 숨겨 임금의 명령을 무서워하지 아니하였으며"** 라고 기록되어 있습니다. 모세의 부모는 영적인 분들입니다. 그래서 여기의 "아름답다"는 말은 영적인 의미입니다. 그 부모가 영적인 계시의 눈으로 태어난 아기를 봤을 때, 그 아이가 앞으로 하나님의 종으로 귀한 사역을 담당할 것을 깨달았습니다. 그래서 그들은 두려워하지 않고, 아기를 숨겨서 키웠습니다.

그 당시에는 절대권력자 바로(파라오; Pharaoh)의 명령이 "이스라엘 족속에게서 아들이 태어나면 죽이라"는 것이었습니다. 그의 명령을 어기면 그 집안은 몰살을 당했을 것입니다. 그런데도 모세의 부모는 하나님을 믿고 담대하게 모세를 숨겨서 석 달 동안 키우다가 더 이상은 안되겠기에, 애굽의 황제 바로의 딸에게 양자로 들여보냈습니다. 모세가 장차 아름다운 삶을 살 수 있도록 그렇게 믿음으로 뒷바라지를 한 것입니다. 그 결과 모세는 영적으로 아름다운 삶을 살았습니다. **"이 사람 모세는 온유함이**

지면의 모든 사람보다 승하더라"(민 12:3) 하신 말씀을 보면, 그는 하나님의 말씀에 진정으로 순종했던 것을 알 수 있습니다.

영적인 사람과 육신적인 사람

"믿음으로 모세는 장성하여 바로의 공주의 아들이라 칭함을 거절하고 도리어 하나님의 백성과 함께 고난 받기를 잠시 죄악의 낙을 누리는 것보다 더 좋아하고 그리스도를 위하여 받는 능욕을 애굽의 모든 보화보다 더 큰 재물로 여겼으니 이는 상주심을 바라봄이라"(히 11:24-26)

"상주심을 바라봄이라"는 이 말씀에서, 상(賞)이란 영생의 상, 즉 부활의 상입니다. 모세는 장차 하나님 앞에서 부활해서 영생의 천국에 들어갈 상을, 즉 자기에게 임할 내세의 영원한 축복을 바라보고 믿었습니다. 그래서 모세는 애굽의 왕자로서의 누릴 수 있는 이 땅의 영화와 권세와 쾌락보다 영생의 상을 얻기 위해서 고난을 당하는 것이 더 낫다고 여겼습니다. 그런 믿음이 모세로 하여금 영적인 삶을 살게 했습니다. 이 땅의 것들보다 하늘 위의 것들을 더 귀하게 여기고 사모하는 자만이 영적인 삶을 살 수 있습니다. 우리가 **하늘에 속한 축복**과 **이 땅의 것들**을 믿음의 눈으로 지혜롭게 비교해 보면 어떤 것이 영원하고 귀한 것인지를 금방 알 수 있습니다. 하늘 위의 것들을 귀하게 여기고 그것을 향해서 나아가는 사람은 **영적인 사람**입니다. 그러나 지금 이 땅에서 누리는 재물이나 권세, 쾌락을 더 귀하게 여기는 사람은 **육신적인 사람**입니다.

영적인 사람과 육신적인 사람의 극단적인 대비를 야곱과

에서에게서 볼 수 있습니다. 이삭의 아내 리브가가 쌍둥이, 즉 에서와 야곱을 낳았습니다. 에서는 아주 힘이 센 자였기에 들사람으로 자기의 힘을 의지해서 거칠 것이 없이 살았습니다. 그러나 야곱은 연약하고 부족했기에 어머니 리브가의 인도를 따르며 하나님을 의지했습니다. 어머니는 영적으로 인도자나 교회를 의미하는데, 야곱은 영적 인도자와 하나님을 의지해서 믿음으로 살았다는 말씀입니다.

그래서 야곱은 영적인 사람으로 성장했고, 에서는 자기 힘을 의지하고 이 땅의 것들을 귀하게 여기는 육신적인 사람이 되었습니다. 결과적으로 야곱은 아름다운 삶을, 에서는 추한 삶을 살게 되었습니다. 하루는 에서가 사냥을 나갔다가 몹시 배가 고파서 집에 돌아왔는데, 그때 야곱은 팥죽을 끓이고 있었습니다. 에서는 몹시 배가 고팠으니까 시장이 반찬이라고 팥죽 냄새가 너무 좋았겠지요! 그래서 에서가, "동생아, 그 팥죽을 내게 달라"고 야곱에게 사정했습니다.

야곱은 에서에게, "형의 장자권(長子權)을 내게 줘라. 그러면 이 팥죽을 주겠다"고 흥정을 했습니다. 그런데 에서가 가만히 생각해 보니까, 장자권(長子權)이라는 것은 먼 훗날에 아버지가 돌아가셔야 효력이 있는 것이지, 지금 당장 나에게 소용이 없는 것이었습니다. 그는 "나는 배가 고파 죽겠는데 그것이 지금 무슨 소용이 있겠느냐"는 생각을 하게 되었습니다. 그래서 에서는 장자의 권리를 팥죽 한 그릇에 팔아 버렸습니다.

이 장자권(長子權)은 영적으로 천국을 상속받을 하나님 자녀의 권세를 계시합니다. 그런데 에서는 그런 것에는 전혀 관심이 없었다는 것입니다. "먼 훗날에 내가 천국에 갈지, 지옥에 갈지 어떻게 알겠나? 또 천국이나 지옥이 있기나 한 것이냐? 난 그런 것을 믿지 않아!"에서는 이렇게 당장 자기 눈앞에 있는 이 팥죽 한 그릇을 당장은 효력이 없는 장자권보다 더 좋게 여겼기에, 팥죽 한 그릇에 장자권을 야곱에게 넘겼습니다. 에서는 뒤늦게야 그 장자권이 얼마나 귀한 것인 줄을 깨닫고 야곱에게 그것을 돌려달라고 애걸했지만 소용이 없었습니다.

땅의 것을 더 귀하게 여기는 사람이 바로 추하고 육신적인 사람입니다. 반면에 하늘의 것을 더 귀하게 여기는 사람이 아름답고 영적인 사람입니다. 영적인 사람은 아름답습니다. 세상의 기준으로 그런 자를 보면 정말 미련한 자 같습니다. 그러나 영적인 사람은 제일 지혜로운 선택을 한 아름다운 사람입니다.

모세를 보십시오. 모세는 **"예수 그리스도를 위해서 받는 고난을 애굽의 모든 보화보다도 더 큰 재물로 여겼다"**(히 11:26)고 말씀합니다. 모세는 굉장한 권세를 누릴 수도 있었습니다. 그는 당시의 대제국 이집트의 왕자였습니다. 그는 권세와 부와 명예를 다 겸비했습니다. 학식으로 말하자면 당시에 최고의 황실 교육을 받았습니다. 그런데도 모세는 그런 모든 특권과 부귀를 헌신짝처럼 버렸습니다. 그리고 하나님의 의를 위하여 고난의 길을 택했습니다.

사도 바울도 같은 말씀을 합니다.

"그러나 나도 육체를 신뢰할만하니 만일 누구든지 다른이가 육체를 신뢰할 것이 있는 줄로 생각하면 나는 더욱 그러하리니 내가 팔일 만에 할례를 받고 이스라엘의 족속이요 베냐민의 지파요 히브리인 중의 히브리인이요 율법으로는 바리새인이요 열심으로는 교회를 핍박하고 율법의 의로는 흠이 없는 자로라

그러나 무엇이든지 내게 유익하던 것을 내가 그리스도를

위하여 다 해로 여길뿐더러 또한 모든 것을 해로 여김은 내 주 그리스도 예수를 아는 지식이 가장 고상함을 인함이라 내가 그를 위하여 모든 것을 잃어버리고 배설물로 여김은 그리스도를 얻고 그 안에서 발견되려 함이니 내가 가진 의는 율법에서 난 것이 아니요 오직 그리스도를 믿음으로 말미암은 것이니 곧 믿음으로 하나님께로서 난 의라"(빌 3:4-9)

사도 바울은 베냐민 지파였습니다. 이 베냐민 지파는 이스라엘의 열두 지파 중에서도 유다 왕국을 배반하지 않은 지조가 있는 지파여서 베냐민 지파의 사람들은 자긍심이 대단했습니다. 여로보암이 반역해서 북 왕조 이스라엘을 세울 때에, 유다 지파에 연합해서 남 왕조 유다 왕국을 지켰던 지파가 베냐민 지파였습니다. 나머지 열 지파는 다 여로보암을 따라가서 이스라엘 나라를 세우고 늘 유다 왕국과 전쟁을 했으니 말하자면 그들은 배신자들이었습니다.

베냐민 지파 출신인 바울은 또한 나면서부터 로마 시민권을 갖고 있는 유력한 집안의 자제였습니다. 당시 식민지 사람이 로마 시민권이 있었다는 것은 지금으로 치면 미국 시민권을 가진 것보다 더 대단한 것입니다. 또 그는 그 당시에 최고의 랍비로 존경받던 가말리엘의 문하에서 율법을 배웠고, 그는 또한 당시 지중해 연안에서 통용되었던 국제어인 헬라어에도 능통했습니다.

사도 바울은 그렇게 쟁쟁한 사람이었는데, 대제사장의 칙서를 받아 들고 기독교인을 잡아들이려고 다마스커스로 가던 길에서 부활하신 주님을 만나서 거듭나게 됩니다. 그리고 거듭난 후에는, 예수 그리스도를 아는 지식이 너무 귀해서 그분만을 섬기고자, 전에 자기가 자랑으로 여겼던 모든 지식과 지위와 특권들을 다 배설물로 여겼습니다. 배설물이란 똥입니다. 그리고 하늘에 속한 축복에 비하면 이 땅의 자랑거리들은 사실 똥만도 못한 것입니다. 똥을 자랑하고 귀하게 여겨서 품속에 넣어 두는 사람이 있겠습니까? 그것이 별 볼일 없는 배설물인 줄 알고 다 내버리는 것이 가장 지혜로운 일입니다.

그런데, 이 땅의 것들을 배설물로 여기고 다 내다 버리면 쫄딱 망할까요? 절대로 그렇지 않습니다. 오히려 세상이 감당하지 못할 권세로 세상 위에 우뚝 섭니다. 모세는 애굽의 영화를 버리고 미디안 광야로 도망했습니다. 그런데 하나님께서는 모세를 당신의 종으로 삼으셔서 후일에 애굽 왕을 좌지우지하는 사역자로 쓰셨습니다. 그리고 하나님은 모세를 믿음의 세계에서 가장 존경받는 믿음의 열조 중의 한 사람으로 우뚝 세워 주셨습니다.

사도 바울도 자기의 특권들을 다 버리고 주님의 말씀을 순종해서 영적인 삶을 살았습니다. 그리고 하나님의 종이 된 자기의 삶이 얼마나 복되고 아름다운지를 고백했습니다:

"우리가 이 직책이 훼방을 받지 않게 하려고 무엇에든지 아무에게도 거리끼지 않게 하고 오직 모든 일에 하나님의 일군으로 자천하여 많이 견디는 것과 환난과 궁핍과 곤난과 매 맞음과 갇힘과 요란한 것과 수고로움과 자지 못함과 먹지 못함과 깨끗함과 지식과 오래 참음과 자비함과 성령의 감화와 거짓이 없는 사랑과 진리의 말씀과 하나님의 능력 안에 있어 의의 병기로 좌우하고

영광과 욕됨으로 말미암으며 악한 이름과 아름다운 이름으로 말미암으며 속이는 자 같으나 참되고 무명한 자 같으나 유명한 자요 죽은 자 같으나 보라 우리가 살고 징계를 받는 자 같으나

죽임을 당하지 아니하고 근심하는 자 같으나 항상 기뻐하고 가난한 자 같으나 많은 사람을 부요하게 하고 아무 것도 없는 자 같으나 모든 것을 가진 자로다"(고후 6:3-10).

영적인 삶은 아름답습니다. 또 영적인 사람은 하나님의 뜻을 귀하고 아름답게 여깁니다. 만일 여러분이 영적인 일들을 아름답게 여기지 않는다면 그것은 하나님의 말씀을 믿지 않기 때문입니다. 하나님의 말씀을 믿어야만 영적인 삶을 살 수 있습니다. "내가 영적인 삶을 살아야지!" 하고 각오를 다진다고 해서 영적인 사람이 되는 것은 아닙니다. 영적인 사람이 되려면 무엇보다도 먼저 물과 성령으로 거듭나야 합니다. 그리고 거듭난 후에 하나님의 말씀을 믿고 따라갈 때에 그는 점차 영적으로 장성한 사람이 됩니다.

보이지 않는 하나님을 보는 것처럼 믿는 믿음

"믿음으로 애굽을 떠나 임금의 노함을 무서워 아니하고 곧 보이지 아니하는 자를 보는 것 같이 하여 참았으며"(히 11:27).

아브라함이든 이삭이든 야곱이든 모세든, 모든 믿음의 사람들은 다 **보이지 않는 하나님을 보는 것처럼** 믿었습니다. 하나님은 영이시기 때문에 육신의 눈에는 보이지 않습니다. 그런데 믿음의 선배들은 눈에 보이지 않는 하나님을 보는 것처럼 믿었습니다. 이것이 진정한 믿음입니다. 우리도 믿음이 자랄수록 보이지 않는 하나님을 눈으로 보는 것처럼 믿게 됩니다. 기도할 때에도, 하나님과 마주 앉아서 서로 얘기하는 것처럼 기도를 하게 됩니다. 목소리를 크게 하든지 작게 하든지 자신의 기도를 주님께서 들으시는 줄 확신하면서, 눈으로 하나님을 뵙는 것같이 하나님 앞에서 자기의 사정을 아뢰고 하나님께 은혜를 구합니다.

"**믿음은 바라는 것들의 실상이요 보지 못하는 것의 증거**"라고 말씀하셨는데, 보이지 않는 하나님께서 내 마음에 성령으로 임하셔서 내 안에 계시다는 사실도 하나님의 말씀을 믿음으로 확증됩니다. 그래서 큰 확신의 믿음은 하나님을 눈으로 보는 것같이 믿는 믿음입니다. 하나님을 눈으로 보는 것같이 여기는 믿음을 헬라어로 "**코람데오**"(coram Deo)**의 믿음**이라고 합니다. 이 말은 "하나님 앞에서"(Before the face of God)라는 뜻인데, 보이지 않는 하나님을 보는 것같이 믿는 사람은 자기가 언제나 하나님의 눈길 앞에 있다는 것을 확신합니다. 믿음의 사람은 "내가 어딜 가든지, 무엇을 하든지, 하나님께서는 나를 감찰하시고 인도하신다"고 확신합니다.

이 세상은 "**코람데오**"(coram Deo)**의 믿음**이 있는 사람을 이기지 못합니다. 그렇게 엄청난 권력을 휘둘렀던 애굽 왕 바로도 모세를 이기지 못했습니다. 모든 믿음의 선배들은 세상의 위협에 굴복하지 않았고, 오히려 세상을 이겼습니다. 전능하신 하나님께서 그들 앞에 계셨고 언제나 그들의 편이 되어 주셨기 때문입니다. 그래서 믿음의 선진들이 우리들에게 보여 주셨던 믿음의 삶은 세상이 감당치 못하는 믿음이었습니다.

주님은 잡히시던 날 밤에 제자들에게, "**보라 너희가 다 각각 제 곳으로 흩어지고 나를 혼자 둘 때가 오나니 벌써 왔도다 그러나 내가 혼자 있는 것이 아니라 아버지께서 나와 함께 계시느니라 이것을 너희에게 이름은 너희로 내 안에서 평안을 누리게 하려함이라 세상에서는 너희가 환난을 당하나 담대하라 내가 세상을 이기었노라**"(요 16:32-33)고 말씀하셨습니다. "**무릇**

그리스도 예수 안에서 경건하게 살고자 하는 자는 **핍박을 받으리라**"(딤후 3:12)는 말씀대로, 우리가 하나님의 뜻을 따르면, 환란과 곤고함을 겪습니다. 그러나 주님께서는 모든 환란과 핍박을 넉넉히 이길 믿음도 겸하여 주십니다. 그래서 **"코람데오"**(coram Deo)의 **믿음**을 가진 사람은 주님과 함께 세상을 이깁니다.

세상이 감당치 못하는 믿음

"여자들은 자기의 죽은 자를 부활로 받기도 하며 또 어떤 이들은 더 좋은 부활을 얻고자 하여 악형을 받되 구차히 면하지 아니하였으며 또 어떤 이들은 희롱과 채찍질뿐 아니라 결박과 옥에 갇히는 시험도 받았으며 돌로 치는 것과 톱으로 켜는 것과 시험과 칼에 죽는 것을 당하고 양과 염소의 가죽을 입고 유리하여 궁핍과 환난과 학대를 받았으니 (이런 사람은 세상이 감당치 못하도다) 저희가 광야와 산중과 암혈과 토굴에 유리하였느니라" (히 11:35-38)

세상이 **"코람데오"**(coram Deo)의 **믿음**을 가진 사람들을 이기지 못합니다. 믿음의 사람들은 육신의 욕망만 좇는 이 세상의 사람과는 전혀 다릅니다. 믿음의 사람들은 부와 권력과 명예가 주어져도 교만해지지 않습니다. 그 모든 것들은 하나님께서 부족한 자기에게 허락하신 것인 줄 알기 때문에, 모든 영광을 하나님께 돌리고 겸비하게 마음을 낮춥니다. 다윗도 전쟁에서 큰 승리를 얻고서 모든 영광을 하나님께 돌렸습니다. 믿음의 사람들은 모든 영광을 늘 하나님께 돌렸습니다.

사사로 세움을 받기 전에, 기드온은 겁쟁이였습니다. 그의 시대에는 미디안 족속이 이스라엘 백성들을 지배하고 모든 것을 수탈해 갔습니다. 일제 식민 통치 기간에 우리가 농사를 지어서 추수하면 일본 놈들이 다 긁어 갔던 것과 마찬가지였습니다. 그래서 이스라엘 백성들은 먹을 것이 없었습니다.

기드온도 먹을 것이 없었는데, 그는 미디안 군인들이 두려워서 보란 듯이 추수를 하지도 못했습니다. 그래서 그는 밭에 구덩이를 파고 곡식단 하나를 그 구덩이로 끌고 들어가서, 거기 숨어서 몰래 이삭을 떨어다가 먹곤 하였습니다. 그렇게 두려워 떨던 겁쟁이 기드온을 하나님이 불러서 당신의 종으로 쓰셨습니다. 겁쟁이 기드온은 "주님이 내게 큰 승리를 주시겠다고 약속을 하셨는데, 그 약속이 반드시 이루어진다는 증거를 보여 주세요" 하고 하나님께 떼를 썼습니다. 그러자 하나님께서는 기드온에게 약속의 증거를 보여 주시고 용기를 주셔서 큰 승리를 거두게 하십니다.

하나님은 우리의 있는 모습 그대로 부르셔서 믿음을 주시고 죄 사함을 받게 하셨습니다. 그리고 죄 사함을 받은 자들에게 성령을 주셔서 하나님께서 쓰시기에 좋은 그릇으로 만들어 주십니다. 의인들이 영적으로 자라나면 세상이 감당치 못할 믿음의 사람이 됩니다. 영적인 세계에도 믿음의 정도에 따라 아이들과 청년들과 아비들이 있습니다. 우리가 믿음의 청년이 되면 악한 자를 능히 이긴다고 말씀하십니다: **"청년들아 내가 너희에게 쓴 것은 너희가 강하고 하나님의 말씀이 너희 속에 거하시고 너희가 흉악한 자를 이기었음이라"**(요일 2:14). 그런데 믿음이 자라서 영적으로 강건한 믿음의 사람이 되는 것은 우리의 노력이나 의지로 되는 것이 결코 아닙니다. 하나님의 말씀을 믿고 청종함으로 우리는 세상이 감당치 못할 믿음의 사람이 되는 것입니다.

어떤 사람이 내 블로그에 들어왔었길래, 저도 그분이 어떤 믿음의 사람인가를 알아보려고 그분의 블로그를 방문했었습니다. 그런데 그분은 자기의 블로그에 김○○ 전도사의 십여 분짜리 설교 동영상을 올려놓았습니다. 김○○ 전도사는 내가 한 25년 전에 영적인 친구로 지냈던 분입니다. 그 설교 동영상을 보았더니, 그분이 예전부터 늘 하던 그 스토리였습니다. 자기가 자식 다섯을 낳아서 그 아이들을 어떻게 다 주님께 헌신하도록 키웠으며, 자기 가족은 사나 죽으나 십자가의 복음에 감동해서 자신을 온전히 주님께 드린다는 그런 내용이었습니다.

그런 절대적 헌신의 간증을 듣는 기독교인들은 기가 죽습니다. "아멘, 아멘!"하고 은혜를 받았다고 입술로는 고백하지만, 사실은 보통의 기독교인들은 그렇게 못 삽니다. 그리고 그렇게 자기 자신의 의(義)를 쌓는 것을 "세상을 감당치 못하는 믿음"이라고도 하지 않습니다. 그런 것은 다 자기의 의를 쌓는 것입니다. 그 설교자는 "오직 십자가의 도(道)만이 나를 이렇게 헌신하게 했다"고 목이 쉬도록 외치면서 감정을 부추겨서 청중들의 눈물 콧물을 짜내는데, 믿음은 감정이 아닙니다. 사람들은 그의 설교를 들으면서 기가 죽어서, "그 사람 참 대단하다! 그런데 나는 그렇게는 못 살겠다" 하고 속으로 자인할 것입니다. 하나님 앞에 구원을 받고 믿음으로 산다는 것은 그렇게 엄청난 자기 희생을 치르면서 "죽으면 죽으리라" 하는 식으로 자기 의지를 불태워야 되는 것이 결코 아닙니다.

하나님께서 우리를 물과 피의 복음, 즉 진리의 원형복음으로 거듭나게 하시고, 또 말씀으로 자라나게 하셔서 **보이지 않는 하나님을 보는 것같이 믿는 믿음의 사람**으로 키워 주시기 때문에,

진리의 복음 안에 있는 우리는 그렇게 감정을 북돋우며 의지를 불태우지 않아도, 세상이 감당치 못할 믿음을 가진 자들로 자라나게 됩니다. 하나님께서는 믿음의 선배들을 통해서 세상이 감당치 못하는 믿음을 우리에게 보여 주셨는데, 우리도 능히 그런 믿음을 가질 수 있습니다. 누구든지 진리의 말씀으로 죄 사함 받고서, 하나님의 진리의 말씀을 따라가면 점차 자라나서 **세상이 감당치 못할 믿음의 사람**이 되는 것입니다. 이 세상의 종교화된 기독교에서 인정하는 의지적인 믿음은 하나님이 기뻐하시는 믿음과 전혀 다른 것입니다.

　"물과 피의 복음" 안에서, 하나님이 우리의 죄를 깨끗이 씻어 주신 것을 진정 마음으로 믿으면 성령이 우리 마음에 임하시고 그때부터 믿음이 시작되고 자라납니다. 겨자씨가 싹이 나고 자라서 많은 새들이 깃들 수 있는 큰 나무가 되듯이, 거듭난 자들은 교회 안에서 말씀으로 양육을 받으면서 앞선 자들의 인도를 받고 영적으로 자라나면 세상이 감당치 못할 믿음의 사람이 됩니다. 우리가 주의 뜻을 따라 기도하는 것마다 하나님께서 응답하시는 것을 실제적으로 경험하면서 눈에 보이지 않는 하나님을 눈에 보는 것처럼 믿을 때에, 우리의 믿음은 쑥쑥 자라납니다.

　또 허망한 인생인 우리들 앞에 하나님께서 천국의 영원한 생명을 예비해 놓으셨다는 것을 믿기 때문에, 거듭난 우리는 담대하게 세상의 유혹을 뿌리칩니다. 사람들은 자기가 귀하게 여기는 것의 종이 되고 그것을 두려워하게 됩니다. 우리가 돈을 귀하게 여기면 돈의 노예가 되고 돈 많은 사람을 두려워하게 됩니다. 제왕적 대통령이라는 절대 권력 앞에 국무위원들조차 굽실거리며 벙어리처럼 할 말을 제대로 못하는 모습을 우리는 뉴스를 통해서 자주 보지 않았습니까? 우리가 권력을 귀하게 여기면 권력자의 종이 되고 그런 자에게 절절 맵니다.

그런데 믿음의 사람은 어떻습니까? 하나님을 진정으로 믿는 사람은 돈을 그렇게 귀하게 여기지 않습니다. 의인들은 복음을 섬기려면 돈이 필요해서 일을 하는 것입니다. 믿음의 사람들은 돈의 종이 될 수 없고 권력의 종이 될 수 없고 쾌락의 종이 될 수 없습니다. 영적인 사람이 가장 귀하게 여기는 것은 천국 영생입니다. 믿음의 사람들은 이 땅의 생애가 끝나고 나서, 성삼위(聖三位)의 하나님과 더불어 천국에서 영원토록 복락을 누리는 축복을 가장 귀하게 여깁니다. 거듭난 의인들은 천국 영생을 밭에 감춰져 있는 보화로 여깁니다. 그래서 자기의 모든 것을 다 희생해서라도 그 밭을 삽니다. 우리는 **천국 영생을 향해서 나아가는 순례자들**입니다. 그러므로 이 땅의 것들은 어떤 것도 우리를 가로막지 못합니다. 그래서 믿음의 사람들은 어떠한 경우에라도, 어떠한 어려움이 닥쳐와도 절대로 천국 영생을 향한 소망의 끈을 놓치지 않습니다.

악형을 받되 구차히 면치 아니하는 믿음

"여자들은 자기의 죽은 자를 부활로 받기도 하며 또 어떤 이들은 더 좋은 부활을 얻고자 하여 악형을 받되 구차히 면하지 아니하였으며"(히 11:35)

누구든지 다 부활(復活)은 합니다. 부활에는 두 가지의 부활이 있는데, **영벌(永罰)의 부활**과 **영생(永生)의 부활**이 그것들입니다. 사람이 죄 사함을 받지 못하고 죽으면 장차 영벌(永罰)을 받기 위해 부활할 것입니다. 주님께서 재림하셔서 이 땅을 새롭게 하셔서 의인들과 더불어 천 년 동안 다스립니다. 그 천년왕국 후에 죄인들을 부활시키셔서 영원한 지옥에 처넣으실 것입니다.

그런데 **"더 좋은 부활"**은 어떤 것입니까? **"더 좋은 부활"**은 의인들이 영생을 누리는 첫째 부활에 참여하는데, 의인들의 부활이 **"더 좋은 부활"**입니다. 천국에서 영원한 복락을 누릴 **"더 좋은 부활"**을 받기 위해서 믿음의 사람들은 악형을 받되 두려워하거나 회피하지 않았다는 말입니다. 악형(惡刑)이란 끔찍한 고통을 주는 형벌을 말합니다. 여기 성경에 기록된 악형들은 **"희롱과 채찍질뿐만 아니라 결박과 옥에 갇히는 것과 시험을 받고 돌로 치는 것과 톱으로 켜는 것과 시험과 칼에 죽는 것"**이 열거되어 있습니다. 그런데 제 생각에는 **"톱으로 켜는 것"**이 제일 끔찍합니다.

이 부분이 영문 성경에는, **"톱질을 해서 둘로 나누는 것"**(they were sawed in two; NIV)이라고 표현되어 있습니다. 무자비한 핍박자들은 성도들의 몸을 톱질을 해서 둘로 나누는 악형을 행했습니다. 사람을 톱질하려면 톱날에 기름이 엉겨서 톱이 잘 안 나가기 때문에 속을 파낸 통나무에 사람을 집어넣고 통나무와 함께 의인들의 몸을 썰었을 것이라고 합니다. 그러니 얼마나 악독한 형벌입니까?

"너는 정말 믿음을 버리지 않겠느냐? 너는 정말 영생을 믿느냐? 지금도 예수 그리스도를 네 구주라고 믿느냐? 네 왕이 가이사(황제)가 아니라 진정으로 예수 그리스도란 말이냐?"

"그렇다! 나의 왕은 오직 예수 그리스도 한 분뿐이다!"

"좋다. 그러면 너를 톱으로 썰어서 두 토막을 낼 것이다.

그래도 네 믿음을 지키겠다고 끝까지 고집하겠느냐?"

"나는 나의 왕이신 예수님을 절대로 부인하지 못한다. 구차히 살려 달라고도 않겠다. 죽이려면 어서 죽여라!"

믿음의 선배들은 톱으로 켜는 끔찍한 악형을 받되 구차히 면하려 하지 않았습니다. 왜? 그들은 더 나은 부활이 기다라고 있다는 약속을 믿었기 때문입니다. 그렇기에 이 세상 권력자들도 믿음의 사람들을 감당치 못했다고 말씀합니다. **"이런 사람은 세상이 감당치 못했다"**(히 11:38)는 말씀은 어떤 악형으로도 믿음의 사람들을 굴복시킬 수 없었다는 말씀입니다. 네로 황제 시대의 핍박을 그린 영화를 보면, 믿음의 사람들이 원형 경기장에 끌려가서 화형을 받기도 하고 사자 밥이 되기도 했습니다. 당시의 성도들은 엄청난 악형을 받았습니다. 그런 악형을 받으면서도 그들은 그 악형을 면해 보려고 비굴하게 사정을 하거나 두려워서 비명을 지르지도 않았습니다. 초대교회의 성도들은 끝까지 당당하게 화형을 당하기도 하고 사자가 물어뜯으려고 으르렁거리며 다가와도 힘차게 찬송을 부르며 담담히 최후를 맞았습니다.

사도행전 7장에 스데반 집사가 순교하는 장면이 기록되어 있습니다. 오늘 본문에 기록된 악형 중에 **"돌로 치는 것과"**라는 말씀이 있는데, 스데반 집사도 믿음으로 복음을 다 증거하고서 핍박자들의 돌에 맞아 죽었습니다. 그런데 스데반은 돌에 맞아 죽으면서도, 그런 악형을 구차히 면하려 하지 아니하고 평안 중에 하나님께 기도했습니다: **"주 예수여 내 영혼을 받으시옵소서... 주여 이 죄를 저들에게 돌리지 마옵소서"**(행 7:59-60)

세상은 이런 믿음의 사람들을 감당치 못합니다. 거듭나지 못한 죄인들이 어떻게 그럴 수 있겠어요? 자신을 돌로 쳐 죽이는 자들을 위해서 기도하는 사람을, 악형을 받으면서도 얼굴이 해와 같이 빛나는 자를 세상이 감당할 수 있겠습니까? 스데반을 죽이는데 찬동하면서 그 장면을 지켜본 청년 사울은 후에 사도 바울로 부르심을 받았습니다. 사울은 스데반이 순교하는 장면을 보면서, "정말 이 믿음을 가진 사람들은 대단하구나!" 하고 충격을 받았을 것입니다.

세상이 감당치 못할 믿음은 인간의 불굴의 의지에서 나온 것이 아니라 그들의 앞에는 더 좋은 부활이 기다리고 있다는 확신에서 나온 것입니다. 이와 같이 우리의 **믿음의 지향점**은 "**더 좋은 부활**"입니다. 많은 기독교인들이 이 땅의 축복을 지향해서 신앙생활을 합니다. 그런데 히브리서 11장에 등장하는 믿음의 선배들의 믿음은 "**상 주시는 이를 바라보는 믿음**"(히 11:26)이었고 "**더 좋은 부활**"(히 11:35)을 바라는 믿음이었습니다. 믿음의 사람들은 천국 영생을 확신했기 때문에 세상이 감당할 수 없는 믿음의 삶을 살 수 있었습니다.

천국 영생이 가장 귀한 보물입니다

"천국은 마치 밭에 감추인 보화와 같으니 사람이 이를 발견한 후 숨겨 두고 기뻐하여 돌아가서 자기의 소유를 다 팔아 그 밭을 샀느니라 또 천국은 마치 좋은 진주를 구하는 장사와 같으니 극히 값진 진주 하나를 만나매 가서 자기의 소유를 다 팔아 그 진주를 샀느니라"(마 13:44-46)

여기서 말하는 "**천국**"은 천국의 영생입니다. 천국(天國)의 영생(永生)은 **"밭에 감추인 보화"**와 같고 **"극히 값진 진주"**와 같다고 말씀합니다. 이것이 얼마나 귀한 줄 아는 사람은 자기 소유들을 대가로 다 지불해서라도 그것을 얻으려고 그것을 삽니다. "내게 있는 모든 것들은 이 보화에 비하면 아무것도 아니다! 이것들을 다 포기할지라도, 이것들을 대가로 다 지불할지라도 천국 영생을 얻는다면 이것은 횡재를 하는 것이다!"라고 영적인 사람은 믿습니다.

우리가 이 땅에서 살면 얼마나 더 살겠습니까? 여기 있는 사람 중에, 제일 나이 어린 자라도 남은 생애는 기껏해야 몇십 년입니다. 몇십 년 동안 맛있는 것 먹고, 즐기고 싶은 것을 즐기면서, 그저 자기의 욕망을 좇아 산다고 해도 몇십 년 후면 다 죽어서 그 영혼은 하나님의 심판대 앞에 설 것입니다. 우리 찬양 가사에,

♪내 인생 내가 주인이 되어 쾌락을 누린다 하여도~

♪기쁨과 평안을 나는 알지 못했네~" 하는 가사가 있습니다. 그 가사처럼 내가 내 인생의 주인이 되어서 내 마음껏 쾌락을 누린들 무엇이 남겠습니까? 세월이 지나가고 자기의 생애가 끝나면, 이 땅의 것들은 아무것도 남지 않습니다.

"이 세상이나 세상에 있는 것들을 사랑치 말라 누구든지 세상을 사랑하면 아버지의 사랑이 그 속에 있지 아니하니 이는 세상에 있는 모든 것이 육신의 정욕과 안목의 정욕과 이생의 자랑이니 다 아버지께로 좇아 온 것이 아니요 세상으로 좇아 온 것이라 이 세상도, 그 정욕도 지나가되 오직 하나님의 뜻을 행하는 이는 영원히 거하느니라"(요일 2:15-17).

육신의 정욕, 안목의 정욕, 이생의 자랑-이 세 가지가 이 세상 사람들의 인생 목표입니다. 그러나 그런 것들은 신기루와 같은

것들이고 영원한 것들이 아닙니다. 영원한 것은 하나님과 하나님의 나라뿐입니다. 이 세상의 것들은 무엇인들 영원까지 가는 것이 없고, 다 잠시 있다가 사라지는 것들입니다. 아무리 움켜잡으려고 해도 바람을 잡으려는 것같이 허무하고, 가지면 가질수록 더 공허하고 슬픈 것이 인생입니다. 재물이든지 권력이든지 인생의 자랑이든지 안목의 정욕이든지 쾌락이든지 - 인생 자체가 다 지나가는 것입니다.

지혜로운 자는 이런 것들을 쓰레기만도 못한 것으로 여겨서 그것들에 대한 집착을 빨리 정리합니다. 그리고 **밭에 감추어진 보화처럼, 극히 값진 진주처럼** 가장 귀하게 붙잡아야 할 것은 천국 영생이라고 마음을 정합니다. 미련한 자는 이 땅의 것에 집착하다가 천국 영생을 잃어버립니다. 천국 영생을 잃어버린 자는 다 잃어버리는 것입니다. 그런 자는 영원한 지옥에서 세세토록 이를 갈면서 자기가 태어난 날을 저주할 것입니다. 우리는 이 사실을 분명히 알고 믿어야 합니다. 그래야 비로소 우리 마음에서 믿음이 시작됩니다. 이것을 분명히 하지 않으면, 영생을 믿는 믿음, 보이지 않는 하나님을 눈으로 보는 것처럼 믿는 믿음은 절대로 우리의 마음에 자라지 못합니다.

믿음의 선배들과 같은 대열에 서라

"이 사람들이 다 믿음으로 말미암아 증거를 받았으나 약속을 받지 못하였으니 이는 하나님이 우리를 위하여 더 좋은 것을 예비하셨은즉 우리가 아니면 저희로 온전함을 이루지 못하게 하려 하심이니라"(히 11:39-40).

하나님께서는, "너희들도 이 믿음의 반열에 들어 있다"고 말씀하십니다. 이 두 절의 말씀은 우리들에게 큰 격려가 되고, 우리의 사기를 북돋아 주시는 말씀입니다. 믿음의 선배들은 천국 영생을 바라보고 믿었는데, 아직은 그 약속이 성취되지는 않았습니다. 모든 의인들이 함께 누릴 **"더 좋은 부활"**이 속히 이루어져야 하는데, 이날은 우리로 말미암아 앞당겨질 것입니다. 이것은 하나님의 약속입니다.

장차 하나님이 구원할 자들을 다 구원하시면, 즉 이방인의 충만한 수가 구원을 받고 다시 이스라엘 백성 중에서 구원받을 자들이 구원을 받고 나면, 예수 그리스도께서 공중에 재림하십니다. 그때에 의인들의 첫째 부활이 있습니다. 그날에 죄 사함을 받고 돌아가신 믿음의 선배들이 먼저 **"더 좋은 부활"**의 몸을 입고 일어납니다. 그래서 여기 히브리서 11장에 열거되었던 믿음의 선배들과 또 동일한 믿음으로 살았던 수많은 선배 의인들이 먼저 공중으로 올라갑니다. 그리고 **물과 피의 복음**을 믿음으로 거듭나서 끝까지 믿음을 지키며 살아온 의인들이 **신령한 몸**으로 홀연히 변화되어서 공중으로 끌어올려져서 주님과 **공중 혼인잔치**에 들어갑니다. 이것을 "휴거"(携擧; Rapture)라고 합니다.

히브리서 11장 39-40절은 이 "휴거"의 섭리를 말씀하시는 것입니다. 이 말씀은 "너희들이 믿음의 릴레이에서 마지막 주자다"라고 말씀하십니다. 릴레이(계주) 경기를 다 아시죠? 한 팀의 달리기 선수들이 차례로 바통(baton)을 넘겨받아서 끝까지 달리는 경기인데, 마지막 주자가 제일 중요합니다. "너희가 아니면 이 모든 것이 이루어지지 않는다"는 이 말씀은 우리의 사명을 일깨우는 말씀이고 큰 격려의 말씀입니다. "너희들이 바로 하나님의 약속을 이뤄 드릴 마지막 주자들이다! 복음의 마지막 주자들로서 하나님께서 당신의 뜻대로 인류의 구원을 완수하실 수 있도록 땅끝까지 복음이 전파되게 할 자들이 너희들이다"라고 말씀하십니다.

"**이 천국 복음이 모든 민족에게 증거되기 위하여 온 세상에 전파되리니 그제야 끝이 오리라**"(마 24:14)고 주님께서 말씀하셨습니다. 그리고 주님은 땅끝까지 **천국 복음**을 전파하라는 **대사명**(the Great Commission)을 우리에게 부탁하셨습니다. 지금은 인터넷이 발달해서 복음이 담긴 전자책을 만들어 인터넷 세상에 띄우면 땅끝까지 0.01초에 갈 수 있는 시대입니다. 지금은 주님의 약속의 말씀이 이루어져서 주님께서 다시 오실 날이 멀지 않은 시대입니다. 그러니 우리가 비록 부족하고 연약해도, 마음을 정해서 물과 피의 복음이 영원한 진리의 말씀인 것을 믿고, 육체의 남은 때에 하나님의 모든 말씀을 믿음으로 순종해서 세상이 감당치 못하는 믿음으로 살아야겠습니다.

세상이 감당치 못하는 믿음이라고 해서 뭐 그리 대단한 것이 아닙니다. 우리가 물과 피의 복음을 믿음으로 죄 사함을 받고, 천국 영생을 가장 귀하게 알고 지향할 때에 우리들은 세상이 감당치 못하는 믿음의 사람들이 되어서 남은 때에 아름다운 삶을 살게 될 것입니다. 저는 우리 모두가 아름다운 삶을 살다가 주님 앞에 가기를 바랍니다. 믿음의 삶이 가장 아름답고 축복된 삶입니다. 믿음으로 살면 하나님께서 이 땅의 것들도 우리의 필요를 따라 다 주십니다. 그러므로 믿음으로 사는 것이 너무너무 지혜로운 삶입니다. 저는 믿음으로 살기로 마음을 정했습니다.

저는 갈 바를 모르고 막막할 때에, 오직 하나님의 뜻을 좇겠다고 마음만 정하고 주님의 인도를 바라며 기도했습니다. 그런데 하나님께서는 제가 기도하고 구했던 것들보다 더욱 넘치도록 은혜를 베푸시고 믿음의 길을 갈 수 있게 해 주셨습니다. 그래서 날마다 제 마음에 믿음이 자라는 것을 느낍니다. 참새도 돌보시는 하나님께서 때를 따라 저에게 은혜를 베푸시는 것을 저는 압니다. 어떻게 하든지 제 마음을 지켜서 세상이 감당치 못하는 아름다운 삶을 살라고 저에게 격려하시는 하나님의 돌보심을 저는 믿습니다.

"너희는 먼저 그 나라와 그 의를 구하라 그리하면 이 모든 것을 너희에게 더하시리라"(마 6:33)—저는 이 말씀을 믿습니다. 저는 자비량하는 일은 앞으로 몇 년만 더 하고, 하나님이 허락하시면 복음을 전적으로 섬기는 사역만 하고자 합니다. 하나님이 그렇게 하실 줄 믿습니다. 그렇다고 해서 내가 자식들에게나 누구에게 짐이 되거나 그렇게 하지는 않을 것입니다. 그렇게 힘들게 많은 시간 동안 일을 안 하고 조금만 일을 해도, 하나님의 일을 더 많이 할 수 있도록 하나님께서 물질을 넉넉히 공급해 주실 것을 저는 믿습니다.

때가 되면 제가 설교하는 것을 동영상으로도 찍을 생각입니다. 요즘 사람들은 글을 잘 안 읽습니다. 생각해 보니까 말도 안 되는 설교를 하는 사기꾼들도 동영상을 유튜브(YouTube)에 올리는데, 진리의 복음을 전하는 설교를 왜 못 올리겠습니까? 저는 "예수님께서는 물과 피로 임하셨다. 물과 피의 복음이 진리이며 이 진리의 원형복음을 믿고 죄 사함을 받지 않으면 지옥이다"라고 분명히 설교를 해서 인터넷 세상에 올릴 것입니다. 수많은 영혼들이 거듭나지도 못한 설교자들의 거짓말들에 미혹되어

지옥에 가고 있는데, 제가 수수방관할 수 있겠습니까? 진리의 복음을 가진 제가 무엇이 두려워서 동영상 설교를 못 올리겠습니까? 제 마음에 믿음도 있고, 얼마든지 담대하게 전할 수 있습니다. 그래서 때가 되면 그렇게 할 것입니다.

저는 우리 모두가 세상이 감당치 못하는 아름다운 믿음의 사람들이 되기를 진심으로 바랍니다. 우리 모두가 **"더 좋은 부활"**을 지향하고 사모하는 믿음의 순례자들이 되기를 바랍니다.

말씀을 마쳤습니다.

(2014년 7월 6일 주일예배 말씀)

예수님을 바라봄으로
시험과 연단을 이겨라

"이러므로 우리에게 구름 같이 둘러싼 허다한 증인들이 있으니 모든 무거운 것과 얽매이기 쉬운 죄를 벗어 버리고 인내로써 우리 앞에 당한 경주를 경주하며

믿음의 주요 또 온전케 하시는 이인 예수를 바라보자 저는 그 앞에 있는 즐거움을 위하여 십자가를 참으사 부끄러움을 개의치 아니하시더니 하나님 보좌 우편에 앉으셨느니라

너희가 피곤하여 낙심치 않기 위하여 죄인들의 이같이 자기에게 거역한 일을 참으신 자를 생각하라

너희가 죄와 싸우되 아직 피흘리기까지는 대항치 아니하고

또 아들들에게 권하는것 같이 너희에게 권면하신 말씀을 잊었도다 일렀으되 내 아들아 주의 징계하심을 경히 여기지 말며 그에게 꾸지람을 받을 때에 낙심하지 말라

주께서 그 사랑하시는 자를 징계하시고 그의 받으시는 아들마다 채찍질하심이니라 하였으니

너희가 참음은 징계를 받기 위함이라 하나님이 아들과 같이 너희를 대우하시나니 어찌 아비가 징계하지 않는 아들이 있으리요

징계는 다 받는 것이거늘 너희에게 없으면 사생자요 참 아들이 아니니라

또 우리 육체의 아버지가 우리를 징계하여도 공경하였거든 하물며 모든 영의 아버지께 더욱 복종하여 살려 하지 않겠느냐

저희는 잠시 자기의 뜻대로 우리를 징계하였거니와 오직

하나님은 우리의 유익을 위하여 그의 거룩하심에 참예케 하시느니라

무릇 징계가 당시에는 즐거워 보이지 않고 슬퍼 보이나 후에 그로 말미암아 연달한 자에게는 의의 평강한 열매를 맺나니

그러므로 피곤한 손과 연약한 무릎을 일으켜 세우고

너희 발을 위하여 곧은 길을 만들어 저는 다리로 하여금 어그러지지 않고 고침을 받게 하라"(히 12:1-13).

모든 성경은 성령의 감동하심으로 기록된 하나님의 말씀으로 "교훈과 책망과 바르게 함과 의로 교육하기에 유익"(딤후 3:16)하다고 말씀하셨습니다. 물과 피의 복음이 진리인 것을 깨닫고 믿는데 있어서 히브리서는 아주 유익한 성경 말씀입니다. 어린아이와 같이 순수한 마음으로 하나님의 말씀을 받는 자는 복이 있습니다.

어떻게 얻은 구원인데, 영원한 생명을 잃을 수 있는가?

히브리서 12장은 "믿음으로 거듭난 자들이 어떻게 그 믿음을 지킬 수 있는가?" 하는 부분에 말씀합니다. 무엇이든지 지키지 못하면 잃어버립니다. 우리가 천국 영생을 믿음으로 얻었으면 지금부터는 그 믿음을 지켜야 합니다. 그러나 그 귀한 믿음을 얻었다가도 잃어버리는 사람이 참으로 많습니다.

주님은 "인자가 올 때에 세상에서 믿음을 보겠느냐"(눅 18:8)고 말씀하신 적이 있습니다. 이 시대에는 진리의 복음, 즉 물과 피의

복음을 전해 주어도 믿지 않는 사람이 거의 99%입니다. 아주 소수의 사람들만이 물과 피의 복음을 진리의 말씀으로 받아들입니다. 또한 진리의 복음을 믿어서 마음에 죄 사함을 받은 소수의 사람들 중에도 이 생명의 복음을 끝까지 지키는 사람은 그리 많지 않습니다. 그러니 끝까지 믿음을 지켜서 하나님이 우리에게 주신 영생과 하늘에 속한 모든 신령한 복을 누리는 자는 극히 소수입니다. 주님은 구원을 받는 자가 **"성읍에서 하나와 족속 중에서 둘"(렘 3:14)**이라고 말씀하셨습니다. 믿음을 끝까지 지켜서 주님께서 약속하신 천국에 들어가는 자들은 아주 희귀합니다. 이 말은 우리들도 믿음을 잃어버릴 가능성이 많다는 사실이고, 우리는 정신을 차리고 깨어서 믿음을 지켜야 한다는 뜻입니다.

예수님은 "씨 뿌리는 자의 비유"를 들려주셨습니다. 씨 부리는 자가 나가서 씨를 뿌렸는데, 어떤 씨는 **길가**에 뿌려지고, 어떤 씨는 돌이 많은 **돌밭**에 뿌려지고, 어떤 씨는 **가시덤불**에 뿌려지고, 어떤 씨는 **좋은 밭**에 뿌려졌다고 말씀을 하셨습니다. 이 씨는 물과 피의 복음, 즉 생명을 얻게 하는 진리의 말씀을 뜻합니다. 주님은 진리의 말씀을 사람들의 마음밭에 뿌렸습니다. 그런데 전자의 세 가지 밭에서는 씨앗이 열매를 맺지 못하고, 마지막의 "좋은 밭"에 떨어진 씨앗만 결실을 맺는다고 주님은 말씀하셨습니다. 거의 대부분의 사람들의 마음은 앞의 세 가지 마음밭과 같습니다. 그래서 생명의 복음을 듣고도 구원으로 결실하지 못합니다.

어떤 사람은 **길가 밭**처럼 마음이 강퍅해서 하나님 자체를 믿지 않습니다. 그런 사람이 첫 번째 마음밭의 소유자입니다. "나는 하나님을 안 믿는다. 하나님이 눈에 보이냐? 하나님이 있다는 것을 보여줘라 그러면 나도 믿겠다!" 하는 자들입니다. 하나님은 영(靈)입니다. 그래서 하나님은 눈에 보이지 않습니다. 그리고 보이지 않는 하나님을 보는 것같이 믿는 것이 믿음입니다. 하나님이 눈에 보이지 않는다고 "없다"고 단정 짓는 자는, 공기가 눈에 보이지 않는다고 "공기는 없다"고 괴변을 늘어놓는 머저리입니다. 하루살이는 하루밖에 못 살기 때문에 "내일"이라는 말을 이해 못합니다. 그러니 "이생이 전부"라고 하는 자가 어떻게 "영생이 있다"라는 사실에 대해 상상인들 하겠습니까?

   사람이 하나님을 믿고자 하는 마음이 있다면, 이 경이로운 우주와 자연의 세계를 바라보면서도 하나님께서 계신 것을 인정하게 됩니다. 그런데도 길가 밭처럼 딱딱한 마음은 하나님이 계신 것 자체를 인정하지 않습니다. 그래서 그런 사람에게는 아무리 생명의 씨를 뿌려도 그 씨가 마음밭에 심겨지지 않고 새들이 와서 다 쪼아먹어 버리고 맙니다.

   또 어떤 사람의 마음밭은 흙이 얕게 덮인 **돌밭**과 같습니다. 밭을 흙이 덮고 있기는 하지만 그 흙 바로 밑에는 돌들이 가득 차 있어서 말씀의 씨앗이 싹이 나도 뿌리가 제대로 내리지를 못하는 마음밭입니다. 얕은 흙에 가려진 돌덩이들처럼, 이런 사람은 자기가 얼마나 끔직한 죄 덩어리인 줄을 모릅니다. 그래서 복음이 크게 고마울 것도 없는 사람입니다. 이런 사람은 복음을 처음 들었을 때에는 잠시 기뻐하며 복음을 받아들이지만, 그 복음으로 인해서 조금만 어려움이 오면 복음을 버리고 맙니다. 그래서 결국 영생의 구원에 이르지 못합니다.

   세 번째 마음밭은 **가시덤불 밭**인데, 이 마음밭의 소유자는 진리의 복음이 자기의 마음에 뿌려졌을 때에 기뻐하며 믿기는 믿는데, 그의 마음이 여전히 세상을 너무 사랑하는 사람입니다.

복음이 귀한 것을 알긴 알면서도 세상을 너무 사랑하면 어떻게 됩니까? 그런 사람은 세상의 조류와 함께 떠내려가서 복음과는 점점 더 멀어지고 끝내 얻었던 영원한 생명도 잃어버립니다. 이런 사람의 마음밭에는 복음의 씨앗이 싹이 트고 자라나다가도 세상을 사랑하는 가시덤불에 덮이고 기운이 막혀서 더 이상 자라지 못해서 끝내 구원에 이르지 못합니다.

그러나 주님께서 마지막에 말씀하신 **좋은 밭**에 떨어진 씨는 싹이 나고 자라나서 백 배 육십 배 삼십 배의 결실을 맺는다고 하셨습니다. 좋은 밭이란 하나님 말씀을 목숨처럼 귀하게 여기고 믿는 마음밭입니다. 하나님 말씀 앞에서 끊임없이 자기 생각을 부인하고 말씀을 따라가는 믿음의 사람은 끝내 구원의 열매를 맺고 하나님의 축복을 넘치게 받습니다. 그리고 생명의 열매를 백 배 육십 배 삼십 배로 맺습니다.

여러분은 어떤 마음밭의 소유자입니까? "물과 피의 복음"이 진리의 원형복음이고 우리에게 영원한 생명을 주는 은혜의 말씀인데도, 불행하게도 대부분의 사람들은 이 말씀을 듣고도 구원으로 열매를 맺지 못합니다. 그들의 마음밭이 결실하지 못하는 세 가지 마음밭에 속하기 때문입니다. 물론 마음밭은 타고나는 것이 아닙니다. 가인과 아벨, 그리고 야곱과 에서 같은 쌍둥이들은 한 부모에게서 태어났지만 전혀 다른 마음밭을 가지고 있었습니다. 자신이 부족하고 악한 존재이며 한 포기 풀과 같이 허무한 존재라고 인식하고 **영원을 사모하는 마음**(전 3:11)이 있으면 하나님을 찾아 나옵니다. 그리고 하나님의 말씀을 들으면서 좋은 밭으로 기경(起耕)됩니다. 누구든지 하나님 앞에서 마음만 바르게 먹으면 영육간에 복을 받는데, 정말 답답한 노릇입니다.

그러므로 하나님의 말씀을 믿지 않고자 하는 마음을 털어 버리고 하나님의 말씀을 어린이처럼 순진하게 받아서 믿는 마음 자세가 필요합니다. "그러므로 **믿음은 들음에서 나며 들음은 그리스도의 말씀으로 말미암았느니라**"(롬 10:17)고 말씀하셨습니다. 하나님의 말씀을 순수하게 받아들임으로 좋은 마음밭이 되면 믿음도 쑥쑥 자라납니다.

오늘의 본문 말씀도 우리가 고난 가운데서도 끝까지 믿음을 지킬 것을 권면합니다. 히브리서가 쓰여질 당시에 많은 히브리인들이 지중해 연안에 흩어져 살았습니다. 그들에게 복음이 전파되었는데, 복음을 들은 자들 중에 많은 이들이 복음을 버리고 떠나갔습니다. 그래서 하나님께서는 그들이 믿음 안에 굳건히 서 있게 하기 위해서 히브리서를 기록해 주신 것입니다.

그러면 히브리서가 2000년 전의 히브리인들에게만 전하신 말씀입니까? 아닙니다. 하나님께서는 우리에게도 똑같이 말씀하십니다. 그 당시의 히브리인들이 처했던 환경이나 지금 우리가 처한 환경이나 크게 다를 바가 없습니다. 오히려 그때는 로마제국의 권력자들이 예수님을 믿은 성도들을 잡아다 죽이기까지 하는 엄청난 핍박이 있었습니다. 현재의 우리에게는 그런 핍박이 없습니다.

핍박과 환란이 없는 것이 영적으로 다 좋기만 한 것인가? 그렇지 않습니다. 엄청난 핍박과 고난이 있었던 초대교회 시대에는 오히려 순수하게 믿음을 지킨 의인들이 많았는데, 지금은 핍박이 없고 신앙의 자유가 보장되니까, 그리고 세상이 너무 현란하니까 세상을 따라가는 사람이 더 많고 온전한 믿음을 가진 사람은 오히려 희귀한 시대가 되었습니다.

환란과 곤고 가운데 믿음을 지켜라

　히브리서 11장은 성경에 기록된 믿음의 선배들에 대해서 말씀해 주십니다. 히브리서 12장에서는, 그 믿음의 선배들은 엄청난 고난을 겪으면서도 믿음을 지켰는데 우리도 그렇게 믿음을 지킬 것을 권면합니다. "너희가 어려움이 있더라도 믿음을 지켜야 한다 그래야만 너희는 영원한 천국에 들어갈 수 있다"고 말씀하십니다. 믿음의 목적이 무엇입니까? 우리가 왜 하나님을 믿습니까? **"믿음의 결국 곧 영혼의 구원"**(벧전 1:9)이라고 말씀하셨습니다. 우리는 천국 영생을 얻기 위해서 하나님을 믿는 것입니다.

　그러면 사람들이 **"믿음의 목적인 영생의 구원"**에 이르지 못하는 이유가 무엇입니까?

　첫째로는 **세상의 유혹**입니다. 사람들이 세상의 유혹을 이기지 못하고 세상을 따라 떠내려가서 마음에 받았던 하나님의 복음의 말씀을 끝내 버립니다. 둘째로는 **엄청난 핍박** 때문에도 복음을 믿는 믿음을 버릴 수 있습니다. 그때에는 예수님을 믿는다고 하면 잡아서 죽이고 또 옥에 가두고 사회적으로도 매장을 시켰습니다. 조금 경미한 핍박이지만, 지금도 예수님을 믿는다고 고백하면 인간관계가 깨지거나 사람들에게 따돌림을 당할 수도 있습니다. 아무튼 오늘의 말씀은 "너희들이 어떤 어려움을 겪더라도 끝까지 믿음을 지켜야 한다"는 말씀입니다.

우리의 눈을 예수님께 고정시키자

"이러므로 우리에게 구름 같이 둘러싼 허다한 증인들이 있으니 모든 무거운 것과 얽매이기 쉬운 죄를 벗어 버리고 인내로써 우리 앞에 당한 경주를 경주하며

믿음의 주요 또 온전케 하시는 이인 예수를 바라보자 저는 그 앞에 있는 즐거움을 위하여 십자가를 참으사 부끄러움을 개의치 아니하시더니 하나님 보좌 우편에 앉으셨느니라"(히 12:1-2)

끝까지 믿음을 지켜서 구원의 상을 받으려면 예수를 바라보라고 말씀하십니다. **"예수를 바라보자"**는 이 말씀이 영어 성경에는, **"우리 눈을 예수님께 고정시키자"**(Let us fix our eyes on Jesus; NIV)라고 되어 있습니다. 이 말씀을 역설적으로 말하자면, 많은 사람들이 복음을 믿는다고 하면서도 예수님이 아닌 다른 데에 마음을 더 많이 두고 있다는 말씀입니다. 그래서 너의 마음을 예수님에게 고정시키라고 권면하시는 것입니다.

사도 바울은 우리의 삶을 자주 믿음의 경주(競走), 즉 달음박질에 비유해서 말씀했습니다. 초등학교 운동회에 가 보면 학생들이 달리기를 할 때에, 그들은 있는 힘을 다해서 결승점을 향해 달립니다. 달리기를 할 때에는 다른 생각이라고는 전혀 하지 않습니다. 오직 골인 지점만 보고 전력 질주를 해서 달려갑니다. 왜 그렇게 한눈을 팔지 않고 결사적으로 달립니까? 상을 타기 위해서입니다. 믿음의 경주를 할 때에도 우리 눈은 예수님에게 고정되어 있어야 한다고 말씀합니다. 이것이 물과 피의 복음으로 구원받은 의인들의 기본 자세입니다. 우리가 하루하루 살아가는데, 예수님께서 우리를 구원하신 진리를 마음에 품고 **우리 눈은**

예수님께 고정되어 있어야 합니다.

　요즘 월드컵 축구 대회가 한창입니다. 브라질의 수도 리우데자네이루의 산꼭대기에는 양손을 활짝 벌리고 선 예수상(像)이 있습니다. 그것이 브라질의 상징입니다. 많은 사람들이 그 상(像)을 배경으로 찍은 자신의 사진을 인터넷에 올립니다. 또 많은 사람들이 예수님의 십자가 상(像)이나 성화(聖畵)를 벽에 걸어 놓고 거기에 절하고 기도합니다. 오늘의 말씀은 예수의 상(像)을 마치 우상 숭배하듯이 바라보라는 말이 결코 아닙니다.

　우리 마음에는 예수 그리스도가 말씀으로 살아 계십니다. 예수님께서는 진리의 말씀으로 우리를 모든 죄에서 구원해 주셨습니다. 예수님은 우리를 사랑하셔서 우리를 하나님의 자녀들로 삼아주기 위해서 이 땅에 **물과 피로 임하신 하나님**입니다. 예수님께서는 우리의 모든 사정을 다 아시고 우리를 의의 길로 인도하시는 사랑의 하나님입니다. 우리는 나의 구세주 하나님이신 예수님에게 우리 마음의 눈을 고정시키고 살아가야 합니다. 그래야만 우리의 믿음이 요동치지 않고, 타락되거나 유혹에 빠지지도 않고, 우리 마음에 예수 그리스도를 왕으로 모시고 살아갈 수 있습니다.

　우리의 믿음의 눈이 예수님에게 늘 고정되어 있어야 하지만, 우리가 생활비도 벌면서 살아가야 하니까 솔직히 늘 그럴 수만은 없습니다. 비록 우리가 이런저런 일들도 하면서 마음을 거기에 쏟아야 할 때도 많지만, 우리의 마음만은 늘 예수님께 고정되어 있어야 합니다. 그런데 그렇지 못하기 때문에 우리가 여러 가지 시험에 들기도 하고 하나님께로부터 징계를 받기도 합니다.

하나님 앞에서 믿음을 지키려면 **우리 마음의 눈이 예수님께 고정**되어 있어야 합니다. 우리가 예배드리는 이 작은 예배 처소를 저는 좋아합니다. 저는 이곳에 들어오면 제일 먼저 십자가를 바라보면서 마음의 무릎을 꿇습니다. 십자가가 곧 예수님이라는 뜻은 아닙니다. 다만 이 십자가 앞에서 제 마음의 눈을 예수님에게 고정시키고 주님과 교제를 시작하게 됩니다. "예수님, 주님이 물과 피로 제 모든 죄를 깨끗이 씻어 주셔서 감사합니다. 또 저를 인도하셔서 의의 복음을 좇게 해 주셔서 감사합니다. 주님께서 저를 이처럼 사랑하시는 것을 믿습니다. 오늘도 저를 지켜 주시고 인도해 주옵소서"-먼저 이렇게 기도하고 제 할 일을 합니다. 그래서 여기 예배당에 거하는 동안 제 마음이 참 좋습니다.

시험을 당할 때에 온전히 기쁘게 여기라

우리가 믿음의 경주를 하는 중에 시험에 들기도 하고 하나님의 징계를 받기도 합니다. 기독교인들이 "나 요즘 시험에 들어서 교회를 안 나가려고 해"라고 말 할 때가 있습니다. 이처럼 마음이 산란해서 신앙생활을 할까 말까 하고 갈등하는 것을 시험이라고 합니다. 여러분은 요즘에 시험에 드는 일이 없습니까?

영어 성경에는 **"시험"**이라는 단어가 시련 (trials, 어려움) 또는 유혹 (temptations)으로 번역되어 있습니다. 예를 들자면, 만일 우리 앞에 돈뭉치가 떨어져 있다고 가정하면, 우리는 "이것을 집어 갈까, 말까?" 하고 갈등하는 "시험"에 들겠죠? 이런 경우, "시험"은 "유혹"을 뜻합니다. **"오직 각 사람이 시험을 받는 것은 자기 욕심에 끌려 미혹됨이니"**(약 1:14) 하신 말씀에서도 "시험"은

"유혹"을 의미합니다. 그러나 "**내 형제들아 너희가 여러 가지 시험을 당하거든 온전히 기쁘게 여기라**"(약 1:2)고 하신 말씀에서는 "시험"이 "고난"을 뜻합니다.

그러면 "**징계**"는 무엇입니까? 징계란 잘못으로 인해 하나님께로부터 견책을 받는 것입니다. 애들이 너무 잘못하면 부모가, "종아리 걷어! 넌 좀 맞아야 정신을 차리겠구나!" 하고 매를 들지 않습니까? 그것은 사랑의 매입니다. 그것이 없으면 애들을 망칩니다. "매를 아껴라 그러면 자식을 망친다"(Spare the rod and spoil the child)라는 격언이 있습니다. 이 격언은 성경 말씀에서 유래한 것인데, 성경은 "**초달을 차마 못하는 자는 그 자식을 미워함이라 자식을 사랑하는 자는 근실히 징계하느니라**"(잠 13:24)고 말씀합니다.

우리가 살아가는 동안에 수많은 시험과 징계가 있습니다. 시험이든지 징계든지 우리에게는 다 어려움인데, 성경은 우리가 여러 가지 어려움을 통해서 오히려 영적으로 바른 믿음의 길을 걸어갈 수 있다고 말씀합니다: "**내 형제들아 너희가 여러 가지 시험을 만나거든 온전히 기쁘게 여기라 이는 너희 믿음의 시련이 인내를 만들어 내는 줄 너희가 앎이라 인내를 온전히 이루라 이는 너희로 온전하고 구비하여 조금도 부족함이 없게 하려 함이라**"(약 1:2-4).

주님은 여러 가지 어려움을 겪을 때 온전히 기쁘게 여기라고 말씀합니다. 어려움이 오면 기뻐할 사람이 어디 있겠어요? 어려움은 다 피하고 싶습니다. 그런데 "믿음의 노정(路程)에서 너희에게 시험은 반드시 온다. 너희가 믿음의 경주를 하다 보면 어려움도 오게 되어 있단다. 너희는 그 모든 시험들을 믿음으로 이겨야 한다. 그러면 너희의 믿음이 온전하게 구비되어서 조금도 부족함이 없게 된다"라고 주님은 말씀합니다.

믿음으로 살고자 마음을 정했어도 우리의 인생길에는 시험이 얼마든지 있습니다. 불의의 사고를 당할 수도 있고, 재산상의 큰 손해도 입을 수 있고, 또 가족을 잃어버릴 수도 있습니다. 우리가 요즘엔 별 어려움이 없이 평안합니다. 그렇다면 아무 걱정거리가 없고 평안한 것이 영적으로 좋기만 한 것이냐? 그렇지 않습니다. 모든 것이 다 잘되고 태평한 것이 영적으로 좋기만 한 것이 결코 아닙니다. 오히려 시련을 겪고 징계를 받으면서 우리 마음에서 찌끼가 제해지고 우리는 더 순수한 믿음 위에 서게 됩니다. 그렇지만 우리 모두는 육신이 있기 때문에 어려움을 겪고 싶은 사람은 인간적으로 아무도 없습니다.

아무튼 우리가 믿음의 경주를 할 때에 분명히 유혹과 시련도 있고 하나님의 징계도 있습니다. 그런데 하나님은 여러 가지 어려움을 겪을 때에 그것들을 온전히 기쁘게 여기라고 말씀하십니다. 그런 어려움을 통해서 우리 마음에서 잘못된 부분들이 제해지기 때문입니다. 즉 어려움을 통과한 후에 우리가 정금 같은 순수한 믿음의 사람으로 빚어지기 때문에 어려움을 겪는 것이 영적으로 유익하다는 말씀입니다.

요즘에 어린이들이 아토피라는 병에 많이 걸립니다. 의사들은 이 병의 원인을 도시화된 환경에서 찾습니다. 현대인들이 어린이들을 너무 위생적인 환경에서 키우기 때문에 몸에 저항력이 없게 되어서 조금만 이물질이 몸에 들어와도 거부 반응을 일으키는데, 그 과잉된 거부 반응이 바로 "아토피"라는 증후군입니다. 옛날에 제가 어렸을 때에는 씻지 않은 손으로 감자도 집어 먹고, 사탕이 땅에 떨어지면 다시 주워서 먹었으니 흙도 먹은 셈이고, 겨울에도 변변한 옷이 없어서 늘 감기를 달고 콧물을 질질 흘리며 살았습니다. 그렇게 자라난 결과 저는 면역체계가 잘 작동하고 강건합니다. 저는 감기도 잘 안 걸리고 웬만한 환경에서는 병에 걸리지 않습니다.

믿음도 마찬가지입니다. 믿음의 시련을 많이 겪으면서 마음에서 찌끼가 제거되고 마음이 믿음으로 강건해지면, 웬만한 시험들은 다 믿음으로 뛰어넘습니다. 모든 어려움들을 하나님의 말씀을 믿음으로 이겨내고 하나님께 영광을 돌립니다.

야고보서에 **"내 형제들아 너희가 여러 가지 시험을 만나거든 온전히 기쁘게 여기라"** 하신 말씀이 바로 그 뜻입니다. 어려운 일을 당하면, 우리는 "아! 어쩌다 이런 일이 벌어졌나! 이런 어려움은 제발 없었으면 좋겠다"라고 반응하는데, 주님은 시련이 오거든 온전히 기쁘게 여기라고 말씀하십니다. 그 시련을 통해서 우리가 온전한 믿음의 사람으로 자라날 수 있기 때문입니다.

"무릇 징계가 당시에는 즐거워 보이지 않고 슬퍼 보이나 후에 그로 말미암아 연달한 자에게는 의의 평강한 열매를 맺나니 그러므로 피곤한 손과 연약한 무릎을 일으켜 세우고 너희 발을 위하여 곧은 길을 만들어 저는 다리로 하여금 어그러지지 않고 고침을 받게 하라"(히 12:11-13). 이 말씀은 야고보서 1장 2-4절과 똑같은 권면의 말씀입니다. 시련, 시험, 고난, 징계— 우리가 주님 앞에서 믿음의 경주를 할 때에 이런 여러 가지 어려움들이 분명히 있습니다. 그리고 하나님께서는 이러한 어려움들을 통해서 우리 마음에서 찌끼를 제거하십니다. 우리의 마음속에 잘못된 것들, 즉 육신의 정욕과 안목의 정욕과 이생의 자랑—이런 것들이 우리 마음을 차지하고 있으면 순수한 믿음이 마음에 자리를 잡지 못합니다.

　금광(金鑛)에서 캐낸 원석을 제련해서 정금을 만들려면 원석을 가루로 만들어서 용광로에 넣고 수천 도의 열을 가합니다. 그러면 녹은 금이 밑으로 가라앉습니다. 그 액체화된 금에 다시 고열을 가하면 찌끼가 위에 뜹니다. 그러면 그 더러운 것을 싹 걷어내고 또 끓입니다. 이 과정을 반복해서 모든 찌끼를 제하고 나서 얻어지는 것이 정금(正金)입니다. 찌꺼기가 다 제거된 순수한 금이라고 해서 "순금"(純金)이라고도 합니다.

　우리 마음에도 찌끼가 많습니다. 세상을 사랑하는 마음, 하나님을 믿지 못하는 마음, 육신의 염려―이런 찌끼들이 많기 때문에 하나님이 시험도 주시고 징계도 하시면서 우리의 마음을 연단하십니다. 주님은 **"그로 말미암아 연달한 자에게는 의의 평강한 열매를 맺나니"**라고 말씀하십니다.

　"연달"(練達)이란 훈련을 통해 익숙한 단계에 이르는 것을 말합니다. 어려움을 겪으면서 마음이 연달된 자의 마음에는 하나님의 의의 평강한 열매가 풍성히 맺힙니다. **믿음**과 **불신**은 상반되는 개념인데, 우리의 마음에는 하나님을 온전히 믿지 못하는 불신의 찌끼들도 많이 있습니다. 그런데 우리는 어려움을 겪으면서 하나님을 더욱더 의뢰하게 되는 반면에 불신의 찌끼는 점차 제거되어서 순수한 믿음이 우리의 마음에 자리를 잡게 됩니다. 우리가 하나님을 순수하게 믿는 믿음의 사람이 되기를 하나님께서는 진정 바라십니다. 그래서 우리에게 어려움이 있고 징계도 있는 것인데, 이 모든 어려움들이 우리에게 영적으로는 매우 유익합니다.

하나님의 자녀라면 징계는 다 받는 것

주님께서는 우리에게 "어려움을 겪을 때나 징계를 받을 때에 낙심하지 말라"고 말씀하십니다. 왜 낙심하지 말라고 하십니까? 모든 징계나 어려움은 **하나님께로부터 온 것**이기 때문입니다. 육신의 아비라도 자기 자식이 잘못하면 매를 들어서라도 잘못을 고쳐 줍니다. 만일 어떤 아이가 나쁜 짓을 하고 돌아다녀도 매를 들지 않는다면, 그것은 그 아이가 자기 자식이 아니기 때문입니다. 징계는 자기 자식에게만 하는 것입니다. 하나님께서 우리를 징계하시는 것은, 우리가 하나님의 자녀이기 때문입니다. 그래서 만일 우리에게 하나님의 징계가 없다면 우리는 "사생자요 버린 자"라고 말씀하시는 것입니다.

이 세상에는 자기 욕망대로 살아도 전혀 징계를 받지 않는 사람들이 많습니다. 이 세상에서는 하나님을 믿지 않는 사람들이 출세하고 부자가 되고 유명 인사가 되는 것을 많이 봅니다. 그래서 어찌 보면 "내가 괜히 하나님을 믿고 있나? 저렇게 하나님을 믿지 않아도 건강하게 장수하고 부와 권세를 누리며 사는데…" 하고 시험에 들 수 있습니다. 시편의 기자도 그런 시험에 들었던 적이 있다고 고백하고 있습니다.

"**하나님이 참으로 이스라엘 중 마음이 정결한 자에게 선을 행하시나**

나는 거의 실족할 뻔 하였고 내 걸음이 미끄러질 뻔 하였으니

이는 내가 악인의 형통함을 보고 오만한 자를 질시하였음이로다"(시 73:1-3)

여러분은 하나님을 믿지 않는 자가 나보다 더 잘 되는 것을 부러워했던 적이 없습니까? 물론 그런 자들이 세상적으로는 더 많은 부와 권세와 명예를 누립니다. 그러나 영적인 눈으로 그들을 보면, 사실 그들은 불쌍하기 그지없는 자들입니다. 누가복음에 기록된 **부자와 나사로**의 이야기를 보십시오. 그 부자는 결국 지옥의 불 못에서 영원토록 고통스럽게 절규하지 않습니까? 악인이 형통하는 것을 보고 잠시 마음이 흔들렸던 하나님의 종이 장차 그가 영원한 형벌에 떨어질 것을 깨닫고, 또 하나님께서 저들을 수수방관하시는 것을 알고서야 마음에 품었던 질투심을 가라앉힐 수 있었습니다.

히브리서 12장 8절에, **"징계는 다 받는 것이거늘 너희에게 없으면 사생자요 참 아들이 아니니라"**고 하셨습니다. 하나님의 징계는 아무나 받는 것이 아닙니다. 하나님은 당신의 자녀가 아닌 사단 마귀의 자녀들을 징계하지 않습니다. 만약에 누가 계속 악을 행하는데도 하나님께로부터 아무 징계도 받지 않는다면 그런 자는 "내놓은 자식"이라는 뜻이고, "너는 내 자식이 아니다. 나는 너를 포기했다"라는 뜻입니다. 그래서 징계가 없는 것은 결코 즐거워할 일이 아닙니다. 징계가 있는 것이 오히려 감사할 일입니다. 그러므로 우리가 징계를 받을 때에, "아, 내가 하나님 자녀이기 때문에 이런 징계를 받는구나!" 하고 감사하게 징계를 받아들여야 합니다. 징계를 통해서 우리가 하나님 앞에서 더욱더 순수한 믿음으로 자라날 수 있기 때문입니다. 우리들이 주님 앞에서 믿음의 경주를 할 때에 여러 가지 어려움이 있더라도 끝까지 낙심하지 말고 달려 나가라는 권면의 말씀입니다.

지금 우리는 좋은 때입니다. 뭐든지 잘 되고 있는 믿음의 봄날입니다. 이형제도 잘 되지 않았어요? 직장 문제도 잘 해결되었죠? (네, 잘 되었습니다!) 형제님의 기도를 하나님께서 들어주셨다고 믿어요? (네!) 그렇게 하나님의 역사를 경험하고 믿으면서 믿음이 자라나는 것입니다. 저도 마찬가지입니다. 제가 소원하고 기도한 대로 하나님께서 다 응답해 주셨습니다. 지금은 범사가 평안한 때입니다. 징계가 있는 것도 아니고 시험이 있는 것도 아닙니다. 이렇게 아무 시련과 연단이 없을 때에는, 우리가 평안 중에 하나님께 더욱 마음을 가까이해야 합니다.

그러나 살다 보면 평안한 날만 있는 것은 아닙니다. 우리가 믿음의 길을 가는 중에는 어려움이 반드시 있습니다. 그래서 하나님께서 지금 말씀으로 **예방 주사**를 놓아 주신 것입니다. 그런 어려움이 닥쳐왔을 때에 여러분은 오늘 들은 말씀을 기억하시기 바랍니다. 성경은 **"범사에 그(여호와)를 인정하라"**(잠 3:6)고 말씀하십니다. 시험이나 징계도 다 하나님께로부터 오는 것입니다. 또 **"우리가 알거니와 하나님을 사랑하는 자 곧 그 뜻대로 부르심을 입은 자들에게는 모든 것이 합력하여 선을 이루느니라"**(롬 8:28)고도 말씀하십니다.

우리들은 하나님께서 우리에게 주신 **물과 피의 복음**을 듣고 마음에 믿습니다. 우리는 주님이 흠 없는 제물로 자신을 드리기 위해 육신을 입고 이 땅에 오신 하나님의 독생자이신 것을 믿습니다. 그리고 우리는 예수님께서 세례 요한에게 안수의 형식으로 세례를 받으심으로 우리의 모든 죄를 단번 만에 당신의 육체에 짊어지신 사실을 믿습니다. 그리고 우리는 예수님께서 십자가에 오르셔서 피를 흘리심으로 우리의 죄를 다 갚아 주신 사실을 믿습니다. 우리 스스로는 절대로 하나님의 의에 이를 수 없었는데, 사람으로서는 할 수 없는 그 일을, 즉 **우리가 의인이**

되게 하는 일을 하나님께서 일방적으로 이루셔서 우리에게 선물로 주셨습니다.

어떤 부자 청년이 예수님께 나와서 "내가 어떻게 하면 영생을 얻겠습니까?" 하고 물었을 때에, 예수님은 그 청년에게 **"네 가진 것을 다 팔아서 가난한 자들에게 나누어 주고서 나를 좇으라"**고 말씀했습니다. 그러자 그 부자 청년은 가진 것이 많으므로 근심하고 돌아갔습니다. 그 청년이 떠난 후에, 예수님께서는 제자들에게, **"부자가 천국에 들어가는 것이 낙타가 바늘귀로 들어가는 것보다 더 힘들다"**고 말씀하셨습니다.

베드로는 이 말씀에, "그러면 누가 천국에 들어갈 수 있겠습니까?" 하고 물었습니다. 여기서 "부자"란 자기 의가 많은 사람, 즉 **자기 의의 부자**를 뜻합니다. 자기 옳음이 많은 자는 절대로 천국에 못 들어갑니다. 하나님 말씀 앞에서 자기 옳음이 하나도 없는 사람, 즉 자기의 옳음이 다 깨어진 자라야 천국의 복음을 만났을 때에 가난한 마음으로 받아서 죄 사함을 얻고 영생의 축복을 선물로 받게 됩니다. "하나님, 저는 죄 덩어리입니다. 저는 지옥에 가야 마땅합니다. 저를 불쌍히 여겨 주십시오!" 그렇게 고백하는 자만이 천국에 들어갈 수 있습니다. 마음에 죄가 있는 자는 절대로 천국에 들어갈 수 없습니다. 그런데 누가 스스로 자기의 죄를 씻어서 흰 눈같이 죄가 없는 의인이 되어 천국에 가겠습니까?

주님은 베드로에게, **"사람으로는 할 수 없으되 하나님으로서는 다 할 수 있느니라"**(마 19:26)고 말씀하셨습니다. 하나님께서 이루어 주신 그 의로운 일이 물과 피의 복음입니다. 우리 스스로는 도저히 천국에 들어갈 수 없었는데, 하나님께서 우리가 천국에 넉넉히 들어갈 수 있도록 해 주셨습니다. 그리고 예수님의 구원의 역사를 물과 피의 복음으로 기록해 주셨습니다. 누구든지 이 진리의 원형복음을 마음으로 믿기만 하면 죄 사함을 받고 천국 영생에 들어가서 하나님의 나라를 상속받게 됩니다.

우리는 물과 피의 복음을 믿습니다. 예수님께서 요단강에서 세례 받으실 때에 우리의 모든 죄와 허물을 주님께서 다 담당하셨습니다. 주님은 **"이와 같이 하여"**(마 3:15) 세례로 세상 죄를 다 짊어지고 십자가에 가셔서 **"다 이루었다"**(요 19:30) 하시기까지 우리의 죄를 다 갚아 주셨습니다. 그래서 우리가 죄가 전혀 없는 의인이 된 것입니다. 그래서 우리는 하나님께 감사를 드릴 수밖에 없습니다.

우리는 물과 피의 복음을 목숨처럼 귀하게 여기고 믿어야 합니다. 이 복음을 이 세상의 어떤 것보다 가장 귀하게 여겨야 합니다. 나 같은 죄인을 천국에 들어갈 수 있는 온전한 의인으로 만들어 주신 주님의 은혜에 감사하고, 이 복음을 굳게 믿어야 합니다. 우리는 이 진리의 복음을 굳게 믿고서, 우리의 남은 때에 믿음의 경주를 해야 합니다.

우리가 남은 때를 믿음으로 살아야 하고, 천국을 향해서 달려가는 자들이 되어야 하겠는데, 우리의 믿음의 노정에는 여러 가지 시험과 시련과 징계가 있을 수 있습니다. 우리에게 이런 어려움들이 닥쳐오거든, 우리는 우리 자신을 돌아보아야 합니다. "내가 믿음에 있었는가? 내가 하나님 앞에 악을 행한 것은 없는가?" 그래서 만일 자신에게 잘못된 것이 있었으면, 그것이 죄인 줄 시인하고 그 죄까지도 이미 다 씻어준 물과 피의 복음을 다시 한번 확인함으로써 하나님께 찬미의 제사를 드려야 합니다.

그리고 주님께서, **"우리를 시험에 들게 하지 마옵소서"**(눅 11:4)라고 기도하라신 대로 그런 악에 빠지지 않도록 하나님께 도움을 청해야 합니다.

고난이 닥쳤을 때에 믿음으로 기도하고 또 다시금 의의 길을 좇아가면 하나님께서 모든 어려움에서 벗어나게 하셔서 다시금 믿음의 길을 가게 하십니다. 저도 크고 작은 어려움을 많이 겪었습니다. 저는 그런 어려움들이 우연히 왔다고 생각하지 않습니다. 하나님께서 이런 어려움들을 통해서 제가 하나님 앞에 무릎을 꿇고 기도하게 하시고 하나님의 말씀을 붙들게 하신다고 저는 믿습니다.

오늘은 믿음의 경주를 하는 자들로서 우리들이 어떻게 하나님 앞에서 더욱더 순수한 믿음으로 달려 나갈 수 있는가 하는 부분에 말씀을 드렸습니다. 우리의 눈을 예수님께 고정시키고, 범사에 여호와를 인정하는 믿음이 우리 모두에게 있기를 바랍니다. 어려움과 시련과 징계가 있으면 우리가 그것들을 통해서 오히려 하나님께 더 가까이 나아가는 계기가 되기를 바랍니다.

죄 사함을 받은 하나님의 자녀들이 믿음으로 살지 않을 때 하나님의 징계가 있습니다. 하나님께서 자기의 자녀들을 사랑하시기 때문에, 자녀들이 잘못되지 않도록 엄한 징계가 있는 것입니다. 하나님의 친자식이 아니면 하나님의 징계도 없습니다. 또한 아비가 자식에게 매를 들었을 때에 자식이 도망가는 것은 정상이 아닙니다. 아비가 사랑으로 자식을 때리면 자식은 아비에게 더 들러붙습니다. 매를 맞으면서도 아버지에게 안기는 것이 정상적인 부자관계입니다.

앞으로도 우리가 신앙생활을 해나갈 때 어려움도 있고 징계도 있겠지만, 그럴 때 낙심치 말고 오히려 "하나님이 나를 믿음의 사람으로 만들어 주시고 더 큰 축복을 주시기 위해서 이런 어려움을 주시는구나!" 하고 자기를 돌아보아서 마음의 찌끼를 제하고, 주님께 더욱더 가까이 나아가는 믿음의 사람들이 되기를 바랍니다.

말씀을 마쳤습니다.

(2014년 7월 13일 주일예배 말씀)

경건함과 두려움으로 하나님을 섬기자

"모든 사람으로 더불어 화평함과 거룩함을 좇으라 이것이 없이는 아무도 주를 보지 못하리라

너희는 돌아보아 하나님 은혜에 이르지 못하는 자가 있는가 두려워하고 또 쓴 뿌리가 나서 괴롭게 하고 많은 사람이 이로 말미암아 더러움을 입을까 두려워하고

음행하는 자와 혹 한 그릇 식물을 위하여 장자의 명분을 판 에서와 같이 망령된 자가 있을까 두려워하라

너희의 아는 바와 같이 저가 그 후에 축복을 기업으로 받으려고 눈물을 흘리며 구하되 버린 바가 되어 회개할 기회를 얻지 못하였느니라

너희의 이른 곳은 만질만한 불 붙는 산과 흑운과 흑암과 폭풍과

나팔 소리와 말하는 소리가 아니라 그 소리를 듣는 자들은 더 말씀하지 아니하시기를 구하였으니

이는 짐승이라도 산에 이르거든 돌로 침을 당하리라 하신 명을 저희가 견디지 못함이라

그 보이는 바가 이렇듯이 무섭기로 모세도 이르되 내가 심히 두렵고 떨린다 하였으나

그러나 너희가 이른 곳은 시온산과 살아계신 하나님의 도성인 하늘의 예루살렘과 천만 천사와

하늘에 기록한 장자들의 총회와 교회와 만민의 심판자이신

하나님과 및 온전케 된 의인의 영들과

새 언약의 중보이신 예수와 및 아벨의 피보다 더 낫게 말하는 뿌린 피니라

너희는 삼가 말하신 자를 거역하지 말라 땅에서 경고하신 자를 거역한 저희가 피하지 못하였거든 하물며 하늘로 좇아 경고하신 자를 배반하는 우리일까보냐

그 때에는 그 소리가 땅을 진동하였거니와 이제는 약속하여 가라사대 내가 또 한번 땅만 아니라 하늘도 진동하리라 하셨느니라

이 또 한번이라 하심은 진동치 아니하는 것을 영존케 하기 위하여 진동할 것들 곧 만든 것들의 변동될 것을 나타내심이니라

그러므로 우리가 진동치 못할 나라를 받았은즉 은혜를 받자 이로 말미암아 경건함과 두려움으로 하나님을 기쁘시게 섬길찌니

우리 하나님은 소멸하는 불이심이니라"(히 12:14-29).

지난 몇 달 동안 주일 예배 시간에 히브리서를 함께 나눴습니다. 이제 오늘 설교 말씀을 드리고 나면 히브리서 13장, 한 장의 말씀이 남는데, 한두 번 설교를 하면 다 마칩니다. 히브리서를 강해한 설교자들이 제법 있지만, 그들은 **"물과 피의 원형복음"** 안에서 히브리서의 말씀을 풀어준 것이 아니기 때문에 사람들에게 혼돈만 더해 줍니다. 거듭나지 않은 자들이 성경을 풀어 주면 들을 때에는 그럴 듯하지만 돌아서면 혼돈만 더해져서 성경 말씀을 더욱더 모르게 됩니다. 저도 거듭나기 전에 로마서를 제대로 알고 싶어서 로마서 강해서를 많이 찾아 읽었습니다. 우리나라 사람들의 설교집도 읽고 외국의 설교자들의 영문판

로마서 강해서도 여러 권 읽어 보았는데, 읽으면 읽을수록 로마서는 더 어려운 말씀으로 제게 남아 있었습니다.

왜 그렇습니까? 설교자 자신이 거듭나지 못한 **영적인 소경**이기 때문에 그들이 다른 소경들을 바르게 인도할 수 없었던 것입니다. 그런 설교자들은 성경의 한 부분을 이렇게 풀이했다가 다음 장에서는 그와 정반대되는 가르침을 하기도 합니다. 그래서 거듭나지 못한 교인들이 그런 설교자들의 설교를 듣거나 강해서를 읽으면 더욱더 헷갈릴 수밖에 없습니다. 그런데 물과 성령으로 거듭난 하나님의 종들이 풀어준 성경 말씀을 듣거나 책으로 읽으면, 하나님의 말씀은 너무 분명한 진리이기 때문에 혼동될 것이 하나도 없습니다.

오늘 히브리서12장 14절부터 29절까지의 말씀을 함께 나눌까 합니다. 여기 히브리서 12장 28절에, **"그러므로 우리가 진동치 못할 나라를 받았은즉 은혜를 받자 이로 말미암아 경건함과 두려움으로 하나님을 기쁘시게 섬길찌니"**라고 말씀하셨습니다. 우리는 진리의 복음을 믿음으로 진동치 못할 영원한 천국의 상속자들이 되었습니다. 그러니 하나님의 은혜를 풍성하게 받아서 경건함과 두려움으로 하나님을 섬기자고 히브리서는 권면합니다.

우리는 물과 피의 복음을 듣고 마음에 믿었습니다. 주님께서는 우리의 믿음을 보시고, "소자야, 네 믿음이 옳도다. 네 죄 사함을 받았느니라" 하고 우리를 의인으로 인정해 주셨습니다. 그리고 깨끗해진 우리의 마음에 성령을 선물로 보내 주셨습니다. 그러면 이제부터는 성령님께서 우리를 의의 길로 인도하십니다. 이렇게 죄인이 **물과 피의 복음을 믿음으로 죄 사함을 받고 의인이 되는 것을 "거듭났다"**고 합니다.

물과 성령으로 거듭나려면…

　누구든지 거듭나려면, 먼저 자기가 지옥에 가야 할 죄인인 것을 인정해야 합니다. 그리고 하나님의 구원을 간절히 구해야 합니다. "하나님, 저는 절대로 천국에 들어갈 수 없는 죄인입니다. 저는 머리끝에서부터 발끝까지 전부 죄 덩어리입니다. 생각하는 것이나 말하는 것이나 행동하는 것이 다 죄악뿐입니다. 하나님 저를 불쌍히 여겨 주십시오. 하나님께서 제 죄를 사해 주시지 않으면 저는 구원받을 길이 없습니다"—이렇게 하나님 앞에 자기의 죄악을 인정하고 하나님의 긍휼을 바라면, 하나님께서는 그런 자, 즉 **심령이 가난한 자**를 반드시 진리의 복음으로 만나서 죄 사함의 축복을 주십니다.

　하나님은 자기를 찾는 자라면 누구든지 차별 없이 구원의 상(償)을 베푸시는 분입니다. "만일 우리가 우리 죄를 자백하면 **저는 미쁘시고 의로우사 우리 죄를 사하시며 모든 불의에서 우리를 깨끗케 하실 것이요**"(요일 1:9)라고 말씀하셨습니다. 누구든지 자기의 죄를 인정하고 구원을 바라며 주님께 나오는 자에게는 주님께서 진리의 복음을 주셔서 그의 모든 죄를 흰 눈같이 씻어 주십니다.

　진리의 원형복음은 **물과 피의 복음**입니다. 물과 피의 원형복음은 **"예수님께서 우리를 구원하기 위해서 물과 피로 임하셨다"**(요일 5:6)고 선언합니다. 하나님의 아들 예수 그리스도께서 인류의 모든 죄를 없애 주시려고 육체를 입고 이 땅에 오셔서 요단강에서 인류의 대표자인 세례 요한에게 세례 받을 때에 우리 인류의 모든 죄가 주님께 다 넘어갔다고 성경은 선포합니다. 그리고 주님은 세례로 담당한 이 세상의 모든 죄를 짊어지시고 십자가에 못 박히셔서 **"다 이루었다"**(요 19:30) 하시기까지 대속의 심판을 받아 주심으로 인류의 모든 죄를 없애 주셨습니다.

그러므로 주님께서 완성하신 **하나님의 의**를 믿는 사람은 아무 공로가 없을지라도 오직 믿음으로 죄 사함을 받게 됩니다. 누구든지 물과 피의 복음을 **"마음으로 믿어 의에 이르고 입으로 시인하여 구원에 이르는"**(롬 10:10) 것입니다. 우리의 믿음이 온전해서 하나님의 인정을 받으면, 주님은 "네 믿음이 옳도다! 소자야 네 죄 사함을 받았느니라!" 하고 우리 마음에 성령으로 인을 쳐주십니다. 그렇게 마음에 성령의 인치심을 받음으로 죄 사함을 받고 의인되는 것이 거듭남이며 하나님께서 죄인을 구원하시는 역사입니다.

우리가 산에 올라가서 작은 소나무를 붙잡고 뿌리가 뽑히도록 흔들며, "주여, 주님께서 내 죄를 사하시려고 십자가에서 피 흘려 돌아가신 것을 믿습니다. 주여 내 죄를 당신의 보혈로 깨끗이 씻어 주셔서 제 마음에 죄가 흰 눈처럼 씻어지게 은혜를 베풀어 주옵소서!" 하고 금식하며 기도한다고 거듭남의 역사가 일어나는 것은 아닙니다. 하나님의 말씀에 비춰 볼 때, 자신이 얼마나 악하고 더러운 존재인지를 인정하고, 하나님 편에서 일방적으로 인류의 모든 죄를 세례로 담당해서 십자가에서 없애 주신 것을 마음으로 믿을 때에 우리의 마음에 하나님의 은혜로 죄 사함의 역사가 임하는 것입니다. 그러므로 죄로부터의 구원은 전적으로 하나님 편에서 우리에게 주시는 선물입니다. 사람이 **거듭나는 역사**는 우리의 행위와는 아무 상관이 없고, 오직 **우리를 자녀로**

삼으시려고 부르시는 하나님으로 말미암아(롬 9:11) 이루어지는 역사입니다.

히브리서 12장은 죄 사함을 받음으로 거듭난 의인은 어떤 삶을 살아야 하는가에 대해서 말씀하십니다. "**우리가 진동치 못할 나라를 받았은즉 은혜를 받자 이로 말미암아 경건함과 두려움으로 하나님을 기쁘시게 섬길찌니**"(히 12:28)라고 말씀하셨습니다. "**진동치 못할 나라**" 즉 천국에 들어갈 수 있도록 죄 사함을 받았으니, 이제는 죄를 마음껏 지으면서 방종하게 살아도 되는 것입니까? 물론 앞으로 짓는 죄도 주님께서 안수의 형식으로 받으신 요단강의 세례로 다 담당해 주셨습니다. 우리가 죄를 지어도 죄가 우리에게 있는 것은 아닙니다. 그 죄도 이미 주님께서 가져가신 것이 맞습니다. 우리가 죄를 지어도 죄가 없는 것이 맞습니다.

그러면 죄 사함을 받았으니, 이제부터는 죄를 마음껏 지어도 되는 것이냐? 결코 그렇지 않습니다. 어떤 자들이 "거듭났다는 자들은 하나님의 선을 드러내기 위해서 죄를 더 지어야 된다"고 가르친다고 우리를 비방했습니다. 그들은 진리의 복음을 대적하기 위해서 그렇게 어깃장을 놓는 자들이었습니다. 그래서 사도 바울은 그런 자들에 대해서, "**또는 그러면 선을 이루기 위하여 악을 행하자 하지 않겠느냐 [어떤 이들이 이렇게 비방하여 우리가 이런 말을 한다고 하니] 저희가 정죄 받는 것이 옳으니라**"(롬 3:8)고 단언했습니다.

죄 사함 받은 사람들도 육신은 연약하기 때문에 죄를 짓습니다. 그러나 그 죄까지 주님께서 이미 없애 주셨다고 복음을 빙자해서 마음껏 죄를 지으려는 사람은 사실 죄 사함을 아직 받지 못한 사람입니다. 자, 누더기 옷을 입고 쓰레기 더미에 뒹굴던 거렁뱅이 아이를 데려다가 양자를 삼으려고 목욕을 시키고 흰 눈처럼 깨끗한 옷을 입혀 주었다고 가정해 봅시다. 그렇게 깨끗한 옷은 난생처음 입어본 그 아이가 다시 쓰레기 더미에 뒹굴면서 더러운 것을 옷에 묻히고 싶겠습니까? 그리고 넝마 같은 옷을 입었을 때에는 웬만큼 더러운 것이 새로 묻어도 티가 나지 않았지만, 새 옷을 입은 후에는 조금만 더러운 것이 묻어도 바로 티가 나게 되어 있습니다. 이와 같이 거듭난 의인들은 죄를 지으면 자신이 죄를 지었다는 사실을 더 민감하게 깨닫습니다.

물과 피로 구성된 원형복음의 능력은 대단합니다. 앞으로 우리가 죽을 때까지 지을 죄까지 깨끗이 없애 주신 진리의 말씀이 물과 피의 복음이기 때문에, 이 복음 안에서 우리는 평강과 안식을 누립니다. 그러면 죄를 지어도 그것이 죄가 아니냐? 거듭난 자가 짓는 죄도 분명히 죄입니다. 그리고 하나님께서 죄를 미워하십니다. 그리고 죄 사함 받은 의인들은 죄에 대해서 더 민감합니다. 주님께서 기뻐하시지 않는 일을 하고 나면 마음이 더 괴롭습니다. 내주(內住)하시는 성령께서 책망하시는 것을 절절하게 느낍니다. 그래서 거듭난 의인들은 자기의 죄를 인정하고 그 죄까지도 이미 담당해서 없애 주신 주님의 의를 기억하고 감사하며 돌이켜서 다시금 하나님의 뜻을 좇습니다.

고린도 교회의 교인들 중에는 음란과 방종에 자신을 내어 준 자들이 있었습니다. 그것은 잘못된 믿음입니다. 그래서 저는 그런 자들을 "성도"(聖徒)라고 부르지 않고 "교인"이라고 부릅니다. 사도 바울은 고린도 교인들의 잘못된 부분을 책망하고서, **"그런즉 사랑하는 자들아 이 약속을 가진 우리가 하나님을 두려워하는**

가운데서 거룩함을 온전히 이루어 육과 영의 온갖 더러운 것에서 자신을 깨끗케 하자"(고후 7:1)고 그들에게 권면했습니다.

쓴 뿌리가 나지 않게 하라

"모든 사람으로 더불어 화평함과 거룩함을 좇으라 이것이 없이는 아무도 주를 보지 못하리라 너희는 돌아보아 하나님 은혜에 이르지 못하는 자가 있는가 두려워하고 또 쓴 뿌리가 나서 괴롭게 하고 많은 사람이 이로 말미암아 더러움을 입을까 두려워하고 음행하는 자와 혹 한 그릇 식물을 위하여 장자의 명분을 판 에서와 같이 망령된 자가 있을까 두려워하라"(히 12:14-16).

우리의 마음이 하나님의 말씀을 사모하면 하나님의 말씀에만 마음의 뿌리를 내려서 영적으로 유익한 자양분들을 하나님의 말씀에서 얻습니다. 그러나 하나님의 말씀보다 달콤한 거짓말로 코팅한 사단 마귀의 가르침에 귀를 솔깃해하는 사람은 쓴 뿌리가 나서 사단 마귀의 독을 흡수함으로 그 독에 중독되고 자기뿐만 아니라 다른 형제들에게도 죄의 독성이 퍼지게 합니다.

성경에서 **나무**는 **사람**을 상징할 때가 많습니다(삿 9:8-15). 그렇다면 **뿌리**는 나무에 양분과 물을 공급하는 생명줄과 같은 것입니다. 뿌리가 없으면 나무는 죽습니다. 우리의 영이 건강하게 자라나려면 예수 그리스도에게 뿌리를 박아야 합니다. 그런데 마귀에게 뿌리를 박으면, 마귀의 거짓말을 계속 공급받기 때문에 그 나무는 병들어 죽습니다. 주님의 교훈보다 마귀의 교훈을 더 좋아하는 마음이 바로 **쓴 뿌리**입니다.

사실 거듭나지 못한 자는 **"공중의 권세 잡은 자"**(엡 2:2), 즉 마귀의 자식입니다. 그래서 비록 교회에 몸을 담고 있어도 거듭나지 못한 자의 입에서는 쓴 물과 단 물이 같이 나옵니다. 하나님의 말씀을 듣고 빛 된 말씀으로 교제할 때에는 하나님을 인정하고 하나님께 감사를 드리다가, 아직까지 마귀에게 쓴 뿌리를 박고 있기 때문에 그 입에서 쓴 물이 쏟아져 나오기도 합니다. **"샘이 한 구멍으로 어찌 단 물과 쓴 물을 내겠느뇨"**(약 3:11)라고 말씀하셨습니다. 거듭난 하나님의 종들은 영혼들을 살리고 자라나게 하는 단 물만을 냅니다. 그러나 거듭나지 못한 자가 거듭난 척하고 하나님의 교회 안에 거하면, 그의 입에서는 쓴 물과 단 물이 뒤섞여 나옵니다. 그리고 그런 물은 이미 오염된 물입니다. 그런데 그렇게 쓴 뿌리가 난 자의 교훈을 아무 경계심 없이 받아들이면 그것은 마치 마약처럼 퍼져서 많은 사람들을 더럽히고 죽입니다.

수많은 이단들이 일어난 과정이 그렇습니다. 사실 이단의 가르침은 모두 사단 마귀로부터 온 것입니다. 하나님의 진리의 말씀만이 영혼들을 거듭나게 하고 영생의 천국에 이르게 하는데, 사단 마귀는 하나님의 역사를 훼방하기 위해서 사람들의 **마음에 쓴 뿌리**가 나게 작업을 합니다. 우리는 육신을 입고 있기 때문에, 마귀의 유혹에 매우 연약합니다. 사단 마귀가 우리의 연약한 부분을 공략하려고 **"육신의 정욕과 안목의 정욕과 이생의 자랑"**(요일 2:16)을 부추기면, 거듭난 자라도 자칫하면 마귀의 계략에 넘어갑니다. 그래서 우상 숭배의 죄를 짓습니다.

우리 마음에 하나님보다 더 사랑하는 것이 있으면, 그것이 바로 우상입니다. 사단 마귀는 우리를 우상 숭배에 빠뜨리려고 가진 계략을 다 꾸밉니다. 사단 마귀는 우리가 적당하게 즐기기도 하고 세상의 존경도 받으면서 하나님을 믿으라고 우리에게 타협안을 내어놓기도 합니다. 죄 사함을 받았으니, 그리고 앞으로 지을 죄까지도 예수님께서 받으신 세례로 이마 다 가져가셨으니, 적당히 죄를 지으면서 살아도 되는 것이 아니냐고 마귀는 우리를 꼬드깁니다.

"너희 중에 남자나 여자나 가족이나 지파나 오늘날 그 마음이 우리 하나님 여호와를 떠나서 그 모든 민족의 신들에게 가서 섬길까 염려하며 독초와 쑥의 뿌리가 너희 중에 생겨서 이 저주의 말을 듣고도 심중에 스스로 위로하여 이르기를 내가 내 마음을 강퍅케 하여 젖은 것과 마른 것을 멸할찌라도 평안하리라 할까 염려함이라 여호와는 이런 자를 사하지 않으실 뿐아니라 여호와의 분노와 질투의 불로 그의 위에 붓게 하시며 또 이 책에 기록된 모든 저주로 그에게 더하실 것이라 여호와께서 필경은 그의 이름을 천하에서 도말하시되 여호와께서 곧 이스라엘 모든 지파 중에서 그를 구별하시고 이 율법책에 기록된 언약의 모든 저주대로 그에게 화를 더하시리라"(신 29:18-21)

하나님께서는 신명기의 말씀으로 이 부분에 분명한 경고를 하셨습니다. 마음에 쓴 뿌리가 나서 쓴 물을 흡수하면, 우리는 우상 숭배의 죄에 빠지게 되고 하나님의 생명책에서 우리의 이름이 제명됩니다. 그리고 맹렬한 지옥 불의 심판을 받게 될 것입니다. 그러므로 거듭난 성도들은 또한 하나님의 말씀만을 사모하고 하나님의 종들이 공급하는 단 물만을 마셔야 합니다. 또한 아직 거듭나지 못한 사람은 속히 돌이켜서 죄 사함을 받아야 자기도 살고 다른 사람도 삽니다. 주님께서는 죄 사함을 받은 사람은 거룩함을 좇아야 한다고 말씀하셨습니다.

정반대의 두 세계

히브리서 12장 18절부터는 하나님을 믿는 사람들이 도달한 두 세계를 **시내산과 시온산**으로 상징해서 대조시킵니다. **거듭나지 못한 죄인들**은 아직 시내산 아래 머물러 있는 것이고, **거듭난 의인들**은 시온산에 이르러서 하나님의 모든 약속을 은혜로 누리게 되었다고 말씀합니다.

모세가 이 시내산에서 율법을 받았으므로 이 시내산은 율법의 상징입니다. 시내산은 정말 두려운 곳입니다. 그 산의 정상은 새까만 먹구름에 덮여 있었습니다. 그곳에는 천둥 번개가 치고 여호와 하나님께서 불 가운데 요란한 나팔 소리와 함께 임하셨습니다. 그래서 백성들은 너무 두려워서 벌벌 떨면서, 하나님께서 자기들에게 말씀하지 말고 모세에게만 말씀하실 것을 요청했습니다. 하나님께서는 누구든지 이 산에 가까이 하는 자는 돌로 쳐서 죽임을 당한다고 엄하게 경고하셨습니다. 이는 율법을 어기는 자는 반드시 죽임을 당한다는 말씀입니다. 율법은 한 점 한 획이라도 어기면 반드시 그 죄로 말미암아 지옥에 가게 되는 저주와 심판의 법입니다.

우리도 이렇게 율법의 저주 아래 있었던 자들인데 하나님께서 우리를 물과 피의 복음으로 거룩하게 하셔서 시온산 위에 서게 하셨습니다. 이제 우리가 이른 곳은 **"시온산과 살아계신 하나님의 도성인 하늘의 예루살렘과 천만 천사와 하늘에 기록한 장자들의 총회와 교회와 만민의 심판자이신 하나님과 및 온전케 된 의인의**

영들과 새 언약의 중보이신 예수와 및 아벨의 피보다 더 낫게 말하는 뿌린 피니라"(히 12:22-24)고 선포하십니다. 이 모든 것들은 거듭난 자가 누리는 여러 축복들을 말씀합니다. 한마디로 요약하자면, "이제 너희들은 모든 죄에서 깨끗이 사함을 받았고 흔들리지 않는 영원한 천국의 상속자들이 되었다"는 말씀입니다.

율법은 한 점 한 획이라도 어기면 반드시 그 죄로 말미암아 지옥에 가야 하는 저주와 심판의 법입니다. 이스라엘 백성이 애굽을 탈출해서 맨 처음에 이른 곳은 시내산 아래였지만, 그들은 40년 광야 노정을 지나 마침내 약속의 땅에 들어가게 되었습니다. 우리도 율법의 저주 아래 두려워 떨고 있었던 자들인데, 하나님이 우리들을 그 모든 저주에서 건져내서 어디로 옮겼습니까? 우리들도 전에는 율법의 두려움 아래 신음했었지만, 이제는 하나님의 약속의 말씀을 믿어서 은혜와 안식의 처소인 하나님의 교회에 도달하게 되었습니다.

"그러나 너희가 이른 곳은 시온산과 살아계신 하나님의 도성인 하늘의 예루살렘과 천만 천사와 하늘에 기록한 장자들의 총회와 교회와 만민의 심판자이신 하나님과 및 온전케 된 의인의 영들과 새 언약의 중보이신 예수와 및 아벨의 피보다 더 낫게 말하는 뿌린 피니라"(히 12:22-24)

거듭난 자들이 이른 곳은 하나님의 은혜가 넘치는 처소입니다. 이 말씀은 하나님께서 거듭난 의인들에게 주시는 선물 패키지(package)입니다. 물과 피의 복음을 믿음으로 죄 사함 받은 하나님의 자녀들에게는 하늘의 모든 축복들이 종합 선물세트로 주어집니다.

성도의 거룩한 삶

자, 그러면 이제 저주와 심판에서 벗어나서 영원한 은혜의 나라에 도달했으니 마음껏 죄를 짓고 육신의 욕망대로 살아도 되는 것입니까? 절대로 그럴 수 없습니다. **"너희는 삼가 말하신 자를 거역하지 말라 땅에서 경고하신 자를 거역한 저희가 피하지 못하였거든 하물며 하늘로 좇아 경고하신 자를 배반하는 우리일까 보냐"**(히 12:25)라고 말씀하십니다.

하나님의 율법을 어긴 자는 반드시 돌로 쳐 죽였는데, 너희들이 이제 은혜 아래 있다고 해서 하나님의 말씀을 경히 여긴다면 얼마나 더 큰 징벌이 있는 줄 아느냐고 경고하시는 하나님의 말씀입니다. 하나님께서는 죄 사함 받은 우리들에게도 분명하게 거룩함을 좇으라고 말씀하셨고 또 우리들에게 **새 계명**을 주셔서 준행하도록 하셨습니다.

주님은 제자들에게 **"서로 사랑하라 내가 너희를 사랑한 것같이 너희도 서로 사랑하라"**(요 13:34)는 새 계명을 주셨습니다. 여기서 말씀하시는 "사랑"은 육신적으로 돌보아 주는 사랑을 의미하지 않습니다. 새 계명의 사랑은 진리의 복음 안에서 행하는 사랑입니다. 새 계명의 사랑은 영혼들이 죄 사함을 받고 그리스도 안에서 하늘에 속한 신령한 복들을 받을 수 있도록 섬기는 사랑이고, 또 죄 사함 받은 형제 자매들이 하나님의 의를 좇도록 교제하며 권면하는 사랑입니다. 이러한 사랑을 성경은 **"진리의 사랑"**(살후 2:10)이라고 말합니다.

"진리의 사랑"은 다른 사람의 영혼이 잘 되게 하는 사랑입니다. 그와 대조적으로 육신적인 사랑은 사람들의 육신만을 돌봐 주는 사랑입니다. 육신적인 사랑도 귀하기는 하지만, 그것이 **"진리의 사랑"**을 위한 것이 아니라면, 육신적인 사랑은 별로 의미도 없습니다. 예를 들어서, 전 세계인이 성녀(聖女)라고 칭송했던 마더 테레사는 인도의 캘커타의 거리에서 굶주리고 외롭게 죽어가는 빈자들을 돌보는 사역을 헌신적으로 했습니다. 가족도 없는 거리의 노숙인들이 편안한 임종을 맞도록 돌봐 주는 사역을 호스피탤리티 사역(Hospitality Ministry)이라고 합니다. 이 사역은 참으로 많은 수고와 희생이 요구되는 봉사 활동입니다.

그런데 만일 그런 호스피탤리티 사역(Hospitality Ministry)이 하나님의 의를 그들에게 전해 주어서 그들이 임종을 하기 전에 거듭나고 영생을 얻게 하는 하나님의 일과는 아무 상관이 없는 일이라면, 그것은 육신적인 사랑으로 끝나고 마는 것이고 단지 인간의 의를 쌓는 일입니다. 인류를 모든 죄에서 구원해서 천국의 영생을 얻게 하는 것이 하나님의 뜻인데, 하나님의 뜻과는 무관한 인간의 선을 행한 것에 불과합니다.

거듭난 의인들은 형제 자매들과 모든 사람들을 사랑하되, 진리의 사랑으로 사랑합니다. 사랑은 섬김입니다. 주님도 **"인자가 온 것은 섬김을 받으려 함이 아니라 도리어 섬기려 하고 자기 목숨을 많은 사람의 대속물로 주려 함이니라"**(마 20:28)고 말씀하셨습니다. 의인들은 사람들이 죄 사함을 받고 영생을 얻도록, 그리고 거듭난 형제 자매들이 진리 안에서 강건하게 잘 자라나도록 모든 사람들을 섬깁니다.

하나님의 섭리

"그 때에는 그 소리가 땅을 진동하였거니와 이제는 약속하여 가라사대 내가 또 한번 땅만 아니라 하늘도 진동하리라 하셨느니라 이 또 한번이라 하심은 진동치 아니하는 것을 영존케 하기 위하여 진동할 것들 곧 만든 것들의 변동될 것을 나타내심이니라"(히 12:26-27).

지금 우리의 눈에 보이는 것들은 다 변동되고 없어질 것입니다. 예수님께서 공중에 재림하실 때에 만물을 새롭게 해서 천년왕국을 펼치실 것입니다. 천 년이 차면, 죄 사함을 받지 못하고 죽은 모든 죄인들의 부활이 있습니다. 주님은 그들을 심판하셔서 사단 마귀와 함께 영원히 꺼지지 않는 불 못에 던지실 것입니다. 그리고 천년왕국의 세계도 마치 한 장의 종이가 맹렬한 불에 타서 사라지는 것같이 사라져 버릴 것입니다(벧후 3:7-13, 계 20:11).

그리고 의인들은 위로부터 내려오는 새 예루살렘 성(城), 즉 영원히 변동되지 않을 나라인 천국으로 주님과 함께 들어갈 것입니다. 우리는 영원한 천국의 상속자들입니다. 오늘 말씀에 **"그러므로 우리가 진동치 못할 나라를 받았은즉 은혜를 받자"**(히 12:28)고 하셨는데, 은혜란 거저 주시는 선물입니다. 그리고 하나님의 선물 중의 제일 귀한 선물은 죄 사함으로 말미암는 천국의 영생입니다. 물과 피의 복음을 믿음으로 죄 사함 받은 하나님의 자녀들에게, 하나님께서는 성령님도 선물로 주시고 천국도 선물로 주시고 이 땅에 사는 동안에도 하나님의 보호하심과 인도하심이 항상 함께합니다. 우리가 이미 그러한 하나님의 은혜를 받은 자들인데, 그 은혜를 더욱더 풍성히 받자는 말씀입니다. 우리는 얕은 은혜의 도랑에 발바닥만 적시는 자가 아니라, 하나님의 깊고 풍성한 은혜의 바다에서 헤엄치는 자들이 되기를 바랍니다.

풍성한 은혜를 누리는 사람은 **"경건함과 두려움으로 하나님을 기쁘시게"**(히 12:28) 섬깁니다. 하나님이 우리의 죄를 다 없애 주셨다고 해서, 이제는 하나님께 대한 두려움을 전혀 갖지 않아도 됩니까? 그래서는 안됩니다. 하나님은 우리가 두려워해야 할 분입니다. 하나님께 대한 두려움을 "경외"(敬畏)라고 합니다. 경외는 존경하면서 두려워하는 것을 의미합니다. 조폭들에게 갖는 두려움은 공포라고 말하고 경외라고 하지 않습니다.

요즘 애들은 아버지를 우습게 압니다. 아버지 등에 올라타서 머리채를 잡아당기면서 "이랴!" 하며 말타기 놀이를 합니다. 그런 짓을 용납하는 것은 사랑이 아닙니다. 그렇게 자식을 키우면 개망나니가 됩니다. 올바른 아버지는 자기 자식이 아버지의 사랑을 알면서도 아버지를 두려워할 분으로 존중하도록 자식을 키워야 합니다. 하나님은 우리의 아버지입니다. 우리는 하나님을 존경하고 두려워해야 합니다. 우리는 하나님의 사랑을 감사하고 찬양하면서 또한 크고 엄위하신 하나님을 경외해야 합니다. 하나님을 결코 만홀히 여겨서는 안됩니다. 만홀(漫忽)히 여긴다는 말은 "가벼이 보고 우습게 여긴다"는 뜻입니다. 하나님을 만홀히 여겨 보십시오! 코피가 터지도록 된통 혼이 나고서야 하나님을 경외하게 될 것입니다.

거듭난 우리는 하나님을 경외함으로 거룩함을 좇아야 합니다. 우리 하나님께서 우리가 앞으로 지을 죄까지도 다 없애 놓으셨다고 죄를 마음대로 지을 것이 아닙니다. 의인들이 하나님의 의를 전파하며 거룩함을 좇을 때 하나님께서는 우리의 삶에 은혜와 축복을 충만하게 부어 주실 것을 믿습니다. "**너희가 음란과 정욕과 술취함과 방탕과 연락과 무법한 우상 숭배를 하여 이방인의 뜻을 좇아 행한 것이 지나간 때가 족하도다**"(벧전 4:3)라고 말씀하셨습니다. 우리가 죄를 죄로 여기지도 않고 죄의 종노릇하며 산 것이 지나간 세월로 족합니다. 우리가 죄 사함 받은 의인이 되었다면, 이제는 더 이상 자기 육체의 욕망대로만 살 것이 아니라 하나님을 경외함으로 거룩함을 좇는 것이 옳다고 주님께서는 말씀하십니다. 그러면 우리의 거룩한 삶을 통해서 많은 사람들이 하나님께 영광을 돌리며 하나님께 돌아와 구원을 받게 될 것입니다.

말씀을 마쳤습니다.

(2014년 7월 20일 주일예배 말씀)

천국 영생을 주신 하나님께
늘 찬미의 제사를 드리자

"형제 사랑하기를 계속하고

손님 대접하기를 잊지 말라 이로써 부지중에 천사들을 대접한 이들이 있었느니라

자기도 함께 갇힌 것 같이 갇힌 자를 생각하고 자기도 몸을 가졌은즉 학대 받는 자를 생각하라

모든 사람은 혼인을 귀히 여기고 침소를 더럽히지 않게 하라 음행하는 자들과 간음하는 자들을 하나님이 심판하시리라

돈을 사랑치 말고 있는 바를 족한 줄로 알라 그가 친히 말씀하시기를 내가 과연 너희를 버리지 아니하고 과연 너희를 떠나지 아니하리라 하셨느니라

그러므로 우리가 담대히 가로되 주는 나를 돕는 자시니 내가 무서워 아니하겠노라 사람이 내게 어찌하리요 하노라

하나님의 말씀을 너희에게 이르고 너희를 인도하던 자들을 생각하며 저희 행실의 종말을 주의하여 보고 저희 믿음을 본받으라

예수 그리스도는 어제나 오늘이나 영원토록 동일하시니라

여러 가지 다른 교훈에 끌리지 말라 마음은 은혜로써 굳게 함이 아름답고 식물로써 할 것이 아니니 식물로 말미암아 행한 자는 유익을 얻지 못하였느니라

우리에게 제단이 있는데 그 위에 있는 제물은 장막에서 섬기는 자들이 이 제단에서 먹을 권이 없나니

이는 죄를 위한 짐승의 피는 대제사장이 가지고 성소에 들어가고 그 육체는 영문 밖에서 불사름이니라

그러므로 예수도 자기 피로써 백성을 거룩케 하려고 성문 밖에서 고난을 받으셨느니라

그런즉 우리는 그 능욕을 지고 영문 밖으로 그에게 나아가자

우리가 여기는 영구한 도성이 없고 오직 장차 올 것을 찾나니

이러므로 우리가 예수로 말미암아 항상 찬미의 제사를 하나님께 드리자 이는 그 이름을 증거하는 입술의 열매니라

오직 선을 행함과 서로 나눠주기를 잊지 말라 이 같은 제사는 하나님이 기뻐하시느니라

너희를 인도하는 자들에게 순종하고 복종하라 저희는 너희 영혼을 위하여 경성하기를 자기가 회계할 자인 것 같이 하느니라 저희로 하여금 즐거움으로 이것을 하게 하고 근심으로 하게 말라 그렇지 않으면 너희에게 유익이 없느니라"(히 13:1-17)

이제 한 번만 더 설교를 하면 히브리서 강해 설교의 대장정이 끝납니다. 지금까지 제 블로그에 히브리서 설교를 23편 올렸으니까 모두 여섯 달 가까이 되는 동안 우리가 히브리서를 함께 나누었습니다. 히브리서는 진리의 복음을 분명하게 변증하면서 한편으로는 거듭난 사람들이 어떻게 하면 믿음을 지키며 하나님 앞에서 충성되게 살까 하는 "의인의 삶"에 대해서도 소상히 말씀하시기 때문에 우리 모두에게 참으로 유익한 말씀입니다. 히브리서를 강해하며 설교하는 동안 저도 은혜를 많이 받았습니다. 그 설교들을 정리해서 블로그에 올렸더니, 요즘에는 제 블로그에 사람들이 점점 더 많이 들어오고 있습니다.

오늘 읽은 히브리서 13장의 말씀은 우리들, 즉 물과 피의 복음을 믿어서 죄 사함 받은 의인들이 **"어떻게 하면 하나님 앞에서 축복된 삶을 살 것인가?"** 하는 부분에 말씀합니다. 오늘 주신 교훈의 말씀을 한마디로 요약하자면, **"우리는 주님의 은혜로 죄 사함 받고 천국의 영생을 얻었으니, 그러므로 이제부터는 항상 예수 그리스도로 말미암아 찬미의 제사를 드리자"**는 것입니다. 즉, 주님은 오늘의 본문에서 "우리가 무엇을 위해서 살아야 할 것이냐?" 하는 부분에 말씀을 하시는데, 제가 여러분에게 질문하겠습니다. 여러분 각자는 지금 무엇을 위해서 살고 있습니까?

나는 지금 무엇을 위해 살고 있나?

"나는 지금 무엇을 위해서 사는가?"라는 질문을 우리는 스스로 던져 보아야 합니다. "나는 지금 무엇을 위해 살고 있나?" 사람이 짐승하고 다른 것은, 사람에게는 육신의 본능만 추구하는 것이 아니라 어떤 가치를 지향한다는 점입니다. 짐승은 그냥 육체의 본능만을 따라 삽니다. 배고프면 먹고 배부르면 자다가 또 일어나서 먹고 발정기가 되면 짝을 찾아서 짝짓기를 하고 새끼를 낳아 키우면서 그렇게 삽니다. 그냥 본능만을 좇아 사는 것은 짐승입니다.

그러나 사람은 각자 **"그 무엇을 위해서"** 삽니다. 그렇지 않다면 사람도 짐승과 다를 바가 없습니다. 그런데 짐승과 다를 바가 없는 사람도 많습니다. 얼마 전에 EBS TV에서 "땃쥐"라는 아주 작은 쥐에 대한 다큐멘터리를 보았습니다. 이 땃쥐는 몸 길이가 겨우 우리 손가락 하나 크기인데, 심장이 일 분에 수천 번을 뛴다고 합니다. 그것도 참 신기한 일입니다. 일 분에 천 번만 뛴다고 해도 일 초에 20번 넘게 뛰어야 그렇게 되거든요.

땃쥐의 생김새   출처 : 두산 백과

그뿐 아니라 이 땃쥐라는 놈은 깨어 있는 동안 늘 먹어야 합니다. 하루에도 자기 몸무게의 몇 배인가를 먹어야 생명이 유지된답니다. 그래서 늘 먹이를 찾아다니면서 뭐든지 닥치는 대로 다 먹습니다. 땃쥐는 그냥 본능을 좇아 살다가 죽는 동물입니다. 계속 먹고 싸고 먹고 싸고 하다가 죽습니다. 수명도 그리 길지 않아서, 한 일 년 정도 살다가 죽습니다. 저는 그 땃쥐라는 동물을 보면서 그놈이 생명을 유지하며 산다는 것이 얼마나 피곤한지 측은한 생각이 들었습니다.

우리 인생도 그냥 육신의 본능만을 좇아 산다면 땃쥐와 다를 바 없습니다. 그래서 나는 그 TV 프로를 보면서, "그런데 우리는 과연 어떠한가? 우리는 과연 무엇을 위해서 사는가? 우리도 그냥 본능을 만족시키기 위해서 죽도록 좇아다니다가 일생을 다 허비하고 끝내 죽는 것이라면 우리 인생도 참으로 피곤한 인생이로구나!" 하는 생각을 했습니다. 우리는 하나님의 형상으로 만들어진 피조물인데, 그냥 먹고 마시고 즐기는 인간의 본능만을 위해서 산다고 하면 그것은 참으로 비참한 것입니다. 그래서 성경에서는 그런 자들을 **짐승**이라고 비유했습니다. "**존귀에 처하나 깨닫지 못하는 사람은 멸망하는 짐승 같도다**"(시 49:20)라고 말씀하셨는데, 이는 "자기의 본능만을 위해서 사는 자들은 멸망하는 짐승과 같다"는 말씀입니다.

하나님께서는 우리를 하나님의 자녀가 될 수 있는 존귀한 존재로 만드셨습니다. 하나님이 모든 인생을 당신의 형상대로 만들어서 이 땅에 두신 것은 그들이 **물과 피의 복음**을 믿어서 죄 사함을 받고 하나님의 자녀들이 되게 하기 위한 것입니다. 또 거듭나서 하나님의 자녀들이 됐으면 하나님께서 기뻐하시는 뜻에 자기를 드리는 숭고한 삶을 사는 것이 존귀한 자의 삶입니다.

우리는 자기 육신의 욕망을 이루기 위해서 하나님을 믿는 것이 아닙니다. 그러나 불행히도 많은 기독교인들이 자기 육신의 욕망을 채우기 위해서 예수님을 믿습니다. 예수님 믿으면, 무병장수하고 출세하고 가족들도 잘된다고 하니까, 예수님을 믿는 사람이 많습니다. 그런 신앙을 기복신앙(祈福信仰)이라고 부릅니다. 이 땅에서 복을 받게 해달라고 산신령에게 비는 것과 같은 수준으로 예수님을 믿는 사람들이 많습니다. 우리나라의 기독교는 기복적 토속신앙의 몸통 위에 기독교라는 겉옷만 바꿔 입은 셈입니다.

우리가 왜 하나님을 믿습니까? 하나님이 우리에게 주신 진리의 복음을 듣고 믿어서 마음에 죄 사함을 받고 **영원한 천국**에 들어가기 위해서 믿는 것이고, 또 그렇게 하나님의 은혜로 죄 사함을 받은 자들은 하나님의 뜻이 무엇인가를 알고 그 뜻에 자기를 **거룩한 산 제물**로 드리기 위해서 육체의 남은 때를 믿음으로 사는 것입니다.

오늘 읽은 본문의 말씀의 요지는 히브리서 13장 15절에 함축되어 있습니다. **"이러므로 우리가 예수로 말미암아 항상 찬미의 제사를 하나님께 드리자 이는 그 이름을 증거하는 입술의 열매니라"** 하셨습니다. 주님의 진리의 복음을 믿음으로 죄 사함 받은 의인들의 삶은 **항상 하나님께 찬미의 제사를 드리는 삶**입니다.

구약시대에는 믿음의 사람들이 어디를 가든지 먼저 돌로 제단을 쌓고 양을 잡아서 번제의 제사를 드렸습니다. 어린양을 희생제물로 드렸던 제사가 그들의 신앙생활의 중심이었습니다. 이제 신약시대의 성도들은 예수님으로 말미암아 하나님께 찬미의 제사를 드리는 것이 신앙생활의 중심입니다. 이는 주님께서 우리를 모든 죄와 허물에서 구원하신 복음을 증거하는 삶을 살라는 뜻입니다. 우리가 주님의 복음을 증거하지 않는다면 우리는 하나님과 아무 상관이 없는 자들입니다. 이것이 오늘 주님께서 우리에게 권면하신 말씀입니다.

사도 바울은 로마서 12장에서 이와 똑같은 말씀을 합니다:

"그러므로 형제들아 내가 하나님의 모든 자비하심으로 너희를 권하노니 너희 몸을 하나님이 기뻐하시는 거룩한 산 제사로 드리라 이는 너희의 드릴 영적 예배니라 너희는 이 세대를 본받지 말고 오직 마음을 새롭게 함으로 변화를 받아 하나님의 선하시고 기뻐하시고 온전하신 뜻이 무엇인지 분별하도록 하라"(롬 12:1-2). 로마서는 믿음으로 말미암는 하나님의 의를 증거한 후에, 12장부터는 의인들의 삶에 대해서 교훈합니다. 위의 말씀은 "죄 사함 받은 의인들아, 하나님의 은혜를 입어서 너희가 **결코**

정죄함이 없는 의인이 되었고 천국 영생을 선물로 받았거든, 이제부터는 너희 몸을 하나님이 기뻐하시고 받으실 만한 **거룩한 산 제사로 드리라**"는 말씀입니다.

"**하나님이 기뻐하시는 거룩한 산 제사**"(as living sacrifices holy and pleasing to God)란 무엇입니까? 내 생각을 부인하고 나를 희생해서 하나님의 복음을 섬기는 것이 **거룩한 산 제사**입니다. 예수님께서는 우리의 모든 죄를 없애 주시려고 당신 몸을 제물로 드려서 "**한 영원한 제사**"(히 10:12)를 드려 주셨습니다. 하나님께서 친히 육신을 입고 흠 없는 제물로 이 땅에 오셔서 요단강에서 세례 요한에게 세례를 받음으로 세상 죄를 다 짊어지시고, 십자가에서 당신의 몸을 대속의 제물로 드려서 우리 죄를 단번에 도말(塗抹)해 주셨습니다. 우리가 이 은혜를 받았다고 하면, 이제부터는 우리도 우리 자신을 **거룩한 산 제물**로 드리는 것이 마땅합니다.

거룩한 산 제사를 드리는 삶은 아름답고 보람이 있습니다. 이러한 삶은 하늘의 보화를 쌓는 삶입니다. 우리 자신의 욕망을 꺾어서 부인하고, 자기를 희생함으로써 그 나라와 그 의를 위해서 사는 삶, 그것이 거룩한 산 제사입니다. 이것은 어려운 것이 아닙니다. 사도 요한도 "**그가 우리를 위하여 목숨을 버리셨으니 우리가 이로써 사랑을 알고 우리도 형제들을 위하여 목숨을 버리는 것이 마땅하니라**"(요일 3:16)고 하셨고, 또 "**하나님을 사랑하는 것은 이것이니 우리가 그의 계명들을 지키는 것이라 그의 계명들은 무거운 것이 아니로다**"(요일 5:3)라고 말씀했습니다. 자기가 좋아하는 일은 아무리 힘들어도 열심히 하게 되어 있습니다. 컴퓨터 게임에 빠진 아이들을 보십시오. 그런 애들에게 밤새워서 공부하라면 그렇게 집중해서 하겠습니까? 하나님 말씀을 좇는 삶은 결코 어려운 것이 아닙니다. 하나님 말씀을 순종할 마음이 없으니까, "그 나라와 그 의를 좇는 삶"이 어렵고 싫은 것입니다.

우리가 **물과 피의 복음**을 믿어 죄 사함을 받았다면, 또 그래서 우리에게 임한 하늘의 축복이 얼마나 큰지를 안다면, 남은 때에 자기 육체의 욕망대로만 살 것이 아닙니다. 우리가 육체의 욕망대로 살면 반드시 죽을 것이라고 말씀합니다(롬 8:13). "한 번 구원은 영원한 구원"이라는 칼빈의 교리는 거짓입니다. 한 번 죄 사함을 받은 자라도 하나님의 뜻을 저버리고 자기의 욕망만을 좇아간다면 그 얻었던 영생의 생명도 **빼앗**깁니다.

그렇다면 이제는 하나님께서 우리를 구원하신 뜻을 깨달아 알고 하나님의 기뻐하시는 뜻을 좇아 사는 것이 마땅합니다. 로마서 12장 2절에, **"하나님의 선하시고 기뻐하시고 온전하신 뜻이 무엇인지 분별하도록 하라"**고 하셨는데, 하나님께서 가장 선하게 여기시는 일이 무엇입니까? 그것은 하나님께서 우리의 모든 죄를 없애 주신 **진리의 복음을 전파하는 삶**입니다. 이것이 진정으로 선한 일이며 **"서로 사랑하라"**는 새 **계명**을 준행하는 일입니다.

거듭난 자들이 이제부터는 무엇을 위해서 살 것이냐? 의인들은 자기의 욕망과 본능대로만 살 것이 아니라, 하나님께서 당신의 독생자 예수님을 우리 인생들에게 보내 주셔서 베푸신 진리의 사랑을 전파하는 일을 위해서 사는 것이 마땅합니다. 의인들은 이렇게 푯대를 분명하게 정하고 살아야 합니다. 그렇게 삶의 푯대를 정하고, 실제적으로 복음을 위해서 자기를 드리는 삶이

로마서 12장에서 말씀하시는 **"거룩한 산 제사"**입니다.

이 세대를 본받지 말라

이 거룩한 산 제사를 드리는 삶을 살려면, 이 세대를 본받지 말아야 합니다. 이 세대는 자기만을 위해서 사는 자들로 가득 차 있습니다. 이 세상 사람들은 절대로 다른 사람들이나 하나님의 뜻을 섬기기 위해서 살지 않습니다. 여러분도 자기만을 위해서 살고 있다면 그냥 지옥에 갈 이 세대의 사람에 불과합니다. 진리의 복음을 듣고 믿는다고 하면서도 **"이 세대를 본받아서"** 산다면 그런 자는 사실 하나님과는 아무 상관이 없습니다.

이 세대의 풍조는 어떻습니까? 한마디로 말하면, 이 세상은 돈이 최고입니다. 그래서 히브리서 13장에서도 이 부분에 말씀을 하십니다: **"돈을 사랑치 말고 있는 바를 족한 줄로 알라"**(히 13:5). 이 세상에서는 돈이 최고입니다. 그러므로 이 말씀은 돈으로 상징되는 세상을 사랑치 말라는 말씀입니다. 그런데 복음을 믿는다고 고백하는 사람들 중에도 실제로는 하나님보다 돈을 더 사랑하는 자들이 있습니다. 그런 자들은 그 마음이 새롭게 변화를 받지 못해서 그렇습니다.

"너희는 이 세대를 본받지 말고 오직 마음을 새롭게 함으로 변화를 받아"(롬 12:2)라고 말씀하셨는데, 우리의 마음이 하나님의 말씀을 믿음으로 변화를 받아야 합니다. 성령님이 우리 마음에 임하시면 변화를 받습니다. 우리 육신은 본능적으로 자기 자신만을 사랑하고 쾌락을 좋아하고 세상을 사랑하게 되어 있지만, 죄 사함 받고 성령님이 우리 마음에 임하시면, 우리의 마음은 변화를 받습니다. 하나님이 우리에게 주신 말씀으로 말미암아 마음이 새롭게 되고, 진리의 말씀이 마음에 자리를 잡음으로 이 세상이나 이 세상에 있는 것들이 다 헛된 것인 줄 깨닫고 하나님의 뜻에 마음을 연합하게 됩니다. 그렇게 마음이 정해지면, 이 세상의 헛된 것들에 마음을 **빼앗기지** 않고 오히려 우리 마음이 세상의 조류를 거슬러 올라가서 하나님 말씀을 붙잡고 하나님의 뜻에 순종합니다.

비늘이 있고 지느러미가 있는 물고기

"물에 있는 모든 것 중 너희의 먹을만한 것은 이것이니 무릇 강과 바다와 다른 물에 있는 것 중에 지느러미와 비늘 있는 것은 너희가 먹되 무릇 물에서 동하는 것과 무릇 물에서 사는 것 곧 무릇 강과 바다에 있는 것으로서 지느러미와 비늘 없는 것은 너희에게 가증한 것이라"(레 11:9-10)

레위기 11장에는 식물규례(食物規禮)가 기록되어 있습니다. 이 식물규례(食物規禮)는 하나님의 백성들이 영적으로 지향해야 할 것이 무엇인지를 가르쳐 줍니다. 그중에서 수중생물(水中生物)에 관한 규례는 거듭난 의인들이 **"궁창 위의 물"**(창 1:7)인 **하나님의 말씀**을 좇아서 살 것과 이 세상의 조류에 휩쓸려 떠내려가지 말 것을 권면하신 말씀입니다.

지느러미와 비늘이 있는 물고기는 낮에 활동하며, 강과 바다의 조류를 거슬러 올라갑니다. 반대로 비늘이 없는 뱀장어나 메기 같은 물고기는 낮에는 흙이나 바위 밑에 숨어 있다가 밤에 나와서 먹이활동을 합니다. 그것들은 비늘이 있는 물고기를 먹이로 삼습니다.

하나님은 거듭난 당신의 자녀들이 자기의 욕망과 세상의 조류를 좇아 살지 아니하고 세상의 풍조를 거슬러 살면서 하나님의 의를 전파하기를 원하십니다. 성경은 거듭난 의인들은 **"선한 일을 위하여 지으심을 받은 자"**들(엡 2:10)이라고 지칭합니다. 하나님께서 우리에게 베푸신 선한 일이 무엇입니까? **물과 피의 복음**으로 우리를 모든 죄에서 구원하신 일입니다. 물과 피의 원형복음은 우리에게 영생을 가져다 주는 진리의 말씀입니다. 그러므로 물과 피의 복음을 우리만 믿을 것이 아니라 다른 이들도 알게 해서, 모든 사람들이 하나님의 구원 안에 들어올 수 있도록 해야 합니다. 이것이 하나님의 뜻입니다.

하나님께서 선하게 여기시고 기뻐하시고 온전하신 뜻이 무엇입니까? 그것은 소외되고 굶주린 이들을 육신적으로만 돌보거나 돕는 일은 결코 아닙니다. **"하나님의 선하시고 기뻐하시고 온전하신 뜻"**(롬 12:2)은 거듭난 자들이 이제는 더 이상 자기 육체만을 위해서 살지 않고 아름다운 구원의 복음을 전파해서 영혼들이 죄 사함을 받도록 하는 일입니다. 의인의 선한 양심은 하나님의 뜻을 전심으로 섬기며 살겠다고 삶의 방향을 정한 마음입니다.

물과 피의 복음을 믿는 자들은 마음의 푯대를 정해야 합니다. "마음을 정했다"는 말은 "내가 무엇을 위해서 살 것인가"를 결정한 것을 말합니다. 마음에 의로운 푯대가 확립되어 있는 사람은 아름답고 복된 마음을 가진 사람입니다. 지금까지는 흑암과 혼돈 가운데서 나만 위해서 살려고 몸부림을 쳤었는데, 이제 내가 하나님의 사랑과 은혜를 입고 보니까 영적으로 눈이 밝아져서 무엇을 위해서 살아야 하는지를 올바로 알게 된 사람입니다.

하나님께서는 나 같은 죄 덩어리를 위해서 당신 자신을 아낌없이 대속의 제물로 내어 주시고 나를 구원해 주셨습니다. 그래서 이제 내 인생의 남은 때에 하나님이 내게 베푸신 구원의 큰 사랑을 전파하기 위해서 사는 것이 옳다고 마음을 정하는 것입니다.

마음을 지키는 믿음

성경은 이것을 "마음을 지킨다"라고 말씀합니다. **"무릇 지킬만한 것보다 더욱 네 마음을 지키라 생명의 근원이 이에서 남이니라"**(잠 4:23)고 말씀하셨습니다. 우리는 하나님 말씀을 믿음으로 우리의 마음을 지켜야 합니다. 무엇보다도 우리는 **물과 피의 복음**으로 우리의 죄가 다 씻겨졌다는 것을 믿음으로 마음의 **거룩함을 지켜야** 합니다. 그리고 죄 사함 받은 자들은 이제는 **"하나님의 선하시고 기뻐하시고 온전하신 뜻"**이 무엇인지를 알고, 그것을 마음에 푯대로 삼아 살아가야 합니다. 이런 마음이 하나님 앞에서 참으로 복되고 아름다운 마음입니다. 이런 마음을 우리는 지켜야 합니다.

이제 우리가 마음을 다해서 전파해야 할 진리는 **물과 피의 복음**입니다. 이 진리의 원형복음 외에 다른 복음은 절대로 없습니다. 사도 바울이 갈라디아서에서, **"다른 복음은 없나니 다만 어떤 사람들이 너희를 요란케 하여 그리스도의 복음을 변하려 함이라 그러나 우리나 혹 하늘로부터 온 천사라도 우리가 너희에게 전한 복음 외에 다른 복음을 전하면 저주를 받을찌어다"**(갈 1:7-8)라고 말씀하셨습니다. 사도 바울이 **"우리가 너희에게 전한 복음"**이라고 암시한 진리의 원형복음이 바로 **물과**

피의 복음입니다. 그는 "**누구든지 그리스도와 합하여 세례를 받은 자는 그리스도로 옷 입었느니라**"(갈 3:27)고 선포함으로 예수님이 받으신 세례를 믿음으로 마음의 할례를 받은 자는 하나님의 의를 옷 입는다고 말씀합니다.

이 복음만이 우리를 모든 죄에서 깨끗이 씻어서 영원한 천국에 들어가게 하고, 하나님 자녀가 되게 하고, 성령을 선물로 받아서 이 땅에서도 하나님의 일꾼들로서 살게 하는 능력의 복음입니다. 그리고 다른 복음은 없습니다. 이것은 온 천하보다 더 귀한 영원한 생명을 가져다 주는 진리의 복음입니다. "**사람이 온 천하를 다 얻고도 자기 생명을 잃으면 무슨 소용이 있겠느냐**"라고 주님께서 말씀하셨는데, 사람이 이생에서 모든 것을 누렸다고 할지라도, 내세에서는 천국 영생에 들어가지 못하고 오히려 영원한 불 못에 떨어진다면 무슨 소용이 있겠습니까?

그러므로 "난 이 복음을 믿지 않겠다"고 하고 복음을 거부하는 사람은 정말 짐승과 다를 바가 없습니다. 이 복음을 믿지 않으면 반드시 지옥에 갑니다. 그리고 천국과 지옥은 반드시 있습니다. 우리에게 오늘이 지나면 내일이 있듯이, 이생이 지나면 천국과 지옥의 영원한 세계가 분명히 우리를 기다리고 있습니다. 그리고 이 구원의 진리를 믿지 않은 자는 지옥 불 가운데서 영원토록 고통을 겪으며 자기의 우매함을 후회할 것이고, 주님의 진리의 복음을 믿은 자는 영원토록 하나님의 나라에서 복락을 누릴 것입니다.

오늘 우리가 부른 찬양에,
"♪난 항상 그려 보는 그곳이 있어~
♪하나님 영광이 가득한 그곳~"이란 가사가 있었습니다. 정말

그렇게 아름다운 천국이 있습니다. 믿음의 사람들은 영의 눈으로 이미 천국을 바라봅니다. 저는 천국이 있다는 것을 믿습니다. 하나님께서는 우리 의인들에게 그 아름다운 천국을 주시려고 모든 것을 예비해 놓으셨습니다.

그래서 거듭난 자들은 믿음으로 마음을 지키는 것이 참 중요합니다. 하나님 말씀을 믿음으로 하나님이 살아 계신 것과 천국이 있는 것과 하나님이 우리를 사랑하셔서 물과 피의 복음으로 우리를 모든 죄에서 구원하신 것과 또 우리에게 하늘에 속한 모든 신령한 복을 다 주신 것과 이 땅에 사는 동안에도 선한 일을 위해서 우리를 거룩한 산 제사로 드리라 하신 것과 그 나라와 그 의를 위해서 일하는 자들에게는 하나님이 모든 것을 다 공급하시고 보호하시고 축복해 주신다는 것-저는 하나님의 말씀을 다 믿습니다. 그래서 저는 믿음으로 마음을 지킵니다.

구원자 "예수"의 이름을 증거하라

"이러므로 우리가 예수로 말미암아 항상 찬미의 제사를 하나님께 드리자 이는 그 이름을 증거하는 입술의 열매니라"(히 13:15).

"그 이름을 증거하는 입술의 열매"라고 하신 부분에서, 그 이름은 누구를 지칭합니까? "예수님"입니다. 예수라는 이름은 **구원자**라는 뜻입니다. 예수님이 성령의 능력으로 처녀 마리아의 몸에 잉태되었을 때에 천사가 요셉의 꿈에 나타나, "**다윗의 자손 요셉아 네 아내 마리아 데려오기를 무서워 말라 저에게 잉태된 자는 성령으로 된 것이라 아들을 낳으리니 이름을 예수라 하라**

이는 그가 자기 백성을 저희 죄에서 구원할 자이심이라"(마 1:20-21)고 전했습니다.

그래서 "그 이름을 증거하는 입술의 열매"라는 말씀은 "예수"라는 이름 안에 함축되어 있는 하나님의 온전한 구원을 우리 입으로 증거하는 삶이 바로 우리가 하나님께 드리는 "찬미의 제사"라는 뜻입니다. 우리는 찬미의 제사를 예배 때만이 아니라 항상 드립니다. 우리 마음이 늘 주님의 복음을 믿고 전파하고 있다면 그것은 가장 아름답고 선한 일입니다. 사도 바울은 영적인 아들 디모데에게, "우리 안에 거하시는 성령으로 말미암아 네게 부탁한 아름다운 것을 지키라"(딤후 1:14)고 말씀하셨습니다. 주님의 이름을 선전하는 찬미의 제사를 늘 드리는 삶이 참으로 아름다운 삶입니다.

거룩한 산 제사를 드리기 위한 계명

그런 아름다운 삶을 살기 위해서 우리는 범사에 근신하고 주의하게 됩니다. 그래서 여기 히브리서 13장 1절부터 하시는 모든 말씀들은 새 언약의 계명들입니다. 물과 피의 복음으로 죄 사함 받은 자들에게는 새로운 계명이 있습니다. 계명(율법)이란 하나님께서 우리에게 "~하라" 또는 "~하지 말라" (do's and don'ts)고 하신 명령과 금령(禁令)인데, 거듭난 의인들은 무엇을 해야 하고 또 어떤 것을 하지 말아야 할 것인지에 대해 주님께서 하나하나 말씀해 주십니다.

"손님 대접하기를 잊지 말라 이로써 부지중에 천사들을 대접한 이들이 있었느니라 자기도 함께 갇힌 것 같이 갇힌 자를 생각하고 자기도 몸을 가졌은 즉 학대 받는 자를 생각하라 모든 사람은 혼인을 귀히 여기고 침소를 더럽히지 않게 하라 음행하는 자들과 간음하는 자들을 하나님이 심판하시리라"(히 13:2-4). 이 모든 계명들은 거듭난 의인들에게 지당하신 말씀입니다.

돈을 사랑하는 것이 일만 악의 근원입니다

"돈을 사랑치 말고 있는 바를 족한 줄로 알라 그가 친히 말씀하시기를 내가 과연 너희를 버리지 아니하고 과연 너희를 떠나지 아니하리라 하셨느니라 그러므로 우리가 담대히 가로되 주는 나를 돕는 자시니 내가 무서워 아니하겠노라 사람이 내게 어찌하리요 하노라"(히 13:5-6)

위의 말씀은 우리들이 제일 빠지기 쉬운 사단 마귀의 함정을 경계하라는 말씀입니다. 우리가 복음을 들었고 마음으로 믿는다고 하지만, 사실은 우리 마음에 하나님을 사랑하는 마음과 돈을 사랑하는 마음이 늘 공존합니다. 주님은 **"너희가 하나님과 재물을 겸하여 섬길 수 없다"**라고 말씀하셨는데, 사실은 우리가 돈을 더 사랑하고, 깨어 있는 동안에 돈 벌 궁리를 하는 시간이 대부분입니다. 우리는 돈을 어떻게 벌까 생각하고, 돈 때문에 발발 떨고, 돈 때문에 걱정하고, 돈 때문에 분노하고, 돈에 마음을 빼앗기는 시간이 훨씬 많습니다.

"돈을 사랑치 말고 있는 바를 족한 줄로 알라"고 하셨습니다. 그런데 마음은 돈에 온통 가 있고 돈을 더 사랑하는데, 어떻게 그것을 사랑치 않을 수 있겠어요? 너무 좋은 것은 인간의 의지나 각오로는 쉽게 끊을 수 없습니다. 성령님이 우리 마음에 오셔야만 말씀을 믿음으로 헛된 집착이 정리됩니다. 성령님이 마음에 임하시면 우리의 육신적인 마음이 변화를 받습니다. 죄 사함 받고 성령이 마음에 임하시면, 돈을 사랑하는 것이 얼마나 헛된 것인지를 말씀을 믿음으로 알게 되기 때문에, 돈에 대한 과도한 집착을 내려놓게 됩니다.

누구든지 진리의 복음을 마음에 온전히 믿으면, 주님께서 그의 믿음을 의로 인정하시고 그의 모든 죄를 흰 눈같이 씻어 주심으로 성령님이 그 의인의 마음에 임합니다. 그리고 성령이 마음에 임하시면 그때부터는 하나님의 말씀들이 의인의 마음에 믿음으로 이루어집니다. 그러니 아직도 마음에 죄가 있는 사람은 무엇보다 죄 사함을 받고 거듭남으로 성령님이 마음에 임하시기를 간절히 사모해야 합니다.

성령이 마음에 임하시면, 성령님께서 우리의 마음이 자원해서 하나님의 의를 섬기도록 이끌어 주십니다. 주님은, **"너희는 먼저 그 나라와 그 의를 구하라 그리하면 이 모든 것은 너희에게 더하여 주시리라"**고 말씀하셨습니다. 하나님의 나라와 그의 의를 위해서 살고자 할 때에 우리에게 필요한 것은 주님께서 다 주십니다. 주님은 또, **"우리가 먹을 것과 입을 것이 있은즉 족한 줄로 알 것이니라"**(딤전 6:8)고 말씀하셨습니다. 먹을 것과 입을 것이 우리에게 있습니까? 있는 정도가 아니라 너무 풍족합니다. 주말인 어제도 일주일 치 먹거리를 사다가 냉장고가 꽉 차도록 채워 넣었습니다. 먹을 것과 입을 것이 있으면 족한 줄로 알라고 하셨는데, 우리에게 먹을 것과 입을 것이 풍족합니다.

사람은 자기 욕심에 이끌려서 시험에 드는 것입니다. 문제는 자기 욕심입니다. 하나님께서 주신 것으로 족한 줄 알고, 우리는 무엇보다도 먼저 마음을 정해서 그 나라와 그 의를 위해서 사는 것이 옳습니다. 그러면 하나님이 때를 따라 우리에게 필요한 것은 다 공급하시고 의롭게 살 길을 열어 주십니다. 우리가 복음을 잘 섬길 수 있도록, 우리들이 하는 사업도 하나님께서 더욱더 번창하게 하십니다.

　나는 여러분이 제발 마음을 올바르게 정했으면 좋겠습니다. 마음만 올바로 정하면, 하나님께서는 여러분이 지금 하고 있는 사업이나 직장 일도 잘 되게 하셔서 하나님의 일을 더욱더 힘차게 하도록 역사하십니다. 우리가 지금 비록 적은 무리이지만, 우리 모두가 복음을 섬기고자 하는 마음만 정하면 우리가 연합해서 할 일이 너무너무 많습니다. 지금도 시킬 일이 너무너무 많고, 여러분들이 자원해서 해 주었으면 좋겠다 싶은 일이 너무 많습니다. 그런데 그렇게 하지 못해서 참으로 안타깝습니다. 우리가 돈을 사랑해서 돈을 많이 벌고자 쫓아다닌다고 큰 부자가 되는 것이 아닙니다. 세상을 사랑하는 마음으로 부자가 되는 것은 영적으로 볼 때에는 저주입니다. 하나님의 의를 위해 살기로 먼저 마음을 정해야 합니다. 그러면 하나님이 모든 것을 공급하시고 보살피시고 도와 주십니다.

"마음을 강하게 하고 담대히 하라"

　그래서 **"돈을 사랑치 말고 있는 바를 족한 줄로 알라"** 하신 그다음 말씀에, **"내가 과연 너희를 버리지 아니하고 과연 너희를 떠나지 아니하리라"**(히 13:5)고 말씀하신 것입니다. 하나님이 친히 우리 편에 계시므로 우리의 사정과 필요를 다 아시고 때를 따라 모든 필요를 채워 주십니다. 그런즉, 혹 어떤 자들이 우리를 핍박하고 겁박하여도, **"그러므로 우리가 담대히 가로되 주는 나를 돕는 자시니 내가 무서워 아니하겠노라 사람이 내게 어찌하리요 하노라"**(히 13:6) 하고 우리도 담대하게 그들을 대할 수 있습니다. 때로는 사단 마귀의 자녀들이 의인의 길을 가로막고 훼방할 때도 있습니다. 그러나 아무리 그래 봐야 하나님께서 친히 의인들을 도우시기 때문에 아무 걱정이 없습니다. 하나님께서 도우시고 역사하시는 것을 확신하기 때문에 의인들은 언제나 담대합니다.

저도 가끔, "내가 이제 나이도 제법 들었는데 얼마나 더 일을 하겠느냐?" 하는 부정적인 생각이 들 때도 있습니다. 그러다가 "내가 하나님 앞에 마음만 분명하게 정하고, 그 나라와 그 의를 위해서 산다고 하면, 하나님께서 영육간에 건강을 주셔서 얼마든지 주님의 일을 할 것이다. 내게 은혜 주시는 만큼 주님의 복음을 섬기다가 주님이 부르실 때에 평안 중에 주님께 가게 되리라"는 확신이 곧 내 마음을 지켜 줍니다. 그래서 생업의 일을 하다 보면 스트레스를 받는 일이 있어도 하나님이 늘 도우시고 역사하시는 것을 믿기 때문에 곧 툭툭 털어 버립니다. 그래서 저는 지금까지 죽지 않고 잘 살고 있습니다.

주님께서 여호수아에게 말씀하셨습니다: **"내가 네게 명한 것이 아니냐 마음을 강하게 하고 담대히 하라 두려워 말며 놀라지 말라 네가 어디로 가든지 네 하나님 여호와가 너와 함께 하느니라"**(수 1:9). 하나님이 함께 하시면 두려울 것이 없습니다. 그런데 주님은 세상 끝날까지 복음을 전파하는 자들과 함께 하시겠다고 약속하셨습니다(마 28:20). 그러니 여러분은 아무것도 염려하지 말고 마음에 푯대를 정하고 담대히 푯대를 향해 나아가길 바랍니다.

인도자가 있는 하나님의 교회

"하나님의 말씀을 너희에게 이르고 너희를 인도하던 자들을 생각하며 저희 행실의 종말을 주의하여 보고 저희 믿음을 본받으라……너희를 인도하는 자들에게 순종하고 복종하라 저희는 너희 영혼을 위하여 경성하기를 자기가 회계할 자인것 같이 하느니라 저희로 하여금 즐거움으로 이것을 하게 하고 근심으로 하게 말라 그렇지 않으면 너희에게 유익이 없느니라"(히 13:7, 17)

우리가 비록 적은 무리이지만 우리는 하나님의 교회입니다. 하나님의 교회는 "그리스도 예수 안에서 거룩하여지고 성도라 부르심을 입은 자들"(고전 1:2)의 모임입니다. 거듭나지도 못한 기독교인들이 서로 "○○○성도님~" 하고 불러 주는 것을 보면 한심합니다. 마음에 죄가 있는 **"죄도"**(罪徒)는 절대 **"성도"**(聖徒)라고 불릴 수 없습니다. 아무리 부족하고 연약해도 물과 피의 복음을 믿어서 죄 사함을 받음으로 거룩해진 자들만이 **"성도라 부르심을 입는 자들"**입니다.

하나님의 교회는 하나님의 일을 합니다. 하나님의 교회는 진리의 말씀으로 영혼들을 구원해서 영생의 축복을 받게 하고 또 죄 사함을 받고 성도된 이들이 의로운 삶을 살도록 인도합니다. 그 일을 위해서 하나님께서는 교회 안에 반드시 인도자를 세우십니다. 그리고 주님은 그의 인도에 복종하고 순종을 하라고 말씀하십니다. 순종은 자식이 부모에게 순종하듯이 "예" 하고 고분고분하게 따르는 것입니다. 그러나 복종은 순종보다 한 단계 더 높은 것입니다. **순종**은 그래도 마음으로 수긍이 되어서 따르는 것이지만, **복종**은 마음으로 수긍이 안되어도 자기 생각을 부인해서 꺾고 인도자를 따르는 것을 말합니다. 여러분은 여러분을 말씀으로 이끌어 주는 인도자를 하나님이 세운 종으로 인정하는 것이 마땅합니다.

그런데 주님께서는 이 두 가지를 다 명령하셨습니다. "**너희를 인도하는 자들에게 순종하고 복종하라**"고 하셨습니다. 이것은 제가 지어낸 말이 아니고 주님의 명령입니다. 또한 주님은 "**저희 믿음을 본받으라**"고 하셨습니다. 믿음은 앞선 자를 보고 배우는 것입니다. 여호수아가 모세를 따르며 본받았듯이, 엘리사가 엘리야를 붙좇으며 본받았듯이 믿음은 앞선 자를 보고 배우는 것입니다. 그럴 때에 믿음으로 말미암는 하나님의 은혜가 교회 전체에 이슬처럼 촉촉히 적셔 내립니다.

"**형제가 연합하여 동거함이 어찌 그리 선하고 아름다운고**

머리에 있는 보배로운 기름이 수염 곧 아론의 수염에 흘러서 그 옷깃까지 내림 같고

헐몬의 이슬이 시온의 산들에 내림 같도다 거기서 여호와께서 복을 명하셨나니 곧 영생이로다"(시 133:1-3)

이 시편의 말씀은 성도들이 믿음으로 연합한 교회의 아름다움과 그런 교회 위에 내리는 하나님의 축복을 노래하고 있습니다. 성도들이 인도자와 연합하고, 인도자는 하나님과 연합할 때, 그런 하나님의 교회 안에는 하나님의 축복이 촉촉히 적셔 내립니다. 하나님께서 먼저 당신이 세운 종에게 은혜를 풍성히 부어 주셔서 그 은혜가 모든 성도들에게 흘러내리게 하십니다.

또 17절 말씀에 보면, "**너희를 인도하는 자들에게 순종하고**

복종하라 저희는 너희 영혼을 위하여 경성하기를 자기가 회계할 자인 것처럼 하느니라" 하셨습니다. 회계라는 말은 "결산을 본다"라는 뜻입니다. 인도자는 자기에게 맡겨진 영혼들을 위해서 노심초사한다는 말씀입니다. 하나님께서는 인도자에게 영혼들을 진심으로 염려하며 사랑하는 마음을 주십니다. 인도자는 자기만 위하는 자가 아닙니다. 하나님이 자기에게 맡겨준 영혼들이 얼마나 귀한 줄을 알고 그 영혼들을 위해서 늘 깨어서 기도하고 염려합니다. 인도자는 "어떻게 하면 이 영혼들을 바르게 이끌어서 믿음의 사람들이 되게 할까?" 하는 데에 늘 마음을 두고 삽니다.

그렇기 때문에 주님은 **"그러므로 인도자들이 근심으로 일을 하게 하지 말라"**고 성도들에게 권면하십니다. 저도 마음이 너무너무 힘들 때가 많습니다. 저도 "이만큼 말씀을 전했는데도 ○○○의 마음에 믿음이 자리 잡지 못하고 말씀의 인도를 받지 않는구나!" 하고 낙심이 될 때도 많습니다. 듣는 이들이 기쁜 마음으로 말씀을 받아서 한 걸음 한 걸음 마음으로 믿고 따라오면 얼마나 기쁘고 좋겠어요? 이건 밑 빠진 독에 물 붓기 식으로 아무리 떠들고 아무리 외쳐 봐야, "너는 지껄여라, 예배 시간만 끝나면 끝이다" 이렇게 치부한다면 인도자는 너무너무 근심이 되는 것입니다. 하나님께서 영혼들을 맡겨 주셨는데 그 영혼들이 온전한 구원에 이르지 못하는 것을 뻔히 보고 있다면, 하나님의 종은 가장 안타까울 수밖에 없습니다.

오늘은 "물과 피의 복음을 믿어서 죄 사함 받은 성도라면 하나님 앞에서 어떠한 삶을 사는 것이 합당한가?" 하는 부분에 말씀을 나눴습니다. 여러분이 거듭난 성도라면, 이제는 더 이상 이 세상의 풍조를 좇아서 살 것이 아니라, 우리를 진리의 원형복음

안에서 부르신 **"하나님의 선하시고 기뻐하시고 온전하신 뜻이 무엇인지를 분별"**(롬 12:2)하고, 우리의 삶을 복음을 섬기는 찬미의 제사로 드리는 것이 옳다는 말씀입니다. 그렇게 하기 위해서 우리는 범사에 절제하는 삶을 살아야 할 것입니다.

또한 우리는 지금 하나님의 교회 안에 있다는 자부심과 확신을 가져야 합니다. 자신의 눈에는 부족해 보여도, 인도자를 하나님이 세운 종이라고 믿고 그의 인도를 순종하고 복종하라고 주님은 말씀하십니다. 인도자가 있는 자와 인도자가 없는 자의 신앙생활은 천양지차(天壤之差)입니다. 인도자가 있는 사람은 반드시 죄 사함을 받고, 반드시 영육간에 축복을 받음으로 아름다운 결실을 맺습니다. 그러나 인도자가 없는 사람은 목자 없는 양처럼 버려진 자이기에 끝내는 영적으로 죽습니다.

양에게 목자가 없다고 생각해 보십시오. 양이 목자를 잃어버리고 홀로 광야를 헤매고 있다면 제대로 생명을 부지하겠습니까? 늑대가 와서 물어가지 않겠습니까? 복음을 믿고 거듭났어도 계속해서 말씀의 젖을 먹여 주는 인도자가 없으면 그런 자의 마음에는 금방 쓴 뿌리가 납니다. 지난 주에 히브리서 12장에서 **"쓴 뿌리"**에 대해서 말씀을 나누었는데, 말씀을 계속 공급하고 마음의 잡초를 뽑아 주지 않으면 그런 마음밭에서는 쓴 뿌리가 퍼집니다. **"쓴 뿌리"**란 사단 마귀의 거짓말을 더 좋아하는 마음을 의미합니다. 사단 마귀의 말을 더 좋아해서 사단의 교훈에 뿌리를 대고 마귀의 거짓 교훈과 그 독소들을 다 받아들인다면 그런 사람은 반드시 지옥에 갑니다.

"여러 가지 다른 교훈에 끌리지 말라"(히 13:9)고도 말씀하셨습니다. 하나님의 말씀을 정확하게 전해 주고, "이것이 하나님 뜻이다"라고 분별해 주는 인도자가 없으면, 마음은 계속해서 다른 교훈에 끌리게 되어 있습니다. 사단 마귀의 속임과 거짓말이 더 달콤해서 **"다른 교훈"**에 더 마음이 간다는 것입니다. 인도자를 믿는 믿음이 없으면 자기 마음에 진리의 차수벽(遮水壁)을 세울 수 없기 때문에, 세상의 거짓 교훈들과 유혹과 탐욕과 혼돈이 계속해서 마음에 스며들어 옵니다. 그러면 인도자가 아무리 맑은 물을 마음에 넣어 주어도 금방 오염되고 변질되어서, 아무리 진리의 말씀을 전해 주어도 도루묵이 됩니다.

오늘 제가 많은 부분에 말씀을 전했지만 몇 가지는 분명히 깨달아야 합니다.

첫째, 우리는 **물과 피의 복음을 목숨처럼 귀하게 여기고 믿어야** 합니다. 우리가 진리의 복음을 늘 들으면서 남의 다리 긁듯이 심드렁한 마음으로 말씀을 듣고 있다면 여러분의 영혼에 아무 유익이 없습니다. 우리는 마음을 다하고 생명을 다해서 진리의 복음을 믿어야 합니다. 열두 해 동안 혈루병을 앓던 그 여인이, "내가 이분을 안 믿으면 죽는다"라는 간절한 마음으로 예수님의 옷을 붙들었을 때 그 혈루 근원이 즉시 말랐던 것처럼, 여러분은 "내가 이 복음을 붙들지 않으면 죽는다! 지옥에 간다!"라는 믿음으로 주님의 복음을 굳게 붙들어야 합니다.

그리고 진리의 복음을 마음으로 믿어서 죄 사함을 받고 성령을 선물로 받은 자들에게 주님은 **"너희는 이제 마음에 인도자를 두라"**고 말씀하십니다. 마음에 인도자를 믿음으로 둔 성도는 밝은 빛 가운데 인도를 받고 마음이 하나님 앞에 아름답게 되어서 하늘에 속한 모든 축복들을 다 받습니다. 마음에 인도자를 두면 신앙생활을 잘할 수 있습니다. 그러니 죄 사함 받은 성도는 반드시 인도자를 마음에 두어야 합니다.

자기가 보기에는 "아이, 무슨 뭐 저런 사람이 인도자야?" 그럴지 모르지만 아무리 부족해도 하나님이 세우시면 하나님 교회의 인도자입니다. 누구든지 먼저 죄 사함을 받고 하나님의 택하심을 입어 어떤 무리를 인도하도록 세우심을 받았으면, 하나님께서는 그를 붙들고 쓰십니다. 그래서 물과 피의 복음을 믿는 자는 자기의 인도자를 하나님의 종으로 인정하고 그의 인도를 받아야 합니다. 그러면 자라나서 자기도 다른 사람들을 인도할 수 있습니다. 디모데는 바울의 인도를 받던 일꾼이었는데, 후에 많은 사람을 인도하게 되지 않았습니까? 자기 앞에 세워진 사역자를 하나님 종이라고 인정하고, 그에게 순종하고 복종하는 것이 마땅합니다. 복종이 무엇이라고요? 자기 마음에 들지 않더라도 자기 생각을 부인해서 마음을 꺾고 하나님의 종의 인도에 따르는 것입니다. 그것이 하나님 앞에 아름다운 일이고 하나님의 축복을 받는 첩경입니다.

저는 여러분들이 믿음 위에 굳게 서도록 기도하고 있습니다. 때가 되면 여러분의 마음이 믿음으로 잘 지어진 성전이 될 것을 믿습니다. 더디지만 여러분의 믿음이 많이 자랐습니다. 앞으로는 믿음의 문턱을 넘어선 자들은 말귀도 알아듣고 마음도 꺾을 줄 알게 될 것입니다. 그러면 우리도 힘 있게 복음을 섬길 날이 올 것입니다. 우리가 절대로 적은 숫자가 아닙니다. 여러분 모두가 믿음으로 연합만 하면 우리는 큰 숫자입니다. 내 마음속에는 우리 주님께서 그려 주신 복음 전파의 청사진이 있습니다. 우리는 얼마든지 그 일을 할 수 있습니다.

하나님이 세운 종에게 순종하고 복종하라고 하셨습니다. 복종은 마음을 꺾어야만 할 수 있습니다. 하나님의 종이 내 생각과 다른 방향으로 인도를 할지라도 자기의 생각을 부인하고 따르면 하나님께서 풍성한 은혜와 축복으로 덮어 주신다는 믿음을 갖기를 바랍니다.

말씀을 마쳤습니다.

(2014년 7월 27일 주일예배 말씀)

양의 큰 목자이신
예수 그리스도의 영원한 구원

"우리를 위하여 기도하라 우리가 모든 일에 선하게 행하려 하므로 우리에게 선한 양심이 있는 줄을 확신하노니

내가 더 속히 너희에게 돌아가기를 위하여 너희 기도함을 더욱 원하노라

양의 큰 목자이신 우리 주 예수를 영원한 언약의 피로 죽은 자 가운데서 이끌어 내신 평강의 하나님이

모든 선한 일에 너희를 온전케 하사 자기 뜻을 행하게 하시고 그 앞에 즐거운 것을 예수 그리스도로 말미암아 우리 속에 이루시기를 원하노라 영광이 그에게 세세무궁토록 있을찌어다 아멘

형제들아 내가 너희를 권하노니 권면의 말을 용납하라 내가 간단히 너희에게 썼느니라

우리 형제 디모데가 놓인 것을 너희가 알라 그가 속히 오면 내가 저와 함께 가서 너희를 보리라

너희를 인도하는 자와 및 모든 성도에게 문안하라 이달리야에서 온 자들도 너희에게 문안하느니라

은혜가 너희 모든 사람에게 있을찌어다"(히 13:18-25)

히브리서 13장의 마지막 부분을 읽었습니다. 우리가 수개월간 주일마다 히브리서를 택해서 강해하며 은혜를 나누었는데 그 은혜의 말씀들이 여러분의 마음에 얼마나 남아 있는지

모르겠습니다. 이 강해 설교의 말씀을 통해서 우리 마음에 하나님과 그분의 말씀을 믿는 믿음이 조금이라도 자랐으리라고 생각합니다. **"밑 빠진 독에 물 붓기"**라는 격언이 있습니다. 밑이 터진 항아리에는 물을 아무리 부어도 물이 그 안에 남아 있지 않습니다. 우리가 하나님의 말씀을 경외하고 사모하지 않으면 하나님의 은혜도 "밑 빠진 독에 물 붓기"가 될 것입니다.

생명의 말씀이 아무리 흘러넘쳐도, 자신이 그것을 갈급해하지 않아서 마시지 않음으로 지옥에 간다면 그것이 제일 안타까운 일입니다. 브라질의 아마존 강 하구는 아주 넓다고 합니다. 거의 남미대륙 전체에 펴져 있는 아마존 밀림에서 빗물이 모여서 이 강을 이루므로 아마존 강의 하구는 바다처럼 깊고도 넓습니다. 그 하구의 강폭이 200Km가 넘는다고 하니 우리나라 동서의 폭만한 크기라고 생각하면 됩니다. 그러니 대서양에서 항해하던 배가 아마존 강 하구에 들어와서도 전혀 육지가 보이지 않으니 그곳이 강이라고 여길 수 없답니다. 그러나 그들의 배 밑에 있는 물은 사람이 마실 수 있는 민물(fresh water)입니다. 만일 대서양의 망망대해에서 엔진 고장으로 표류하던 배에서 사람들이 수십 일 동안 물 한 모금 먹지 못해서 거의 죽기 직전에 아마존 강 하구까지 흘러들어 왔다고 가정해 봅시다. 그런데 그들은 지금 자기들의 발밑에는 생수가 넘쳐나는데도 그 물이 바닷물인 줄 알고 마시지 않는다면 끝내 다 죽게 될 것입니다.

"오직 그 말씀이 네게 심히 가까와서 네 입에 있으며 네 마음에 있은즉 네가 이를 행할 수 있느니라"(신 30:14)고 하나님께서 말씀하십니다. 생명의 말씀이 정말 내게 가까이 있는데, 이 말씀이 내게 영생을 얻게 하는 귀한 생명의 말씀인 줄을 몰라서 이 말씀을 믿지 않으면 내가 영원한 지옥에 떨어진다는 사실을 아셔야 합니다. 우리가 비록 적은 수이지만 우리는 물과 피의 복음을 믿는 하나님의 교회입니다. 하나님의 교회 안에는 마시기만 하면 그 영혼이 영생을 얻는 진리의 복음이 흘러넘치는데도, 이것을 믿음으로 마시지 않아서 구원을 받지 못하고 그냥 지옥에 간다면, 대서양에서 조난을 당했다가 천신만고 끝에 아마존 강 하구에 들어섰다가도 자기들의 발밑의 물이 민물인데도 짠물인 줄로만 생각해서 안타깝게도 목말라 죽은 자들과 아무 다를 것이 없습니다.

저는 올해 2월 초부터 시작해서 거의 여섯 달 동안 히브리서 말씀을 강해 형식으로 설교했습니다. 한 주도 빠짐없이 여러분과 히브리서의 메시지를 나누었습니다. 부족한 부분도 있고 좀 더 세미하게 다뤘어야 할 부분도 있습니다만 주님께서 우리에게 말씀하고자 하신 큰 둥치는 거의 다 언급되었다고 저는 생각합니다.

그런데 오늘 이 히브리서의 강해 설교를 마치려고 하니까, 이 여섯 달 동안 히브리서를 나눈 것이 여러분의 마음 안에 얼마나 믿음으로 자리를 잡았을까 하는 생각이 듭니다. 그래서 저는 오늘 예배 전에 "하나님, 저희들이 그동안 들은 바 말씀이 흘러 떠내려가지 않도록 은혜를 베풀어 주십시오. 이제 오늘이 마지막 설교인데, 우리가 오늘만이라도 제발 하나님의 뜻에 마음으로 연합하고 하나님의 말씀을 믿음으로 받아서 우리 모두의 영혼에 큰 은혜와 축복이 임하기를 바랍니다" 하고 기도했습니다.

선한 일과 선한 양심이란?

오늘의 본문 중에서 먼저 히브리서 13장 18-21절까지의 말씀을 읽겠습니다.

"우리를 위하여 기도하라 우리가 모든 일에 선하게 행하려 하므로 우리에게 선한 양심이 있는 줄을 확신하노니 내가 더 속히 너희에게 돌아가기를 위하여 너희 기도함을 더욱 원하노라 양의 큰 목자이신 우리 주 예수를 영원한 언약의 피로 죽은 자 가운데서 이끌어 내신 평강의 하나님이 모든 선한 일에 너희를 온전케 하사 자기 뜻을 행하게 하시고 그 앞에 즐거운 것을 예수 그리스도로 말미암아 우리 속에 이루시기를 원하노라 영광이 그에게 세세무궁토록 있을찌어다 아멘"(히 13:18-21).

위 말씀에 보면, "선한 일"과 "선한 양심"이란 어구(語句)들이 나옵니다. 그러면, 선한 일과 선한 양심은 무엇입니까? 결론부터 말씀을 드리자면, 성경은 하나님의 진리의 복음을 전파하는 일을 "선한 일"이라고 말씀합니다. 또 "선한 양심"이란 복음 전파의 사역을 귀하고 선하게 여기고 그 일에 전적으로 자신을 드리는 마음을 일컫습니다.

물론 이 세상 사람들에게 "선한 일"이 무엇이냐고 물으면 그렇게 대답하지 않습니다. 그들은 하나님의 의(義)나 하나님의 뜻이 무엇인지 모르기 때문에, 선한 일이라고 하면, 다른 사람을 위해서 헌혈을 한다든지, 자기의 장기(臟器)를 기증한다든지, 자기를 희생하면서 위험에 빠진 자를 구조한다든지, 사회에 자기 재산을 기부한다든지 하는 일들을 **선한 일**이라고 생각합니다. 어떤 사람은 자기의 직업을 버리고 아프리카에 가서 굶주린 어린이들에게 빵을 나눠 주는 일을 합니다. 그것도 육신적으로만 보면 선한 일입니다. 그러나 하나님의 형상으로 창조된 모든 영혼들이 죄 사함을 받고 영원한 천국에 들어가게 하는 일이 하나님의 눈에는 가장 선한 일입니다.

"**여호와의 말씀에 내 생각은 너희 생각과 다르며 내 길은 너희 길과 달라서 하늘이 땅보다 높음 같이 내 길은 너희 길보다 높으며 내 생각은 너희 생각보다 높으니라**"(사 55:8-9)고 말씀하셨듯이, 인간의 생각과 하나님의 생각은 천양지차(天壤之差)입니다. 하늘이 땅에서 아주 멀듯이, 하나님의 뜻은 사람의 뜻과 그렇게 엄청난 차이가 납니다. **하나님의 선하신 뜻이 무엇입니까?** 하나님은 당신의 형상을 따라 우리 인생들을 영원하고 영적인 존재로 만들었지만, 첫 사람 아담이 범죄함으로 인하여 모든 사람이 죄인으로 태어나서 죄 덩어리로 살아가게 되었습니다. 그런데 그냥 내버려두면 죄 때문에 지옥에 갈 수밖에 없는 모든 인생들을 하나님께서 진리의 복음으로 부르셔서 흰 눈같이 죄 사함을 받고 하나님의 자녀가 되게 하는 것, 그것이 바로 하나님의 사랑이고 하나님의 선하신 뜻입니다. 따라서 하나님의 선한 뜻을 이 땅에 이루어 드리는 일이 **선한 일**이고, 그 일이 가장 귀하다고 믿기에 그 일에 자신을 드리고자 하는 마음이 **선한 양심**입니다.

우리는 성경에서 말씀하는 **선한 양심**과 **선한 일**이 무엇인지를 분명히 알아야 합니다. 우리에게 **선한 양심**이 없다고 하면, 우리는 하나님과 아무 상관이 없는 자들입니다. 그러므로 우리는 "내가 선한 양심을 가졌는가? 내가 선한 일에 마음을 두고 있는가?" 하고 스스로 자문해 보아야 합니다. 그리고 만일 자기에게 선한 양심이 자리 잡지 못했다면, 그런 분은 속히 회개해야 합니다. "아! 내가 아직 거듭나지 못해서 내게 선한 양심이 없구나! 나는 선한 일에는 관심이 없는 자로구나! 예배 때 말씀을 들으면 '그렇구나!' 하고 고개를 끄덕끄덕할 뿐이지, 사실은 선한 일에는 관심이 전혀 없는 자가 바로 나로구나!" 하고 하나님 앞에 진솔하게 인정하고 돌이키는 것이 참된 회개입니다.

회개(metanoia)란 악한 길에서 돌아서는 것입니다. 내가 정말 잘못된 길을 가고 있다는 것을 하나님 앞에 인정하고 돌이켜서 하나님이 이끄시는 **선한 일**에 자기를 순종시키는 것이 **회개**입니다. 하나님께서는 모든 사람을 구원해서 하나님의 자녀가 되게 하고 영원한 축복을 받게 하기를 원하십니다. 그것이 하나님의 선한 뜻입니다. 하나님의 선한 뜻에 자기 마음을 연합한 마음이 **선한 양심**이고, 그래서 그 선한 양심으로 하나님의 기뻐하시는 뜻을 섬기는 일이 **선한 일**입니다.

여러분도 이제는 성경이 말씀하는 **"선한 일과 선한 양심"**이 무엇을 의미하는지를 분명하게 아셨을 것입니다. 지금 이 세상 사람들은 기독교를 "개독교"라고 비난합니다. 그리고 작금의 기독교가 그런 비난을 받아도 쌉니다. 왜 그렇습니까? 오늘날의 기독교가 하나님께서 말씀하시는 **선한 일**이 무엇인지를 모르기 때문입니다. 그들은 세상 사람들과 다를 바 없이 세속적 가치를 추구합니다. 그래서 예배당을 크게 짓고 목회자들은 대단한 부와 권세를 누립니다. 심지어는 교회를 자식에게 물려주기도 하고, 교회를 팔고 사겠다고 광고도 냅니다. 그래서 "교회는 세금도 내지 않는 기업체"라고 세간의 비난을 받습니다.

종교화된 기독교의 목회자들은 거듭나지 못했기 때문에

하나님의 뜻을 제대로 알지 못하고 **육신적으로 선한 것**을 추구할 수밖에 없습니다. 사람들을 육신적으로 돕기 위해 자신을 희생하고 인본주의적인 도덕 운동을 하지만, 그들은 단지 육신적으로 선한 일을 할 뿐입니다. 우리는 분명히 알아야 합니다. 하나님은 육신적으로 선한 일을 하라고 우리를 물과 피의 복음으로 부르신 것이 아닙니다. 도덕적인 기준으로는 개신교가 가톨릭교회를 따라갈 수 없습니다. 그래서 천주교인들이 마더 테레사 같은 사람을 내세우면서 자랑하면, 기독교인들은 기가 팍 죽습니다. 천주교인들은 개신교를 "갈라져 나간 작은집" 정도로 여깁니다. 그리고 자기들은 "큰집" 즉 정통의 종가(宗家)라고 자부합니다. 게다가 마더 테레사 같은 인물을 천주교에서 들고 나오면, 개신교인들은 스스로 주눅이 듭니다. "우리는 큰집에 비하면 아무것도 아니다. 우리는 매일 교단 싸움이나 하고 재산 싸움이나 하지 않느냐? 저들은 교황을 중심으로 타종교의 모범이 되고 있지 않느냐? 그리고 저 사람들은 세계 도처에서 진짜 선한 일을 많이 하지 않느냐?"하고 스스로 꼬리를 내립니다.

　인간의 윤리나 도덕적 기준으로 보면 마더 테레사는 분명히 대단한 분입니다. 그분은 폴란드 태생인데, 결혼도 안 하고 수녀가 되어서 인도 캘커타의 가난한 사람들 가운데로 들어갔습니다. 그녀는 길거리에서 죽어 가는 사람들을 데려다가 씻겨 주고 먹여서 편안하게 죽음을 맞도록 하는 호스피스 사역 (Hospice ministries)을 평생 동안 해냈습니다. 그것은 참으로 많은 희생이 따르고 어려운 일입니다. 그러나 그녀의 사역은 죄인들에게 물과 피의 원형복음 안에 담긴 하나님의 구원의 사랑을 전해서 그들이 영원한 지옥 불에서 구원을 받도록 하는 **하나님의 선한 일과는**

거리가 먼 일입니다. 마더 테레사는 그저 사람들이 육신적으로 안락한 죽음을 맞을 수 있도록 많은 수고를 했을 뿐입니다. 마더 테레사는 이 세상 사람들의 눈에는 지고한 성녀로 인정되어 노벨 평화상도 받았습니다. 그러나 그런 사역은 하늘이 땅에서 먼 것 같이 **하나님의 선한 일**과는 거리가 먼 사역입니다.

세계적인 선교단체 중에는 **선한 사마리아인 선교회**(Good Samaritans Ministry)라는 단체가 있습니다. 누가복음 10장에 기록된 "어떤 강도 만난 자의 비유" 말씀에, 어떤 사마리아인이 강도 만난 자를 데려다가 치료해 주고 돌보아 주었다는 말씀에서 이름을 따온 선교단체입니다. 그래서 그 선교단체는 이 세상에서 상처받고 굶주리고 핍박받는 소외된 자들을 보듬어서 위로하고 치료하는 사역을 합니다. 그들은 낙후된 지역에 학교를 세워서 교육사업을 하고 오지에 병원을 세워 줍니다. 그래서 그들은 소외되고 굶주린 자들에게 예수님의 사랑을 전하고 육신적으로 도와 주어서 스스로 일어설 수 있도록 용기를 북돋아 주는 사역을 합니다.

육신적으로 볼 때 그들의 사역은 많은 이들에게 도움을 주는 아름다운 사역이며, 많은 희생과 봉사를 요구합니다. 그들은 그렇게 함으로써 소외된 이웃들에게 예수 그리스도의 사랑을 전한다고 합니다. 그러나 그들이 전하는 예수는 잃어버린 영혼들을 죄 사함을 받게 하고 거듭나게 해 주어서 영생에 이르게 하는 예수가 아닙니다. 그들은 단지 종교로서의 예수교를 믿게 하는 것이기 때문에 하나님의 선한 일과는 아무 관련이 없습니다. 그들은 자기들과 똑같은 도덕적 종교인을 양산하는 것에 불과한 것입니다.

선한 양심을 품고 선한 일에 힘쓰라

하나님은 **선한 양심**을 품고 **선한 일**에 힘쓰도록 우리에게 권면하십니다. 선한 양심은 죄 사함을 받아야만 얻을 수 있습니다. 우리가 수도(修道)를 하고 금식을 하고 절제를 하고 금욕생활을 해서 선한 양심을 갖게 되는 것이 아니라, 성령이 우리 마음에 임하셔야만 선한 양심을 갖게 됩니다. 다시 말해서 죄 사함을 받아야만 성령을 선물로 받기 때문에, 죄 사함 받지 못하면 절대로 선한 양심을 가질 수 없습니다. 거듭나지 못한 죄인은 선한 양심의 소유자가 되려고 해도 결코 될 수 없습니다.

사람이 거듭나려면 물과 피의 복음을 온전히 믿어서 죄 사함을 받아야 합니다. 사람이 물과 피의 복음을 지식적으로 안다고 죄 사함을 받는 것이 아닙니다. 이 복음을 가장 귀하게 여기고 온전한 마음으로 굳게 믿어야 합니다. 그래야만 주님께서, "소자야, 네 믿음이 옳도다!" 하고 우리의 믿음을 의로 인정하시고 우리의 마음을 흰 눈같이 씻어 주어서 성령님을 우리 마음에 선물로 보내 주십니다.

그러면 "하나님이 인정하시는 온전한 믿음을 갖는 것이 너무 어렵지 않느냐?" 하고 생각할 수 있습니다만, 절대로 어렵지 않습니다. 하나님께서는 누구에게나 죄 사함의 축복을 주기 원하십니다. 하나님께서는 우리를 구원해서 당신의 자녀로 삼기를 간절히 원하시는데, 문제는 우리 편에서 그렇게 되기를 간절히 원하지 않기 때문에 온전한 믿음으로 물과 피의 복음을 붙잡지 않는데 있습니다. 그래서 사람들이 죄 사함을 받지 못하는 것입니다.

이 진리의 복음을 온전한 마음으로 붙들려면, 자기가 지옥에 가야 할 자인 것을 깨닫고 인정해야 합니다. 하나님의 구원의 손길을 간절히 바라는 자가 누구입니까? 먼저 자기가 얼마나 추악한 죄 덩어리인지, 얼마나 더럽고 쓸모없고 악한 존재인지를 인정하는 사람입니다. 그런 마음밭이 하나님 앞에서 긍휼히 여김을 받습니다. "주님 저는 지옥에 가야 마땅한 자입니다. 저는 정말로 죄 덩어리입니다. 주님, 저를 불쌍히 여겨 주십시오" 하는 마음 자세를 가질 때 하나님께서 베푸신 하나님의 의를 옷 입을 수 있습니다. 마음이 하나님 앞에서 깨어져서 의에 주리고 목마른 심령이 되어야만 진리의 복음이 너무 소중해서 마음으로 붙들게 되는 것입니다.

그러나 **자기 의의 부자**는 천국에 들어가기가 낙타가 바늘귀로 들어가는 것보다 어렵습니다. 자기는 괜찮은 사람이고 별로 죄도 없는 **"자칭 의인"**이라고 스스로 생각하는 사람은 결코 죄 사함을 받을 수 없습니다. "내가 뭘 그렇게 잘못했다는 건데? 나보다 나은 사람 있으면 내 앞에 나와 보라고 해! 내가 좀 부족한 것은 있지만 내가 뭘 그렇게나 악하고 더러워! 또 우리 인생이 하나님 앞에서 이렇게 살다 죽으면 되는 거지, 무슨 천국과 지옥이 있긴 어데 있겠어?" 이런 마음이라면, 하나님 말씀을 경외하기는커녕 아무리 생명의 복음을 전해 주어도 소중히 여기기는커녕 오히려 복음을 대적할 것입니다. **"거룩한 것을 개에게 주지 말며 너희 진주를 돼지 앞에 던지지 말라 저희가 그것을 발로 밟고 돌이켜 너희를 찢어 상할까 염려하라"**(마 7:6)고 말씀하셨습니다. 돼지에게 진주를 주면, 먹을 것인 줄 알고 깨물어 보고는 이만 아프다고 진주를 발로 밟고 진주를 준 사람을 치받을 것입니다.

우리의 마음이 복음을 목숨처럼 귀하게 여기려면, 하나님 앞에서 자기는 지옥에 가야 할 비참한 존재인 것을, 또 우리 인생은 잠시 반짝하고 피었다가 사라지는 들의 풀과 같이 허망한 존재인 것을 깨닫고 영원을 사모하는 마음을 가져야 합니다. **"하나님이 모든 것을 지으시되 때를 따라 아름답게 하셨고 또 사람에게 영원을 사모하는 마음을 주셨느니라 그러나 하나님의 하시는 일의 시종을 사람으로 측량할 수 없게 하셨도다"**(전 3:11)라고 하셨습니다. 하나님께서는 우리에게 영원을 사모하는 마음을 주셔서 하나님을 찾아가게 하셨습니다.

하나님께서는 **"심령이 가난한 자"**에게 구원의 은총을 베푸십니다. 우리는 태어날 때부터 마음에 온갖 더러운 죄의 소욕을 가지고 태어나서 평생에 하나님 앞에 죄만 짓고 살다가 죽어서 지옥에 갈 수밖에 없는 자라고 인정하는 사람이 바로 **"심령이 가난한 자"**입니다. 하나님 아버지께서는 이렇게 비참한 우리들을 사랑하셔서 독생자이신 예수 그리스도를 아낌없이 보내 주셨고, 우리의 구주 예수님은 우리의 모든 죄를 세례로 다 담당하시고 십자가에서 피 흘려 돌아가심으로 우리의 모든 죄를 없애 주셨습니다. 이 진리의 복음을 감사한 마음으로 믿고 굳게 붙드는 자라야 하나님이, "네 믿음이 옳도다! 소자야, 네 죄 사함을 받았느니라" 하고 의로 인정하시고 성령을 선물로 주십니다. 그래야만 **선한 양심**이 우리 마음에 자리를 잡습니다.

선한 양심은 자기가 원한다고 얻어지는 것도 아니고, 가훈(家訓)처럼 "선한 양심을 갖자"고 벽에다 써 붙이고 수도(修道)를 하고 노력한다고 얻게 되는 것이 아닙니다. 하나님께서 우리 마음에 성령을 선물로 주시면, 또 교회의 인도를 받아 말씀으로 양육을 받으면, 선한 양심이 우리 마음에 자리를 잡습니다. 그러면 우리가 성령님과 교회의 인도를 받아서 하나님의 **선한 일들**을 하게 됩니다.

베드로는 예수님께로부터 크게 칭찬을 받은 적이 있습니다. 예수님께서 제자들에게 **"사람들이 인자를 누구라 하느냐?"** 하고 물었습니다. 제자들은, **"더러는 세례 요한, 더러는 엘리야, 어떤 이는 예레미야나 선지자 중의 하나라 하나이다"**라고 주님께 대답했습니다. 그러자 예수님은, **"너희는 나를 누구라 하느냐?"**고 물으셨습니다. 그랬더니 베드로가, **"주는 그리스도시요 살아 계신 하나님의 아들입니다"**라고 담대하게 고백했습니다. 이 믿음의 고백은 예수님은 하나님이라는 것과 그래서 예수님이 이 땅에 오셔서 행하신 구원의 사역이 완전하다는 아주 귀한 믿음의 고백이었습니다.

그래서 베드로가 그렇게 고백한 것을 보고 예수님께서 그를 칭찬하셨습니다.

"바요나 시몬아 네가 복이 있도다 이를 네게 알게 한 이는 혈육이 아니요 하늘에 계신 내 아버지시니라 또 내가 네게 이르노니 너는 베드로라 내가 이 반석 위에 내 교회를 세우리니 음부의 권세가 이기지 못하리라 내가 천국 열쇠를 네게 주리니 네가 땅에서 무엇이든지 매면 하늘에서도 매일 것이요 네가 땅에서 무엇이든지 풀면 하늘에서도 풀리리라"(마 16:17-19).

베드로를 1대 교황으로 삼고 있는 가톨릭교회는 이 말씀을 근거로 주님께서 교황과 천주교회에 천국의 열쇠인 사죄권(赦罪權)을 주셨다고 주장합니다. 참으로 웃기는 얘기입니다. 베드로가 로마가톨릭교회를 세운 것이 아닙니다. 가톨릭교회는

4세기 초에 밀라노 칙령으로 기독교가 정치권력과 손을 잡고 세속화되고 제도화되는 과정에서 출현한 하나의 세계 종교입니다. 베드로와 같은 하나님의 종들이 섬겼던 초대교회와는 현저히 다른 믿음을 좇는 것이 가톨릭교회입니다.

주님의 말씀은 베드로와 같은 **온전한 믿음의 고백** 위에 하나님의 교회를 세우겠다는 말씀이지 **인간 베드로를** 교회의 반석으로 삼겠다는 말씀은 절대로 아닙니다. 거듭난 사람은 자기의 육체를 절대로 신뢰하지 않습니다(빌 3:3). 베드로만 해도 이렇게 칭찬받을 만한 고백을 한 후, 곧바로 예수님께 엄청난 책망을 듣습니다. 제자들이 어느 정도 믿음에 선 것을 보시고 예수님은 당신이 예루살렘에 올라가서 장로들과 대제사장들과 서기관들에게 많은 고난을 받고 죽임을 당한 후에 제삼 일에 살아날 것을 제자들에게 알려 주었습니다. 그런 말씀을 들은 베드로가, **"주여 그리 마옵소서 이 일이 결코 주에게 미치지 아니하리이다"** 하고 주님의 뜻을 가로막고 나섰습니다. 그러자 예수님은, **"사단아 내 뒤로 물러가라 너는 나를 넘어지게 하는 자로다 네가 하나님의 일을 생각지 아니하고 도리어 사람의 일을 생각하는도다"**(마 16:23) 하고 베드로를 크게 책망하셨습니다.

베드로는 **하나님의 일**은 생각하지 않고 **사람의 일**을 생각했기에 주님께로부터 책망을 받았습니다. 우리가 육신이 있기 때문에 사람의 일, 즉 자기 육신이 좋아하는 일을 생각하지 않을 수는 없지만, 우리의 마음 중심은 늘 **하나님의 일**을 먼저 생각하는 사람이 선한 양심을 가진 의인들입니다. 하나님의 기뻐하시는 일, 즉 하나님의 일을 마음의 중심에 두는 마음이 선한 양심인데, 성령님이 마음에 임하셔야만 심령의 변화를 받아서 선한 양심을 갖게 됩니다.

저도 제가 하고 싶은 것을 꼭 하고야 말 때가 많이 있습니다. 그러나 내 마음은 하나님의 일을 더 귀하게 여기고 또 하나님의 뜻을 섬기는 것이 훨씬 값지고 기쁘다는 것을 잘 압니다. 하나님의 일, 즉 영혼들에게 물과 피의 복음을 전해 줘서 그들이 구원받게 하는 일이 **선한 일**이며, 그 일이 훨씬 귀하다는 것을 저는 믿습니다. 그래서 저는 제 육신이 원하는 일을 할 때도 많지만, 그래도 마음 중심에는 이런 것들은 가치가 없는 일이고 헛된 일인 것을 분명히 알기 때문에 하나님이 기뻐하시는 영적인 일에 점점 더 마음을 두게 됩니다. 그래서 제 마음에 성령님이 임한 것과 성령님의 역사로 내 마음이 선한 양심을 갖게 된 줄을 압니다.

성령이 마음에 임하면 하나님의 일이 기뻐집니다. 육신의 낙을 누리는 것보다 하나님의 일을 하는 것이 더 기쁩니다. 육신이 자꾸 **"다고 다고"**(잠 30:15) 하니까 육신의 일도 하긴 하지만 솔직히 씁쓸합니다. 육신의 즐거움을 좇고 나면 마음이 씁쓸해서, "에이 씨~ 괜히 했다! 헛된 시간을 보냈다! 차라리 그 시간에 성경을 보고 기도를 하고, 또 블로그에 말씀을 올리는 일을 할 것을!" 하는 후회가 듭니다. 저는 새벽에 일찍 눈이 떠지면 주님의 일을 먼저 하게 됩니다. 하나님의 일을 하면 아무리 늦게까지 일을 해도 마음이 기쁨으로 충만해서 감사와 찬양이 입에서 흘러나옵니다. 그러나 늦게까지 자기 육신의 일만 하고 나면 마음이 그냥 거시기합니다.

사도 바울은 고린도 교인들에게, **"그런즉 너희가 먹든지 마시든지 무엇을 하든지 다 하나님의 영광을 위하여 하라"**(고전 10:31)고 권면했습니다. 마음에 선한 양심이 자리를 잡으면 무엇이든지 선택하고 결정할 때에 "이것이 선한 일에 유익할까?" 하는 기준으로 판단을 하게 됩니다. 그런 자세가 되면 "쉬는 것도 주의 일이다"라는 말이 이해가 될 것입니다. 선한 일을 꾸준히 하기 위해서 피곤하면 쉬어야 합니다. 하나님의 일꾼들은 선한 일에 자신의 삶의 초점을 맞추고 모든 것을 절제합니다. 선한 양심이 마음에 자리 잡은 사람과 그렇지 않은 사람의 차이는 엄청납니다. 나는 여러분이 마음에 죄 사함을 받아서 선한 양심을 얻고 하나님의 뜻을 좇는 자들이 되기를 간절히 바랍니다. 그러려면 먼저 그렇게 되기를 소원하는 마음이 있어야 합니다. 선한 일을 섬기고자 하는 마음조차 없으면, 아무리 진리의 말씀을 전해 주어도 그것은 소 귀에 경(經) 읽기이고 밑 빠진 독에 물 붓기입니다.

양의 큰 목자이신 예수님의 구원

오늘 본문에서 20-21절의 말씀을 중심으로 영원한 속죄의 복음에 대하여 한 번 더 말씀을 드리겠습니다.

"양의 큰 목자이신 우리 주 예수를 영원한 언약의 피로 죽은 자 가운데서 이끌어 내신 평강의 하나님이 모든 선한 일에 너희를 온전케 하사 자기 뜻을 행하게 하시고 그 앞에 즐거운 것을 예수 그리스도로 말미암아 우리 속에 이루시기를 원하노라 영광이 그에게 세세무궁토록 있을찌어다 아멘"

누구든지 죄 사함을 받으면 의인이 되어서 "모든 선한 일"을 할 수 있게 됩니다. 그리고 "자기 뜻을 행하게 하시고"라고 하셨는데, 하나님의 뜻이 선한 일입니다. 이 세상에서 참된 선은

단 한 가지뿐인데, 그것은 하나님의 뜻입니다. 우리의 생각은 항상 악하고(창 6:5) 하나님 뜻만이 선합니다. **하나님의 기뻐하시는 뜻**을 이루는 일이 성경에서 주제입니다.

"**하나님의 기뻐하시는 뜻**"(롬 12:2)이 무엇입니까? 모든 사람들이 다 죄 사함을 받고 하나님의 자녀가 되어서 영원한 천국에 들어가게 하는 것입니다. 이 뜻이 예수 그리스도로 말미암아 하늘에서는 다 이루어졌습니다. 다만 이미 완성된 하나님의 뜻이 하늘에서와 같이 땅에서도 이루어지려면 각 사람이 물과 피의 복음을 믿음으로 죄 사함을 받아야 합니다. "**물과 피로 임하신 예수님**"(요일 5:6)의 구원사역을 믿지 않고서는 아무도 죄 사함을 받을 수 없고 하나님의 자녀가 될 수도 없습니다. 그래서 예수 그리스도로 말미암아 모든 영혼들이 구원에 이르기를 하나님은 간절히 원하십니다.

우리의 구원이 십자가에서 흘리신 예수님의 피로만이냐?

여기에서 좀 더 깊이 살펴보고자 하는 것은, "**양의 큰 목자이신 우리 주 예수그리스도를 영원한 언약의 피로 죽은 자 가운데서 이끌어 내신 평강의 하나님**"이라고 기록된 부분입니다. 거듭나지 못한 기독교인들은 십자가의 피만의 복음을 믿고 있기 때문에 이 부분이 그들에게 덫이 될 수 있습니다.

진리의 원형복음인 "**물과 피의 복음**"과 반쪽 짜리 복음인 "**십자가의 피만의 복음**"은 천양지차(天壤之差)입니다. 물과 피의 복음만이 진리의 원형복음입니다: 예수님은 하나님 아버지의 외아들인 하나님이신데, 전 인류의 죄를 대속하실 흠 없는 제물이 되어 주시려고 이 땅에 육체를 입고 오셨습니다. 그리고 예수님께서는 30살이 되셨을 때에 요단강에서 인류의 대표자 세례 요한에게 안수 형식으로 세례를 받으셨습니다. 이 세례를 통해서 예수님은 세상의 모든 죄를 다 넘김 받음으로 하나님의 "**모든 의**"(마 3:15)를 이루셨습니다.

받으신 세례로 세상 죄를 다 담당하심으로, 예수님은 "**세상 죄를 지고 가는 하나님의 어린 양**"(요 1:29)이 되셨습니다. 예수님은 우리의 죄를 짊어지신 채로 십자가에 오르셔서 우리가 심판받고 죽어야 할 그 자리에서 우리를 대신해서 심판을 받고 돌아가셨습니다. 주님은 마지막 숨을 거두시기 전에, "**다 이루었다**"(요 19:30)고 크게 외치셨습니다. 그때에 성전의 지성소 앞을 가로막았던 휘장이 큰 폭으로 찢어져서 누구든지 하나님의 보좌 앞에 담대히 나아갈 길이 활짝 열렸습니다.

주님은 당신이 받으신 **세례와 십자가의 보혈**로 우리 죄를 완벽하게 없애 주셨기 때문에, 그리고 사흘 만에 부활하셨기 때문에, 그 진리의 복음을 믿는 자는 값없이 의롭다 함을 얻게 되었습니다 이것이 바로 **물과 피의 복음**입니다. 그리고 물과 피의 복음을 믿는 자는 **결코 정죄함이 없는 의인**이 됩니다(롬 8:1).

그런데, **십자가의 피만의 복음**은 어떻습니까? 그것은 예수님께서 받으신 세례의 진리가 **빠진 반쪽 복음**입니다. 이 반쪽 복음을 믿는 자들도 대부분 예수님이 하나님인 것까지는 믿기도 합니다. 물론 일부 기독교인들은 예수님이 하나님이신 것조차 믿지 않는 자들이 있습니다. 신신학자(新神學者)들 중에는 "예수는 하나님이 아니다. 그냥 공자, 석가, 소크라테스 등과 더불어 4대성인(聖人) 중에 한 명이다"라고 주장하는 자들도 있습니다. 성인에서 인(人)이라는 것은 사람 인(人)자이니, 예수님은 그냥 하나님이 보낸 특별한 사람이라는 것입니다. 얼마 전에 "여호와의 증인"에 속한 어떤 분과 얘기를 나눈 적이 있습니다. 그들은 "예수님이 하나님의 아들인 것은 맞지만 하나님은 아니다"라고 믿는답니다. 그래서 제가 "그러면 요한일서 5장에 기록된 **'그는 참 하나님이시요 영생이시라'** 하신 말씀은 무엇이냐?"고 물었더니 그분이 제대로 대답을 못하고 우물쭈물하다가 시간이 없노라고 꽁무니를 뺐습니다.

　많은 기독교인들도 교리적으로는 예수님을 하나님의 아들이라고 말을 해도 예수님은 하나님 아버지와 동등한 하나님으로 믿지 않는 경우가 많습니다. 그런데 예수님은 **하나님의 영광의 광채시요 그 본체의 형상**(히 1:3)이시고 그분 안에는 **"신성의 모든 충만이 육체로 거"** 하셨습니다(골 2:9). 예수님은 하나님 아버지의 아들이신 참 하나님입니다.

　둘째로, **예수님의 피만의 복음**을 믿는 자들은 "예수님이 세례를 받아서 우리 인류의 모든 죄를 단번에 다 담당하셨다"는 **세례의 진리**를 믿지 않습니다. 이 분명한 진리를 거의 모든 기독교인들이 알지도 못하고 믿지도 않습니다. 그렇기 때문에 기독교는 하나의 종교가 되었고, 기독교인들이 자기들의 교리를 따라 아무리 예수님을 열심히 믿어도 마음에 죄 사함을 받지 못합니다. 자기의 죄가 진리의 말씀으로 예수님에게 넘어간 적이 없는데 어떻게 죄 사함을 받겠습니까? 아무리 예수님을 믿어도 자기 죄는 그대로 자기 마음에 수북이 쌓여 있을 수밖에 없습니다. 그래서 그들이 "♪주여 주여 내 말 들으사~♪죄인 오라 하실 때에 날 부르소서~"

하고 찬송하는 것은, 나는 아직도 구원을 받지 못했으니 나를 구원해 달라고 애절하게 간청하는 고백입니다.

십자가의 피만의 복음은 예수님께서 이 땅에 오셔서 "내가 너희를 사랑해서, 너희들을 대신해서 십자가에서 죽어 주겠다" 하고 혼자서 원맨쇼를 하신 것에 불과합니다. 예수님의 세례를 믿지 않는다고 하면, 아무리 예수님께서 우리를 사랑하셨다고 말씀하셔도, 내 죄와 예수님의 죽으심과는 아무 상관이 없는 셈입니다. **예수님의 피만의 복음** 안에는 내 죄가 예수님에게 넘어간 진리의 말씀이 없습니다. 그래서 예수님의 피만의 복음을 전하는 자들은, 그들이 아무리 눈물을 짜면서 감동적인 설교를 하고 십자가의 보혈의 능력에 대해서 목이 터져라 강변을 해도, 설교자들이나 청중이나 마음의 죄가 흰 눈같이 깨끗이 씻어질 수가 절대로 없습니다.

내가 ○○○전도협회에서 사역하던 김○○전도사에게 복음을 전해 주었던 얘기를 한 적이 여러 번 있습니다. 지금도 그 사람은 자기가 죽었다 깨어나도 **십자가의 피만의 복음**이 진리라고 외치며 전 세계의 한인교회를 헤집고 다닙니다. 한 20여 년 전에, 제가 그분에게 예수님의 세례의 진리에 대해서 성경을 펴놓고 몇 번을 전해 주었습니다. 말씀을 다 전하고 "내가 전한 진리가 성경대로의 복음이 아닙니까? 그렇지 않다면 얘기를 해 보시죠"라고 했더니, 그는 아무 대답도 안 했습니다. 성경 말씀에 비춰 볼 때에 물과 피의 복음만이 진리의 원형복음이기 때문입니다. 그러나 그분은 예수님의 세례의 진리를 끝내 믿지 않았습니다. 그리고 전하지도 않았습니다.

왜 그랬을까요? 예수님이 요단강에서 받으신 세례로 인류의 죄가 예수님에게 다 넘어간 것을 믿고 전하면 기독교 안에서 이단이라고 배척을 받기 때문입니다. 기독교 세계에서 이단이라고 정죄(定罪) 받으면 더 이상 그 세계에 발을 붙이지 못하고 내쫓깁니다. 아마 그분도 속으로는 **물과 피의 복음**이 진리인 것을 시인했을 수도 있습니다. 그런데 "**묵은 포도주를 마시고 새 것을 원하는 자가 없나니 이는 묵은 것이 좋다 함이니라**"(눅 5:39) 하신 말씀처럼 이미 들어와 있는 **십자가의 피만의 복음**이 진리의 복음을 거부하게 한 것입니다.

아무튼 거의 모든 설교자들과 99.99%의 기독교인들은 **십자가의 피만의 복음**을 전하고 믿습니다. 그들이 그렇게 확신하는 데에는 오늘의 본문도 많이 인용될 수 있습니다. 그들은 "여기 히브리서 13장의 말씀에, '**우리 주 예수를 영원하신 언약의 피로 죽은 자 가운데서 이끌어내신 평강의 하나님**'이라고 하지 않았느냐? 여기 '**영원하신 언약의 피**'라고 말씀하셨지 어디에 예수님의 세례를 얘기했느냐?"라고 항변할 수 있습니다. 물론 이렇게 십자가의 피만을 말씀하고 세례를 언급하지 않은 부분이 성경에는 많이 있습니다. 그러나 십자가의 피는 주님의 모든 구원사역의 마지막 단계입니다. 예수님께서 이 땅에 오셔서 우리 죄를 없애 주신 모든 의로운 사역의 마지막 단계가 **십자가의 피**입니다. 그래서 주님의 구원사역 전체를 요약한 말씀으로 "**영원하신 언약의 피**"를 언급하신 것입니다.

진리의 복음은 많은 내용을 담고 있습니다. 예수님은 하나님입니다. 예수님은 하나님이신데 성령으로 처녀 마리아에게 잉태되었다는 사실도 복음의 아주 중요한 요소입니다. 그리고 "예수님이 인류의 대표자인 세례 요한에게 안수의 형식으로 세례를 받으셨다"라는 사실도 복음의 중요한 부분입니다. 그래서 예수님이 인류의 대표자인 세례 요한에게 받으신 세례로 우리 죄를 담당했기 때문에, 세례를 받으신 이튿날, **"보라 세상 죄를 지고 가는 하나님의 어린 양이로다"**(요 1:29)라는 증거를 요한에게 받으셨습니다.

이제 세례로 우리의 모든 죄를 담당하신 주님이 그 세상 죄를 짊어지고 어디로 가셨습니까? 인류를 모든 죄에서 구원하신 예수님의 사역의 마지막 단계가 대속의 죽으심입니다. 예수님은 우리 모든 죄를 짊어지고 십자가에 오르셔서 우리가 죽어야 할 그 자리에서 **"다 이루었다"**(요 19:30) 하고 운명하시기까지 대속의 피를 흘려 주셔서 우리의 죄를 온전히 없애 놓았습니다.

이것이 바로 **물과 피의 복음**입니다. 그렇기 때문에 요한일서에서는, **"이는 물과 피로 임하신 자니 곧 예수 그리스도시라 물로만 아니요 물과 피로 임하셨고"**(요일 5:6)라고 말씀합니다. 예수님이 피만으로 임했다고 말씀하지 않고 **"물과 피로 임하셨다"**라고 성경은 분명히 말씀합니다. 요한일서 5장 4절부터 8절까지의 말씀입니다: **"대저 하나님께로서 난 자마다 세상을 이기느니라 세상을 이긴 이김은 이것이니 우리의 믿음이니라 예수께서 하나님의 아들이심을 믿는 자가 아니면 세상을 이기는 자가 누구뇨 이는 물과 피로 임하신 자니 곧 예수 그리스도시라 물로만 아니요 물과 피로 임하셨고 증거하는 이는 성령이시니 성령은 진리니라 증거하는 이가 셋이니 성령과 물과 피라 또한 이 셋이 합하여 하나이니라."**

"예수님은 물과 피와 성령으로 임하신 분이다"라고 하나님은 증거하십니다. 진정으로 거듭난 자에게는 이 증거가 있고 거듭나지 못한 자에게는 이 증거가 없다고 말씀하십니다. 예수님께서는 우리를 죄에서 구원하기 위해서 **"물과 피와 성령"**으로 임하셨습니다. **"성령으로 임하셨다"**는 말씀은 "예수님은 하나님이다"라는 뜻이며, 성자 하나님께서 처녀 마리아의 몸에 성령으로 임하셔서, 육신을 입고 오신 분이 바로 예수님이라는 뜻입니다.

그러면 **"물로 임하셨다"**라는 말씀은 무엇을 증거하느냐? 물은 예수님께서 요단강에서 인류의 대표자인 세례 요한에게 받으신 세례를 가리킵니다. 성경 말씀은 반드시 성경 말씀으로 해석해야 합니다. 그리고 이 **"물"**이 예수님의 세례를 지칭한다고 성경은 분명히 말씀합니다. 베드로전서 3장 21절에, **"물은 예수 그리스도의 부활하심으로 말미암아 이제 너희를 구원하는 표니 곧 세례라 육체의 더러운 것을 제하여 버림이 아니요 오직 선한 양심이 하나님을 향하여 찾아가는 것이라"**고 기록되어 있습니다. 여기에도 선한 양심이라는 말씀이 나옵니다. **"물"** 즉 예수님의 세례를 믿는 자들은 죄 사함을 받고 선한 양심을 갖게 되기에 이제 사람의 일보다 하나님의 일을 생각하며 그 뜻을 좇아가게 된다는 말씀입니다.

예수님의 세례를 믿고 죄 사함을 받으면 육체의 더러운 것이 깨끗이 씻겨져서 다시는 죄를 짓지 않는 완벽한 사람이 된다는 뜻이 아닙니다. 거듭났다고 해도 육체는 여전히 부족하고 연약할 수밖에 없습니다. **예수님의 세례, 즉 물을 믿는 자라도** 육체의 더러운 것이 제하여진 것은 분명 아니지만 그래도 마음 중심이 **선한 양심**이 되어서 하나님의 뜻을 따라가는 자가 됩니다.

여기서 말씀하시는 **"물"**은 분명히 예수님께서 받으신 세례입니다. 세례에는 여러 가지가 있습니다. 요단강에서 세례 요한에게 예수님께서 받으신 세례가 있고, 세례 요한이 자기에게 나아오는 자에게 베풀어 준 **회개의 세례**가 있고, 마지막으로 예수님의 물과 피의 복음을 믿어서 죄 사함 받은 자들이 예수님의 세례를 믿음으로 고백하고 **예식으로 받는 세례도** 있습니다. 그중에서 **"예수님이 세례 요한에게 받으신 세례"**가 가장 중요하며 모든 세례의 근본입니다.

구원의 표인 예수님의 세례

위에 언급한 베드로전서 3장 21절의 말씀은 분명히 선언합니다: **"물은 예수그리스도의 부활하심으로 말미암아 이제 너희를 구원하는 표니 곧 세례라"**

이 부분의 영어성경을 비교해 보면, 이 부분의 뜻이 더욱 분명해집니다.

New International Version과 New King James Version에 보면, "and this water symbolizes baptism that now saves you also" (NIV); "There is also an antitype which now saves us-- baptism"(NKJV) 이렇게 번역되어 있습니다. 즉 노아 시대의 **홍수의 물**은 그 당시 세상의 모든 악을 깨끗이 씻어서 없애고 새로운 세상을 열었던 **물**인데, 그 **"물"**은 (예수님의) **"세례"**를 **상징**(symbolizes)하고 있다는 말씀이고(NIV), 그 **"물"**은 (예수님의) **"세례"**의 **예표**(豫表-antitype)라는 말씀입니다. 그리고 예수님의 **세례에서 시작된 구원의 사역**은 **예수님의 부활하심으로 말미암아 완성되었음**을 선언한 말씀이 베드로전서 3장 21절의 말씀입니다.

그러므로 요한일서 5장 6절에서, "**이는 물과 피로 임하신 자니 곧 예수 그리스도시라 물로만 아니요 물과 피로 임하셨고**"라고 기록한 부분에서 "**물**"은 분명히 예수님의 세례입니다.

예수님의 세례에 대한 말씀을 모든 복음서가 다 기록하고 있습니다. 마가복음은 그 처음부터 "**하나님의 아들 예수 그리스도 복음의 시작이라**"(막 1:1)고 기록한 후에 곧바로 예수님이 세례 요한에게 세례를 받은 부분을 말씀합니다. 즉 **예수님의 세례가 복음의 시작**이라는 말씀입니다. 누가복음은 1장에서 세례 요한의 출생을, 2장에서는 예수님의 탄생을 그리고 3장에서는 예수님이 세례 요한에게 세례 받으신 것을 기록하고 있습니다. 또 요한복음은 예수님이 세례 요한에게 받으신 **세례를 기점**으로 해서 "**이튿날,**" "**또 이튿날,**" "**사흘 되던 날**"(요 1:29,35,43)에 예수님께서 어떤 일을 하셨는지, 편년체(編年體)로 주님의 구원사역을 기술하고 있습니다.

왕으로 오신 예수님을 선포하는 마태복음은, 1-2장에서는 약속된 메시아인 예수님의 족보와 탄생을 기록하고, 3장에서 세례 요한의 등장과 예수님이 그에게 세례를 받은 부분을 가장 세밀하게 기록하고 있습니다.

"이때에 예수께서 갈릴리로서 요단강에 이르러 요한에게 세례를 받으려 하신대 요한이 말려 가로되 내가 당신에게 세례를 받아야 할 터인데 당신이 내게로 오시나이까

예수께서 대답하여 가라사대 이제 허락하라 우리가 이와 같이 하여 모든 의를 이루는 것이 합당하니라 하신대 이에 요한이 허락하는지라

예수께서 세례를 받으시고 곧 물에서 올라 오실째 하늘이

열리고 하나님의 성령이 비둘기 같이 내려 자기 위에 임하심을 보시더니 하늘로서 소리가 있어 말씀하시되 이는 내 사랑하는 아들이요 내 기뻐하는 자라 하시니라"(마 3:13-17)

"이때에"라는 말씀은 "예수님이 하늘의 대제사장 직분을 수행할 나이인 30세가 되었을 때"라는 뜻입니다. 구약의 대제사장들은 30세가 되어서 기름부음을 받고 대제사장의 직무를 수행했습니다. "이때에" 세례 요한은 예수님께서 자기에게 세례를 받으러 나오시는 것을 보고, "저분이 바로 육신을 입고 오신 하나님이시구나! 하나님 아버지의 뜻에 순종해서 안수로 세상 죄를 넘김 받으러 오신 하나님의 아들이시로구나!" 하고 깨달았습니다. 하나님의 아들인 성자(聖子) 하나님께서 자기에게 나아오시니 세례 요한이 얼마나 두렵고 당황했겠어요? 그래서 **"내가 당신에게 세례를 받아야 할 터인데 당신이 내게로 오시나이까"** 하고 엉겁결에 그렇게 말하자, 예수님은 **"이제 허락하라 우리가 이와 같이 하여 모든 의를 이루는 것이 합당하니라"**(마 3:15) 하고 준엄하게 명령했습니다.

"이제 허락하라"(Permit it to be so now, NKJV)는 말씀은 "이제 너는 내 머리에 두 손을 얹어서 **안수의 형식으로 세례를 베풀어라!** 우리가 이와 같이, 즉 너는 내 머리에 안수를 하고 나는 너의 안수를 받으면 세상 죄가 다 내게로 넘어오지 않느냐? 너는 여자의 몸에서 난 자 중에 가장 큰 자, 곧 인류의 대표자가 아니냐? 그리고 또 네 부모가 모두 대제사장 아론의 후손이 아니냐? 너는 인류의 대제사장으로서 인류의 어린양으로 온 내 머리에 안수를 하면, 그 안수를 통해서 세상 모든 죄가 단번 만에 내게 넘어오는 것이 하나님의 뜻이고 하나님의 정한 법이다! 그러니 이제 내 머리에 손을 얹어라"하고 준엄하게 명령을 하신 것입니다.

"이제 허락하라 우리가 이와 같이 하여 모든 의를 이루는 것이 합당하니라"(마 3:15)는 말씀에서, "모든 의가 합당하게 이루어졌다"는 것은 이 세상의 모든 죄가 완벽하게 그리고 공의(公義)하게 예수님께 다 넘어갔다는 뜻입니다. 예수님이 받으신 세례로 세상의 모든 죄가 예수님께 단번에 넘어갔습니다. 성경은 복음서뿐만 아니라 로마서나 갈라디아서나 베드로전후서나 또 히브리서 등 모든 서신서들을 통해서, 십자가의 피만을 기록한 것이 아니라 예수님께서 받으신 세례가 우리의 구원에 불가결한 부분임을 기록하고 있습니다.

로마서에는, **"무릇 그리스도 예수와 합하여 세례를 받은 우리는 그의 죽으심과 합하여 세례 받은 줄을 알지 못하느뇨"**(롬 6:3)라고 기록하고 있는데, 여기에는 오히려 십자가의 피에 대한 말씀은 **빠져** 있습니다. 그래서 예수님의 세례가 구원의 비밀입니다. 하나님 앞에 자기의 악을 깨닫고 진심으로 돌이킨 자들에게 하나님께서는 비밀의 계시를 열어 주셔서 믿음으로 죄 사함을 받게 하십니다.

자, 이제는 **십자가의 피만의 복음**과 **물과 피의 복음**의 차이가 여러분들에게 분명해졌을 것입니다. 하나님이신 예수님은 이 땅에 육신을 입고 오셔서 세례를 받으심으로 세상 죄를 다 담당하시고, 십자가에서 피 흘려 **"다 이루었다!"** 하고 죽으심으로 세상 죄를 온전히 없애 주셨습니다. 그래서 예수님이 이 땅에 오셔서 이뤄 주신 **하나님의 의**를 믿는 자마다 마음의 모든 죄가 흰 눈같이 씻어지고 죄 사함을 받게 됩니다. 그리고 흰 눈같이 죄가 씻어진 거룩한 마음에 하나님께서는 성령님을 선물로 주셔서 구원의

인(印)을 치십니다. 그리고 하나님의 은혜로 거듭난 의인은 성령님으로 말미암아 하나님 앞에서 선한 양심을 갖게 됩니다.

구약의 합법 제사와 불법 제사

십자가의 피만의 복음과 **물과 피의 복음**의 차이가 무엇을 의미하는가를 알아보기 위해서 우리는 구약의 속죄 제사에 대해서 한 번 더 상고할 필요가 있습니다. 구약시대에 속죄 제사를 드리려면 하나님께서 정하신 세 가지 요건이 충족되어야 했습니다.

첫째는 **흠 없는 제물**이 있어야 되고,

둘째는 죄가 있는 사람이 반드시 그 제물의 머리에 **안수**를 해야 했습니다. 이 안수는 하나님께서 세워 주신 구원의 법으로서, 죄인의 죄를 희생제물에게 넘기는 공의한 법이었습니다.

셋째는 이제 죄를 담당한 그 희생제물의 목을 따서 죽이고, 그 **피**를 가지고 속죄의 제사를 드렸습니다.

즉, 합법적인 속죄 제사에는 1) **흠 없는 제물**이 있어야 됐고, 2) 반드시 제물의 머리에 **안수**를 해야 했고, 3) 제물의 **피 흘림**이 있어야 했습니다.

그런데 만일 어떤 죄인이 흠 없는 염소를 끌고 오기는 했는데, 그 제물의 머리에 안수를 하지 않았다고 칩시다. 그 죄인이 안수를 하지 않은 그 제물을 그냥 죽이고 피를 받아서 제사장한테 주고 성막을 떠나갔다면, 그리고 제사장은 그 피와 죽은 염소로 속죄 제사를 마무리했다면 그것이 합법 제사입니까, 불법 제사입니까? 불법 제사입니다. 그것은 하나님이 정한 법대로 드리지 않은 불법 제사였기 때문에 그 사람의 죄는 사함을 받지 못했습니다.

예수님께서 이 땅에 오셔서 우리를 구원하신 **영원한 속죄의 제사**의 경우에도 마찬가지입니다. 하나님은 공의하고 합당하게 우리를 모든 죄에서 구원하셨습니다. 당신의 외아들을 흠 없는 제물로 이 땅에 보내셔서, 안수의 형식으로 세례를 받게 하심으로 모든 세상 죄를 짊어지게 하시고, 당신의 아들 예수님이 십자가에 못 박혀 피 흘려 죽게 하심으로 우리의 모든 죄를 완벽하게 없애 주셨습니다.

따라서 예수님이 안수의 형식으로 받으신 세례를 뺀 **반쪽 복음**을 믿는 자들은 **불법을 행하는 자들**입니다. 마태복음에, "**내가 너희를 도무지 알지 못하니 불법을 행하는 자들아 내게서 떠나가라**"(마 7:23)고 예수님께서 말씀하신 것을 여러분도 다 아실 것입니다. 예수님에게 책망을 받은 그들은 예수님을 믿는 자들입니다. 그래서 그 사람들은 "내가 주의 이름으로 마귀를 쫓아내고 주의 이름으로 선한 일을 많이 했다"라고 항변합니다. 오늘날도 반쪽짜리 복음을 믿는 자들이 주의 이름으로 온갖 위선적인 일을 다 행합니다. 그런데 주님은 심판 날에 그런 자들에게 "**내가 너희를 도무지 알지 못하니 불법을 행하는 자들아 내게서 떠나가라**"고 말씀하실 것입니다. 예수님께서 드리신 영원한 속죄의 제사를 버리고 예수님이 세례(안수)도 받지 않은 불법 제사를 드린 것으로 믿는 "**불법을 행하는 자들**"은 모두 지옥에 갑니다. 예수님을 평생 동안 믿고도 지옥에 가는 사람들이 99.9%입니다. 그래서 정말 안타깝습니다.

오늘의 본문 말씀은 평범한 말씀 같지만, "**우리를 구원한 영원한 언약의 피**"라고 요약된 말씀 안에는 "예수님이 흠 없는 제물로 오신 하나님이시다. 그리고 예수님이 세례를 받으셔서 우리의 죄를 다 담당했다"라는 진리를 다 포함하고 있는 것입니다. 세례를 통해서 예수님이 전 인류의 죄를 다 담당했기 때문에 예수님의 **영원한 언약의 피**가 유효하고 우리에게 구원의 능력이 되는 것입니다. 만약에 예수님이 세례를 받지 않았다고 하면 십자가의 피는 우리와 아무 상관이 없습니다.

영적인 관계의 소중함

히브리서의 나머지 부분에서는, 히브리서의 기자(記者)가 이 글을 읽는 성도들에 대해서 얼마나 그들을 사랑하는지를 밝히고 있습니다. 거듭난 사람은 거듭난 형제 자매들을 사랑하고 존귀하게 여깁니다. 예수님의 어머니와 형제들이 찾아왔는데, 예수님은 나가보지도 않았습니다. 가족들은 "예수님이 귀신이 들렸다"는 세상 사람들의 말을 듣고 예수님을 데려가려고 온 것이었습니다. 그런데 예수님은 그들의 요구를 딱 끊어 버렸습니다. **"누가 내 형제고 자매고 모친이냐?"** 라고 제자들에게 물으신 후에, 그 앉아 있는 사람들을 둘러보시고, **"누구든지 하나님의 뜻대로 하는 자는 내 형제요 자매요 모친이니라"** (막 3;35)고 말씀하셨습니다. 혈연관계는 사실 영적인 세계에서는 아무것도 아닙니다. 영적인 세계에는 진리의 말씀으로 맺어진 새로운 관계가 형성되어 있습니다. 육신적으로 가족이기 때문에 어느 정도까지는 돌보지만, 끝내 영적으로 축복된 길을 따라오지 않으면 육신적인 관계는 거기까지입니다.

하나님의 뜻을 따르는 자들이 주 안에서 영적인 가족입니다. 히브리서의 기자는 진정 간절하게 영적인 형제 자매들을 사랑하고 사모하기에, 그들을 위해서 기도하고 또 그들의 기도를 청하는 것을 볼 수 있습니다. 물과 피의 원형복음 안에서 서로 사랑하는 형제 자매가 모인 곳이 하나님의 교회입니다.

"**형제가 연합하여 동거함이 어찌 그리 선하고 아름다운고**"(시 133:1)라고 성경은 하나님의 교회의 아름다움을 노래합니다. 영적인 사랑으로 맺어진 하나님의 교회는 정말 아름다운 곳입니다. 그 안에 하나님의 은혜가 풍성하게 흘러내리고 하나님의 축복이 넘칩니다. 여러분도 죄 사함을 받고 하나님의 교회에 마음을 함께 하면, "**머리에 있는 보배로운 기름이 수염 곧 아론의 수염에 흘러서 그 옷깃까지 내림 같고 헐몬의 이슬이 시온의 산들에 내림 같도다 거기서 여호와께서 복을 명하셨나니 곧 영생이로다**"(시 133:2-3)라고 말씀하심과 같이 여러분들에게 하나님의 은혜가 풍성하게 흘러내리게 되어 있습니다. 우리가 하나님의 교회 안에서 마음을 하나님께 드리고 하나님의 선한 뜻을 좇아가고자 하는 마음이 있으면, 하나님의 은혜를 풍성하게 입어서, 값지고 귀한 삶을 살다가 주님 앞에 가게 될 줄을 저는 믿습니다.

히브리서의 강해 말씀을 모두 마치겠습니다. 하나님께서 부족한 저에게 히브리서 말씀의 강해를 마칠 수 있도록 은혜를 베푸신 것에 진정으로 감사드립니다. 지금까지 경청해 주신 여러분께도 감사를 드립니다. 여러분이 히브리서의 강해 설교 말씀을 통해서 받은 은혜를 잘 간직함으로 믿음의 진보가 있기를 간절히 바랍니다.

할렐루야!

(2014년 8월 3일 주일예배 말씀)

히브리서 강해설교집
복음의 원형과 영원한 속죄 II

2017 년 5 월 10 일 초판 인쇄

Copyright © 2017 by Uijedang Press
All rights reserved. No part of this publication may be reproduced, distributed, or transmitted in any form or by any means, without the prior written permission of the publisher.

발행처   도서출판 의제당
주소   제주특별자치도 제주시 계명길 10 (외도 1 동) 2 층

홈페이지   www.born-again.co.kr
　　　　　의제당.kr
블로그   pilgrim1952.blog.me
문의   uijedang@naver.com

Author   Samuel J. Kim
Editor   Tim J. Kim
Cover Art / Illustrator   Leah J. Kim

ISBN   979-11-87235-20-0   04230
ISBN   979-11-87235-15-6 (세트)

가격   10,000 원